네이버 스마트스토어를 넘어

최강의 쇼핑몰

네이버 스마트스토어를 넘어

박노성·정윤환·조영준 지음

BM 성안북스

접속의 시대,
새로운 비즈니스의 기회에 올라타라!

　　책을 쓰면서 단 한 명의 독자를 머릿속에 그렸다. 자신의 책임 하에 일을 하거나 시작하려는 사람, 스스로의 의사 결정으로 모든 업무를 진행하는 사람 말이다. 그런 사람을 우리는 '사장'이라 부른다. 사업하는 사람에게 있어 사업 자체보다 힘든 것은 주위 사람과의 비교다. 다른 사람들은 저만치 앞서 가는데, 나만 홀로 뒤처졌다는 생각이 들 때 사장은 외롭고 우울해진다.

　　처음에는 조바심이 난다. 빨리 따라잡고 싶을 것이다. 그런 마음에 며칠 분발하기도 한다. 하지만 사업은 며칠 사이에 따라잡을 수 있는 것이 아니다. 며칠 만에 훌쩍 따라잡을 수 있는 것이라면 그런 것을 일컬어 '사업'이라고 부를 수도 없다.

　　뒤처진 것보다 달갑지 않은 것은 조급함이다. 한순간 반짝하고 마는 별똥별처럼 페이스를 잃은 전력 질주는 금세 지치기 마련이다. 조급한 결정이 초래한 결과로 상실된 자신감은 별똥별의 잔해처럼 깊은 흔적을 남긴다. 나는 이 책을 읽는 여러분들에게 이야기하고 싶다. 조급해 하지 말라.

시중에는 이미 네이버 스마트스토어에 관한 수많은 책이 있다. 대다수는 서비스 소개나 매뉴얼에 불과할 뿐 정작 스마트스토어로 매출을 끌어올리는 방법을 다룬 책은 드물다. 사장에게 도움이 되는 책은 훨씬 더 적다. 이 책은 현직 사장에게는 사업을 다지고, 창업이나 투잡을 꿈꾸는 예비 사장에게는 시작부터 안정화까지 그 방법에 대해 총망라하고 있다.

성공을 꿈꾸는 사람은 해변가의 모래처럼 많다. 여유 있게 유튜브에서 노하우를 공개하는 사람이나, 그런 유튜버를 비난하는 사람이나, 고작 하나의 모래성에 불과하다. 그중에서 끝내 이뤄내는 사람은 극히 드물다.

사장은 모든 결정을 혼자 내려야 한다. 작은 가게를 운영하든 대기업을 소유하든 모든 의사 결정에 대한 책임은 사장에게 있다. 결정이 성공적이면 모두가 환호하겠지만 실패하면 그 부담은 고스란히 사장에게 돌아온다. 매사 힘든 의사 결정과 마주하는 이 세상 모든 사장에게 묻는다.

"모래성이 될 것인가, 아니면 하나의 금자탑으로 우뚝 솟을 것인가!"

그동안 수많은 현직 혹은 예비 사장을 만나면서 사람마다 성과가 다른 점이 안타까웠다. 정규 강의만 듣고 성과를 내는 회원이 있는 반면 여러 번 들어도 어려워하는 분들이 계신다. 어려워하는 이유는 단 하나, 네이버 스마트스토어만 개설하면 물건이 잘 팔릴 것이라는 착각 때문이다. 그런 사람들을 위해 다음의 기획 의도로 이 책을 집필했다.

· 고기를 잡아 주는 것이 아닌 고기 잡는 방법을 가르쳐 주는 책
· 쇼핑몰 플랫폼의 날카로운 분석과 선택에 도움을 주는 책
· 쇼핑몰 마케팅의 이론적인 지식 배경과 구체적인 사례가 어우러진 책
· 실질적인 매출 성과를 올리는 마케팅 노하우를 담은 책
· 세밀한 매뉴얼과 쇼핑몰 사업 계획의 통찰을 주는 창업 가이드!

이 책이 네이버 스마트스토어를 제대로 운영하려는 사람이 봐야 할 단 한 권의 책이라고 말하고 싶지는 않다. 그러나 사장의 에너지는 제한적이기에 귀하다. 무용한 대상에 낭비하지 말자.

네이버 스마트스토어에서 빅파워 등급이 되려면 3개월 누적 매출이 4천만 원 이상이어야 한다. 월 1천400만 원 수준의 매출을 올리면 가능한 수치다. 월 1천400만 원을 벌려면 휴일을 제외하고 하루 70만원어치를 팔아야 한다. 객단가가 2만 원이라고 가정하면 35명이 구매를 해야 가능한 수치다. 하루에 35명을 끌어오는 계획이 서면 운영을 위해 필요한 자금과 팀 세팅을 고려하게 된다.

다 읽은 후 이런 사업 계획이 당신의 머릿속에 세워진다면 이 책의 목적은 달

성한 것이다. 우리가 원하는 것은 멋진 결과다. 그런데 모든 결과에는 반드시 원인이 있다. 다른 결과는 다른 원인에서 비롯된다. 변화가 필요한 대상은 결과가 아니라 원인이다.

존 맥스웰의 말처럼 사람들이 꿈을 이루지 못하는 이유가 원인은 바꾸지 않으면서 결과가 달라지길 바라기 때문이다. 이 책을 통해 꿈을 이루고 사업을 번창시키기 위한 실질적인 변화의 기술을 익히기 바란다.

대표 저자 **박노성**

목

차

프롤로그

제 1 부

네이버 스마트스토어 창업 준비

머지않은 미래의 어느 날 오후, '딩동~' 하고 벨이 울린다. 문을 열어 보니 낯익은 택배 기사가 웃음을 머금고 서 있다. 마침 딱 떨어진 네스프레소 커피 캡슐이 담긴 박스를 들고서 말이다.

"어머, 어떻게 알았지요? 방금 주문할까 생각하고 있었는데……."

"다 아는 수가 있죠."

인공지능이 발달한 빅데이터의 시대. 쇼핑몰은 단골이 주문할 시기를 이미 계산하고 있었다. 택배 기사의 옷 뒷면에는 이런 문구가 쓰여 있다.

'주문 15분 전 책임 배달! 그렇지 않으면 공짜.'

주문 15분 전 책임 배달, 그렇지 않으면 공짜.

이 상황은 도미노 피자의 '30분 배달 보증제'를 빗대어 만들어낸 이야기다. 몇 년 전만 해도 우스개로 여겨졌을 이 상황을 농담처럼 받아들일 수 있는 사람은 많지 않을 것이다. 1995년 미국에서 이베이(ebay.com)가 등장하면서 시작되었던 온라인 상거래는 이제 우리 생활의 일부가 되었다. 당시 이베이는 개인이든 기업이든 누구나 자신의 물건을 거래할 수 있는 '오픈마켓'이라는 개념을 만들었다. 온라인으로 누구나 상품을 편하게 살 수 있는 C2C(Customer to Customer) 전자상

거래 플랫폼(e-commerce platform)의 시대를 연 것이다.

　그 후 모바일로 넘어오면서 SNS의 여러 채널들에 있는 게시글과 검색에서 남긴 흔적들을 모은 빅데이터로 소비자들의 행동을 보다 정확하게 예측할 수 있게 되었다. 대표적인 것이 바로 아마존의 프라임 서비스다. 소비 패턴을 확실하게 구축하면 일상용품들의 떨어지는 주기를 예측하여 주문하기 전에 배달하는 것이 가능하게 된 것이다.

　우리나라의 경우 2014년만 해도 100억 원이 안 되던 식료품 중심의 '새벽 배송' 시장 규모가 2018년 4,000억 원 이상으로 늘었다. 주로 스타트업 위주로 커 왔던 시장에 대기업들이 본격적으로 뛰어들었다. GS홈쇼핑은 GS프레시와 함께 신선식품 당일배송 서비스를 시작했으며, 롯데슈퍼도 온라인몰과 롯데슈퍼 앱에서 저녁 10시까지 주문하면 다음날 오전 1시부터 7시까지 집 앞으로 상품을 배송해 주는 새벽 배송 서비스를 지방까지 확대했다. 이렇게 시간 다툼이 격해지면 결국은 주문 없이 사전 배달로 귀착될 것이다. 앞으로 우리들은 자신의 요구가 아닌 배달되는 물품들의 주기에 맞춰 살게 될 수도 있다. 내가 무엇이 필요한지 모르는 상태에서 물품이 배송되면 '무엇이 떨어져 가고 있었구나.' 하고 깨닫게 되는 것이다.

　전자상거래에서의 판매는 남대문 시장에 좌판을 놓는 것과 마찬가지다. 권리금이나 보증금 없이 누구나 물건을 사고팔 수 있다. 하지만 모든 과정이 결정적으로 다른 점은 상품 검색부터 선택, 구매 결정, 결제, 배송 등 모든 과정이 소비자 눈에 보이지 않는다는 점이다. 성공 원인을 한마디로 단정하기 어렵고 실패의 원인도 확연하게 드러나지 않는다. 결국 소비자들의 행동을 이해해야 한다는 마케팅의 기본이 여전히 유용한 셈이다. 1부에서는 온라인 쇼핑몰 창업의 기본기를 다져 보자.

제 1 장

오늘부터 나는 사장이다

1 환상의 3인조, 셀러마케팅캠퍼스를 시작하다

박노성은 마케팅 전문가다. 대학 시절 교수님이 출간한 책의 홍보용 홈 페이지를 제작하면서 인터넷 마케팅에 눈을 떴다. '신환전설(전기설비)', '동대문 의류 쇼핑몰', '핸드메이드 주얼리', '리얼피키(편집샵)' 등 직접 개발한 웹 사이트와 쇼핑몰 사이트가 수십 가지는 족히 넘는다. 검색 엔진도 개발했고 '디자인랜드'라는 디자인 비교 사이트도 만들었다. '디자인랜드'는 유명 컴퓨터 잡지와 네이버 메인에 소개될 정도로 인기를 끌었다.

졸업 후에는 꿈에 그리던 롯데그룹의 광고 대행사 ㈜대홍기획에 입사했다. 굵직굵직한 프로젝트를 맡으면서 대기업의 광고 마케팅을 두루 경험했다. 롯데호텔, 롯데면세점, 메이블린뉴욕, 로레알가르니에, 롯데칠성, 롯데제과, 롯데푸드, 월트디즈니, 여인닷컴, 체리야닷컴 등의 마케팅도 모두 그의 손을 거쳤다.

대형 광고 대행사에서 유명 광고주들을 통해 최고의 광고와 마케팅을 배웠지만 박노성의 마음 한구석은 늘 답답함이 가시지 않았다. 대기업의 그늘에 개인의 역량이 가려지는 한계를 느꼈기 때문이다. 자신만의 일을 해보고 싶던 그는 회사에 다니면서 세무사 공부를 했다. 머리가 좋은 편은 아니었지만, 숫자에 밝은 덕분에 1년 만에 1차 합격을 하고 과감히 대홍기획에 사직서를 낸다.

과연 인생은 '새옹지마'다. 새옹의 아들은 말에서 떨어지는 사고로 다리가 부러져 절름발이가 되었다. 전쟁이 일어나 마을의 젊은이들은 전쟁터에 나가 목숨을 잃었지만, 다리가 부러진 새옹의 아들만이 군대에 가지 않아 목숨을 건질 수 있었다.

새옹의 아들처럼 운명은 생각과 다른 곳으로 박노성을 안내했다. 2차 시험에 실패한 것이다. 낙방 후 몇몇 광고 대행사의 부름이 있었지만 박노성은 고사했다. 광고주가 되어 하나의 브랜드를 성공시켜 보고 싶었기 때문이다. 그가 선택한 곳은 ㈜한우리열린교육이라는 독서 교육 프랜차이즈 회사다. 규모는 작았지만 독서를 좋아하던 취향을 자극했다.

"독서로 돈을 벌 수 있다니 훌륭하다. 비록 작은 회사지만 내 사업처럼 키워보자."

한우리열린교육 홍보마케팅팀을 진두지휘하면서 TV 광고부터 전단지 홍보까지 아우르는 기업 마케팅부터 학습지 교사의 개인 마케팅까지 모든 마케팅을 경험하고 연구했다. 당시 독서 교육 시장은 한솔주니어 플라톤이 1위, 한우리 독서토론논술이 2위, 대교 솔루니가 3위였다. 박노성은 탁월한 마케팅 능력을 발휘해 입사 2년 만에 만년 2위에 불과했던 한우리를 업계 1위의 독서 교육 대표업체로 만들었다.

그때 만난 사람이 정윤환이다. 둘의 인연은 강산도 변한다는 10년을 훨씬 넘는다. 박노성은 개별 프랜차이즈 상권에 최적화된 지역 마케팅 툴로 마을버스 광고를 찾았고 당시 정윤환은 버스 광고를 판매했다.

정윤환은 광고 매체 전문가다. 버스 광고를 시작으로 중간에 지인이 창업한 피자 프랜차이즈 사업을 도우면서 전단지 홍보 사업에도 손을 대기 시작했다. 2010년 정윤환은 꿈에 그리던 창업을 한다. 분양 광고와 프랜차이즈 마케팅을 전문으로 하는 대행사를 차린 것이다. 방향을 전환한 정윤환이 가장 먼저 찾은 것도 박노성이다. 사업을 처음 시작하던 정윤환에게 박노성은 일종의 비빌 언덕이 되어준 셈이다.

원하는 일을 할 수 있는 것도 좋았지만 무엇보다 정윤환이 가장 잘할 수 있는 광고였기에 사업은 성장했다. 2013년도에 매출의 70%를 담당하던 광고주가 거래를 매정하게 끊어버리기 전까지는 말이다. 어느 날 광고주가 일방적으로 거래 종료를 통보했다. 정윤환은 영문도 모른 채 이른바 '갑질'을 당한 것이다. 나락으로 떨어진 그가 대안으로 찾은 것이 온라인 비즈니스다. 100개 내외에 불과하던 광고주에서 벗어나 거래처를 무한 확장하여 위험을 다각화해야겠다고 생각한 것이다. 절치부심 공부와 연구를 거듭한 끝에 온라인과 오프라인의 사업 모델을 연결한 '피알엔젤(PR Angel)'이라는 신규 사업을 시작한다. 사업이 다시 본궤도로 올라오자 정윤환은 소비자를 대상으로 물건을 팔면 더 안전하겠다는 생각으로 수입 화장품 브랜드의 국내 온라인 총판을 맡았다. 그리고 온라인 쇼핑몰에서 팔기로 결심한다.

"광고 매체 전문가인 내가 쇼핑몰을 하면 누구보다 잘 팔 자신이 있다. 해보자!"

호기롭게 시작했다. 네이버 스마트스토어에 쇼핑몰을 열기만 하면 무조건 팔릴 줄 알았다. 그러나 매출이 발생하지 않았다. 물건이 검색 결과에 나오지 않는 것이다. 광고비를 쏟아붓자니 배보다 배꼽이 더 큰 상황이 연출되고 물건만 쌓이는 현상이 벌어졌다. 그때 만난 것이 조영준이다.

조영준은 시스템 기획자이자 프로그래머다. 컴퓨터 공학을 전공했고 PC방과

게임 시스템을 연결한 사업을 기획했다. 이후 이커머스 사업에 직접 뛰어들게 되었다. 그것이 계기가 되어 네이버 스마트스토어의 로직 관련 프로그램을 개발하여 제공하고 있었다.

조영준에게 컨설팅을 받으며 정윤환은 네이버 스마트스토어에는 다른 접근 방식이 필요하다는 것을 깨달았다. 로마에 가면 로마법을 따라야 하듯 네이버 스마트스토어에서 성과를 내려면 그에 맞는 로직을 이해해야 한다는 것을 배운 것이다.

"네이버 스마트스토어의 마케팅은 일반 마케팅과는 전혀 다르다."

조영준은 쇼핑몰에서 누구나 부자가 될 수 없듯, 스마트스토어를 오픈한다고 누구나 성공하는 것은 아니라고 강조한다. 컨설팅을 받으면서 자신과 같이 어려움을 겪고 있는 사람들이 떠오른 정윤환은 조영준에게 제안한다.

"수많은 사람들의 시행착오를 줄여 주기 위한 온라인 쇼핑몰 창업 교육을 합시다."

스마트스토어 교육부터 창업 계획서와 마케팅까지 온라인 비즈니스 성공을 돕기 위한 교육 사업 '셀러마케팅캠퍼스(cafe.naver.com/secretsfarm)'는 그렇게 시작되었다. 그리고 마침내 정통 광고 대행사 출신이자 중소 규모의 독서 교육 회사를 일등 브랜드로 만들어낸 브랜드 마케팅 전문가 박노성이 합류했다.

2 장밋빛 환상을 버려라

"온라인 쇼핑몰을 하는 이유가 무엇입니까?"

교육할 때 항상 사장님들께 묻는다. 당연히 수익을 위해 온라인 쇼핑몰을 하고 싶다고 말씀하신다. 그럴 때면 나는 다음의 말을 인용한다.

"훌륭한 농부는 씨를 잘 뿌릴 줄은 아나 반드시 수확을 잘 거둔다는 보장은 없다. 또 훌륭한 공인은 물건을 기묘하게 만들 줄은 아나 반드시 사람들 맘에 드는 것만을 만든다고는 할 수가 없다. 지금 그대는 자기의 도는 닦지 않고 받아들여지기만을 바라고 있지 않은가."

공자가 제자 자공에게 하신 말씀이다. 수익을 올리기 위한 목적으로만 쇼핑몰을 시작하는 것은 '받아들여지기만을 바라는 마음'과 같아서 작은 수익에 안주하는 경우가 대부분이다. 꾸준한 운영 프로세스로 '자기의 도'를 정립하는 노력이 없다면 단기간에 끝나버리는 경우도 부지기수다. 실패할 확률이 높은 사업에 도전하는 것이다.

사업을 하기 위해서는 정확한 목적과 실행 프로세스가 필요하다. 컨설팅을 하다 보면 의외로 많은 사람들이 수익의 개념으로 접근하는 오류를 범한다. 그럴 때마다 다시 묻는다.

"사업을 하실 겁니까? 장사를 하실 겁니까?"

사업을 하겠다고 대부분 대답을 한다. 그러면 다시 묻는다.

"어떤 아이템으로 진행하실 건가요?"

절반 이상은 모두 자신만의 아이템을 가지고 있거나 소매를 전문으로 하는 쇼핑몰을 염두에 두고 있다. 나머지 절반은 무엇을 판매할지 결정하지 않았으며, 잡히는 대로 판매하겠다고 말한다. 자신의 전문 영역은 필요한 항목이다. 전문 영역 없이 진행하게 되면 본인 사업의 경계를 짓기 어렵기 때문에 차후 연결하거나 확장하는 경우 매우 곤란한 위치에 놓인다.

핵심은 우선 본인이 가장 잘 아는 영역의 아이템들이나 기존에 했던 사업들과의 연계성이 있는 아이템들을 선정하는 것이다. 그러나 그보다 중요한 것은 마케팅이다. 이 두 가지가 어우러졌을 때 미래에 발생할 수 있는 위험 요소를 줄일 수 있고, 지속가능한 쇼핑몰 운영이 가능하다.

3 마케팅의 4가지 핵심 요소, 4P부터 점검하라

건강의 기본은 신체 균형이다. 근육은 정밀한 시계의 기어와 같이 맞물려 쉬지 않고 운동을 한다. 어떤 특정한 자세를 반복하게 되면 근육의 밸런스가 깨지게 되고, 밸런스가 깨진 근육 운동은 결국 내장기, 혈관, 신경, 림프 등에 영향을 주어 우리 몸 전체의 균형을 무너뜨리게 된다.[1]

마케팅 전략 역시 각 요소가 균형 있게 강조되도록 전략을 구성해야 건강하게 유지된다. 마케팅 기본 요소는 네 개의 P, 즉 '4P'라고 말한다. 제품(Product), 가격(Price), 유통(Place), 판촉(Promotion)이 그것이다. 마케팅 전략 수립 과정에 사용되는 이 4가지 요소를 마케팅 믹스(Marketing Mix)라고 부른다. 마케팅 요소의 핵심을 파악하고 구체적인 적용 방법을 고민하면 쇼핑몰 마케팅 전략에서 무엇을 고려해야 하는지 찾아낼 수 있다.

제품(Product)

판매하기 위해서는 제품이 있어야 한다. 판매하는 물건만을 제품이라고 생각

---

1   '신체 균형 깨지면 취약 부위에 병 생겨' 조선일보 2013.7.24.
      http://health.chosun.com/site/data/htmL_dir/2013/07/23/2013072303988.htmL

할 수 있겠지만 넓은 의미에서는 고객의 욕구를 충족시킬 수 있는 유형·무형의 모든 것이 제품이다. 제품의 기본 정보는 물론이고 고객이 매력을 느낄 수 있는 서비스 등의 추가 정보를 함께 제공하는 것이 핵심이다.

아무리 좋은 마케팅을 하더라도 제품이 만족스럽지 못하면 고객은 외면한다. 또한 제품에는 큰 이상이 없더라도 고객 응대 서비스의 품질이 낮다면 발길이 뜸해진다. 제품과 쇼핑몰의 품질 유지를 위해서 다음과 같은 관리 기준을 따져 볼 필요가 있다.

1 | 유사 상품의 판매 여부

현재 판매 중인 제품에 대한 유사한 상품들이 존재하는가를 먼저 파악해 보아야 한다. 간단하게 네이버쇼핑에 들어간 후 대표 키워드로 검색하여 유사 상품들이 판매되고 있는지를 확인해 보자. 팔고자 하는 제품에 대한 유사 상품들의 판매량이 저조하다면 재검토를 해보는 것이 좋다.

2 | 검색어를 통한 트렌드 분석

네이버에서는 키워드를 활용할 수 있는 다음의 서비스를 제공하고 있다.

네이버 검색광고센터(https://searchad.naver.com)

네이버 데이터랩(https://datalab.naver.com)

검색광고센터의 키워드 도구를 활용하면 소비자들이 내 상품을 어떤 키워드로 검색하는지 파악할 수 있다. 원하는 검색어의 월간 검색량은 어느 정도 되는지, 유사 키워드는 어떤 것이 존재하는지도 쉽게 파악할 수 있다.

데이터랩의 쇼핑 인사이트 메뉴에서는 카테고리별로 인기 검색어를 확인할 수 있다. 성별, 연령대별 등 인구 통계학적으로 선호하는 검색어의 인기를 순위로 확인할 수 있다.

3 | 경쟁자 분석

네이버쇼핑에서 본인 상품의 대표 키워드를 검색하여 상위 랭크된 제품들의 판매량을 보았다면 이번에는 그 상품들의 특별한 장점을 분석해 봐야 한다. 경쟁 상품이 내 상품보다 어떤 부분이 더 좋은지, 어떤 부분이 부족한지, 소비자의 리뷰는 어떠한지, 그 제품과 경쟁했을 때 우위에 설 수 있는 부분은 무엇인지 파악해야 한다.

비슷한 제품이라면 더 좋은 기능, 또는 더 좋은 디자인의 제품을 선호하는 게 사람의 심리다. 지금 당장 상위 노출은 안 되더라도 향후 경쟁을 대비하여 꼼꼼하게 살펴볼 필요가 있다. 이러한 분석은 뒤에 설명할 상세 페이지 제작에도 도움이 된다. 소비자의 선호를 잘 파악한다면 클릭은 물론이고 구매 전환율도 높일 수 있다. 경쟁 상품들의 상세 페이지 분석은 디테일한 벤치마킹과 내 상품의 상세 페이지를 어떻게 구성할지를 결정하는 역할을 담당한다. 자신만의 생각으로 본인이 좋아하는 스타일만 고집한다면 소비자가 외면할 가능성이 높다. 인기가 높은 제품의 상세 페이지를 분석하여 어떻게 하면 소비자에게 더 매력적인 상품으로서 다가갈 수 있는지 기획하여 제작하여야 한다.

가격(Price)

가격은 제품 구매나 서비스 이용을 위해 고객이 지급하는 비용만이 아니다. 시간이나 기타 노력 등을 포함한 구매 가치를 통틀어 말한다. 가격이 지닌 가치는 주관적이기 때문에 마케팅 요소 중에서 가장 많은 변수가 발생한다. 소비자의 행동 심리나 구매 패턴을 고려하여야 한다.

1 | 경쟁자 분석

소비자들의 지갑을 열기 위해서는 경쟁자보다 매력적인 가격이어야 한다. 차별화된 특징이 없는 경우 비싸게 팔아서는 매출을 발생시키기 어렵다. 경쟁자와 유사한 가격대를 형성해야 한다.

2 | 미끼 상품 전략

예전부터 많이 쓰는 전략 중 하나가 옵션 전략이다. 여러 가지 종류의 제품이 존재한다면 그 종류 중 가장 낮은 제품가를 대표 가격으로 선정하여 클릭을 유도한다. 단, 대표 섬네일(작은 이미지)이 그 가격의 상품과 같아야 하며 상품명, 내부 품명 또한 그 대표 가격의 제품이어야 한다. 최근에는 미끼 상품에 대한 규제가 심하므로 가이드라인을 준수하는 범위에서 전략적으로 활용하는 것이 좋다.

유통(Place)

이 책에서 유통은 이커머스를 대전제로 하고 있다. 유통이란 제품이나 서비스가 고객에게 전달되는 모든 과정을 말한다. 필요한 시기나 장소에 제품을 보여주고 전달하는 일을 고려하게 되는데, 쇼핑몰이라는 형태 자체가 고객에게 직접 다가갈 수 있는 유통 과정을 최적화했다는 장점이 있다. 따라서 유통 과정뿐만 아니라 쇼핑몰 내부적으로 유통 과정이 편리해지도록 다음과 같이 관리하는 것이 중요하다.

1 | 유통 구조에 대한 이해

어떤 유통 구조를 통해 나에게 공급되는지를 검토해야 한다. 제품은 유통 단계가 많아지면 그만큼 매입비가 상승하게 되며 고스란히 판매가에도 적용이 된다. 당연히 제품에 대한 이익 구조가 낮아지게 되며, 마케팅 비용에도 영향을 미치는 등 다양한 문제점이 발생한다. 유통 구조를 조금이라도 더 줄이는 것이 판매자에게는 매우 중요한 요소이다.

원재료의 경우 분명 좀 더 조사해 보면 더 품질 높은 재료, 또는 더 저렴한 가격의 재료들을 찾아볼 수 있다. 제품 또한 원제조사가 아닌 경우는 우리나라의 복잡한 유통 구조로 인해 매입가 상승이 분명히 발생하므로, 원제조사 또는 원수입사를 찾아서 접촉해 보는 것이 현명한 방법이다.

2 | 제조사나 수입 업체 접촉

도매 제품인 경우라면 원제조사 또는 원수입사를 찾아서 접촉해 보자. 제품에는 반드시 수입사 또는 제조사가 명기되어 있다. 직접 찾아보고 연락해 보면 의외로 쉽게 좋은 조건에 상품을 공급받을 수 있다. 그 제조사나 수입사들도 보다 많은 수요처를 찾고 있다. 망설이지 말고 적극적으로 찾아 나서 보자.

3 | 판매 영역 확장

인터넷에는 오픈마켓, 폐쇄몰, 전문몰, 소셜커머스 등 수많은 판매 영역이 존재한다. 소비자들이 네이버 스마트스토어를 통해서 구매하는 경우는 10분의 1도 되지 않는다. 판매가 안정기에 접어들게 되면 가능한 한 많은 판매 영역을 확보해서 운영할 필요가 있다. 하지만 스마트스토어 하나도 운영이 벅찰 경우에는 우선 이 영역에서 매출 안정을 시킨 후 확장을 검토하는 전략을 추천한다.

판촉 활동(Promotion)

광고, 홍보를 포함한 모든 마케팅을 통해 판매를 촉진하는 활동이 판촉 활동이다. 판촉 활동은 제품에 대한 연구가 선행되어야 한다. 필요한 연령대, 성별, 취향을 고려해서 그 잠재 고객에게 제품을 알리는 것이 중요하다. 이벤트 전략으로 구매 전환을 통한 매출 확대를 모색하여야 한다.

저렴한 귀금속 액세서리 같은 경우에는 20대 여성이 집중 타깃층으로 형성이 될 것이며, 중가의 핸드백의 경우 20~30대 여성들이 주 타깃층이 될 것이다. 담배 케이스의 경우에는 연령층과 무관하게 애연가들이 대상이 될 것이며, 남성의 비율이 높을 것이다. 핸드폰 케이스의 경우는 남녀를 불문하겠지만 주로 20~30대 초반에서 구매율이 많이 일어나고 있다. 이처럼 제품별로 분석되는 타깃층에 어떤 식으로 접근할지를 고려해야 한다.

2   〈아마존 미래전략 2022〉 다나카 미치아키 저 / 류두진 역 / 반니

4 4P에 4C를 결합하라

일본 릿쿄 대학의 다나카 미치아키 교수는 현존하는 가장 성공한 쇼핑몰인 아마존(Amazon.com)의 성공 비결에 대해서 마케팅의 기본 요소인 4P에 4C를 결합했기 때문이라고 설명한다[2]. 4P는 1960년대 초 미국의 마케팅 학자 제롬 매카시(Jerome McCarthy) 교수가 제창한 개념이다. 4C는 로버트 로터본(Robert Lauterborn) 교수가 1993년에 정의한 개념이다. 4P가 판매자 입장에서 접근한 관점에 반해 4C는 고객의 입장에서 바라보았다는 차이가 있다.

다나카 미치아키 교수에 따르면 아마존이 실행하는 전략은 일반적인 기업들이 중시하는 4P, 즉 제품(Product), 가격(Price), 유통(Place), 판촉(Promotion) 이외에 4C, 즉 고객 가치(Customer Value), 비용(Cost), 편의성(Convenience), 소통(Communication)을 추가한 것이다. 4P에 4C를 추가한다는 것은 어떤 의미일까? 다음의 그림을 보면 이해에 도움이 될 것이다.

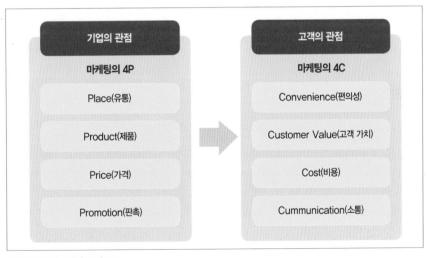

고객 중심주의로서의 4P와 4C

1 | 유통에는 편의성을 추가한다

아마존이 제공하는 유통 전략은 단순히 아마존의 형편에 따른 것이 아니다. 고객의 상황을 고려하여 편의성을 극대화시킨 것이다. 우리는 1부와 2부에서 유통에 대해서 집중적으로 다룰 것이다.

2 | 제품에는 고객 가치를 추가한다

아마존이 제공하는 고객 가치란 단순히 상품과 서비스의 제공을 의미하는 것이 아니다. 고객이 가진 요구 사항을 정확히 파악하는 것이다. 고객의 경험 가치 전체를 포함하기 위해 잠재 욕구까지 경청한다. 제품에 대해서는 3부에서 살펴본다.

3 | 가격에는 비용을 추가한다

아마존이 제공하는 가격은 단순히 구매 시점에 고객이 지급하는 가격만 의미하는 것은 아니다. 유지·보수 비용을 포함해 고객이 생애에 걸쳐 지급하는 비용 전체를 가리킨다. 가격을 결정하는 요소 역시 3부에서 다룬다.

4 | 판촉에는 소통을 추가한다

아마존이 제공하는 판촉은 일방적인 광고·선전으로 끝나지 않는다. 리뷰 작성 기능을 제공하는 등 고객과의 쌍방향적 소통이 이루어진다. 고객이 제공하는 리뷰는 온라인 쇼핑몰에서는 생명을 유지하는 혈액과 같은 존재다. 소비자가 아마존에서 상품을 구매할 때 신뢰성을 높게 평가하는 데는 소비자 리뷰가 크게 기여한다. 오프라인 점포와 온라인 쇼핑몰의 결정적인 차이점 중 하나는 다른 구매자가 작성한 리뷰, 이른바 입소문 형태로 자신이 사려는 상품의 실제 기능과 사용 여부를 판단할 수 있다는 점이다. 아마존은 판매 촉진 면에서 고객 리뷰의 중요성을 인식하고 리뷰어에게 등급을 부여하고 있다.

고객은 해당 상품의 상세한 설명과 별점은 물론 리뷰를 작성하는 사람 중에 자신의 사용 목적과 부합하는 실제 구매자가 해당 상품을 어떻게 평가하고 있는지 중시한다. 뒤에 다루겠지만 이와 같은 이유로 네이버 스마트스토어에서는 고객들에게 등급을 부여하고 혜택을 줄 수 있는 기능이 마련되어 있다. 판촉은 4부에서 살펴본다.

5 | 성공하는 CEO는 3가지 마인드가 있다

교육 사업을 하는 '셀러마케팅캠퍼스'는 CEO들의 모임 공간이기도 하다. 단순히 네이버 스마트스토어를 상위에 올리는 것에 그치지 않고 나름의 성공 노하우를 공유하는 집단 지성의 터전이다. 쇼핑몰 마케팅이 어려운 이유는 제품이나 사람마다 성공에 대한 노하우와 방식이 천차만별이기 때문이다. 남이 성공한 마케팅 방법을 똑같이 따라 해도 같은 성공을 거두기는 쉽지 않다. 하지만 세상

셀러마케팅캠퍼스의 CEO 모임

이 변하고 마케팅 방법이 아무리 달라진다 해도 쇼핑몰 마케팅을 성공시키기 위한 기초 뿌리는 있는 법이다. 이 뿌리가 단단하면 성공의 가능성에 한 발짝 다가섰다고 보아도 좋다.

1 | 마케팅 비용을 효율적으로 관리하라

쇼핑몰을 운영하는 사람들은 대부분 마케팅 전문가가 아니기 때문에 매출은 마케팅 비용을 쓰는 만큼 발생한다고 생각한다. 또 어떤 책은 광고 집행하는 방법을 마케팅으로 소개하는 경우도 있다. 모든 마케팅 비용을 광고에 집중시키는 것은 곤란하다. 사업 초기에는 안정적인 운영자금 확보 측면에서 적은 돈으로 마케팅 효과를 거두는 지혜가 필요하다.

주변에서 쇼핑몰 운영하는 사람 중 열에 여덟은 네이버에 광고비를 쓰다 보니 손에 남는 돈이 거의 없다는 말을 한다. 경험상 CPC(Cost Per Click, 클릭당 요금부과 방식) 광고를 통해 안정된 수익을 낼 수 있는 쇼핑몰은 많지 않다. 광고를 통해 유입되는 고객이 매출과 직결된다는 보장이 없기 때문이다. 마케팅 비용을 절감하려면 고객이 쇼핑몰에 매력을 느낄 수 있는 요소들을 만들어 같은 비용을 투자해도 구매율을 훨씬 높일 수 있는 방법을 고민해야 한다.

2 | 꾸준히 재방문할 수 있도록 만들어라

비용을 들여서 고객을 유입시키는 광고는 그 특성상 신규 고객에게 우리 쇼핑몰의 존재를 알리는 역할이 크다. 일단 들어오면 꾸준히 재방문할 수 있도록 만들어야 마케팅 비용을 절약할 수 있다. 쇼핑몰 마케팅의 핵심은 바로 재방문할 수 있는 단골을 늘리는 방법을 고민하는 것이다. 서점으로 시작한 아마존은 인터넷 초창기 포털 사이트 야후의 검색 결과와 유사한 키워드를 가진 책을 소개하면서 방문자를 끌어 모을 수 있었다. 배송은 물론이고 고객 관리가 철저한 덕분에 사람들은 야후의 도움 없이도 아마존에 방문하기 시작했다. 일단 방문한 사람들이 늘어나자 아마존은 책을 구매한 사람들을 대상으로 새로운 상품을 제안했고 지금 아마존은 다양한 물건을 파는 종합몰로 변했다. 우리나라 온라인 서점의 경우에도 크롬 브라우저로 항상 로그인되어 있는 점에 착안하여 '당신이 읽으면 좋을 책' 혹은 '추천 마법사' 등의 큐레이션 서비스가 등장해서 재방문을 유도하기도 한다.

3 | 틈새시장을 발견하라

독서 모임이라는 사업으로 최근 30억 원의 투자 유치에 성공한 '트래바리'의 윤수영 대표는 해당 사업을 시작한 가장 큰 이유로 대기업이 손대기 힘들기 때문이라는 말을 했다[3]. 또한 LG전자에 밥솥을 OEM으로 납품하던 쿠쿠전자는 별도의 브랜드 '쿠쿠'를 개발하여 일개 하청업체에서 매출 8천억 원에 650여 명의 직원을 거느린 중견 기업으로 성장했다. 이처럼 모든 시장에는 니치마켓(Niche Market), 즉 틈새시장이라는 것이 존재한다. 작은 조직이 지니고 있는 강점을 살려서 틈새시장을 공략하는 것이 대기업과 상대해서 자리를 잡을 수 있는 전략이다.

쇼핑몰을 창업한 후 대기업의 마케팅 방법을 열심히 연구하는 사람들이 있다. 대기업의 광고 마케팅을 참고하는 것은 좋지만 주어진 조건에 맞게 수정하여 적용하는 추가적인 고민이 필요하다.

---

3   http://nosung.blog.me/221234470105

제 2 장

모바일 쇼핑, 새로운 비즈니스의 기회

1 IT가 생활을 바꾸다

최근 '플랫폼'이라는 단어가 유행처럼 사용되고 있다. 플랫폼은 기차역이라는 뜻으로 '사람들이 기차를 쉽게 타고 내릴 수 있도록 평평하게 만든 장소'라는 의미이다. 무언가를 유통하는 통로라는 뜻으로도 많이 쓰인다. 플랫폼의 개념 자체가 인간의 거래를 쉽게 만들어 주는 상거래에서 출발하고 있기 때문이다.

온라인 상거래 플랫폼의 제공자는 거래를 위한 인프라인 검색, 결제, 인증을 제공하고 실제 거래는 판매자와 구매자 간에 이루어진다. 판매하려는 사람들이 많아지다 보니 상거래의 중요한 요소인 가격이 내려가게 되고 판매자에 대한 제한이 없어짐에 따라 구매자에 대한 거래 보호 시스템이 만들어지게 되었다. 금융기관을 연결하여 보다 많은 결제 수단을 사용하면서 편의성이 높아지고 판매자와 구매자의 트래픽이 늘어나게 된 것이다.

시장의 대표 플랫폼으로 미국의 아마존을 들 수 있다. 아마존이 시장을 석권

한 핵심적인 요인은 기존의 개방을 기반으로 하는 이베이식 오픈마켓 플랫폼에서 한 단계 진화하여 제한된 개방을 선택한 점이다. 개방되었지만 일정 수준의 통제를 통해 플랫폼이 제공하는 가치를 상승시키는 전략 말이다.

우리나라 온라인 쇼핑몰 역시 미국에 비해 짧지 않은 역사를 갖고 있다. 최초의 쇼핑몰인 인터파크가 출범한 것은 1995년이다. 1996년 사업을 개시한 롯데닷컴은 롯데그룹의 광고 대행사 대홍기획의 신사업팀인 '인터렉티브팀'에서 시작되었다.

Top 10 US Companies*, Ranked by Retail Ecommerce Sales Share, 2018
% of US retail ecommerce sales

1. Amazon 49.1%
2. eBay 6.6%
3. Apple 3.9%
4. Walmart 3.7%
5. The Home Depot 1.5%
6. Best Buy 1.3%
7. QVC Group 1.2%
8. Macy's 1.2%
9. Costco 1.2%
10. Wayfair 1.1%

Note: total US retail ecommerce sales=$252.69 billion in 2018; top 10 companies' sales share=70.1% of total retail ecommerce in 2018; includes products or services ordered using the internet, regardless of the method of payment or fulfillment; excludes travel and event tickets; *excludes privately held companies
Source: eMarketer, July 2018
239447   www.eMarketer.com

아마존의 압도적인 시장 점유율(이마케터, 2018년 7월)

그로부터 20여년이 지난 지금, 우리나라 오픈마켓 플랫폼 간의 경쟁은 규모의 경쟁을 넘어 치킨 게임의 양상을 나타내고 있다. 인터넷은 구매 고객이 많으면 판매자가 증가하고 판매자가 많으면 구매자가 늘어나는 트래픽 효과가 발생한다. 이런 효과를 얻기 위해 모든 오픈마켓 플랫폼들은 거래량을 늘리고자 지속적인 이벤트와 쿠폰, 그리고 브랜드 마케팅을 진행해 왔다. 그 결과로 시장의 수익성은 지속해서 하락하고 있고 후발 사업자들은 엄청난 손실을 경험해야 했다. 최근 소프트뱅크로부터 기적적인 투자를 연이어 유치하고 있는 쿠팡의 행보는 단순히 기존 오픈마켓에서의 플랫폼 경쟁이 아니라 아마존의 경우처럼 한 차원 높은 플랫폼으로의 변화를 투자단들이 높이 평가하고 있다는 시각이 일반적이다.

2018년 기준으로 4조 4,227억 원의 매출에 1조970억 원의 손실을 기록하고 있는 쿠팡의 행보에 많은 사람이 주목하고 있는 이유다. 실제로 반도체 D램 시장에서 이런 식의 치킨 게임으로 경쟁자를 떨어뜨린 후에 살아남은 몇 개 업체가 시장을 독식한 사례가 있다.

경쟁은 가격을 낮추는 요인이므로 소비자들에게 유익하다는 측면이 있다. 한국의 시장 상황을 보면 소셜커머스에서 시작해서 오픈마켓 시장에 참여한 사업자들은 모두 적자를 면치 못하고 있지만[4] 그 혜택으로 소비자들은 저렴한 가격을 누리고 있다. 상식적으로 불가능한 거래가 이뤄지고 있는 플랫폼 간의 퍼주기 경쟁은 하나의 플랫폼이 남을 때까지 계속될 가능성이 높다. 문제는 그 경쟁의 주요소가 '가격'에 국한되었다는 점이다. 쿠팡의 경우 '로켓배송'처럼 서비스 품질을 제고하기 위해 노력하고 있지만 아직은 제한적이다.

2 온라인에서는 가격만으로 거래가 이루어지는가?

인터넷의 보급과 함께 등장한 온라인 채널은 착실하게 사람들의 생활 속으로 침투하고 있다. 이후 G마켓, 옥션 등의 오픈마켓이나 대형 온라인 쇼핑몰 외에 기존의 통신판매 회사나 오프라인 소매업자, 제조업자가 온라인에서 판매하는 경우도 증가하고 있다.

온라인 채널에서 고객은 검색 엔진이나 가격 비교 사이트를 통해 동일한 제품을 더 저렴한 가격으로 제공하는 매장을 찾을 수 있다. 이 때문에 오프라인 채널

---

4   '벼랑 끝' 쿠팡 · 위메프 · 티몬…이커머스 업계 '수천억대 만성적자' - 매일경제 18.4.18

에 비해 가격이 더 낮아질 수 있는 것이다.

그러나 가격만이 거래를 발생시키는 요인은 아니다. 온라인 채널에는 오프라인에 없는 '고객 맞춤'이라는 강력한 기능이 있다. 검색, 사이트 방문, 열람, 주문, 구매 후 문의 등 동일한 고객에게서 일련의 행동을 관측할 수 있다는 것이다. 광고나 판매 촉진을 고객에게 맞게 적용하기 쉬운 구조다.

온라인 채널에서는 개인 맞춤 마케팅이 가능하다. 웹 사이트를 방문하는 사람이 누구인지를 식별하고 축적된 정보를 바탕으로 해당 고객에게 적합한 메시지나 보상을 부여할 수 있기 때문이다. 온라인 광고 역시 행동 타깃팅이 이미 실현되고 있다.

3 　모바일 기기, 온라인과 오프라인의 유통을 모두 변화시키다

계산대에 놓인 할인 쿠폰은 다음번 구매를 끌어들이지만 방문한 구매 고객의 스마트폰에 도착한 쿠폰은 즉시 구매를 끌어들인다. 마케터가 휴대 전화를 공략하고 싶어지는 이유다. 잠재 고객의 위치 정보에 맞춰 가까운 매장 정보나 쿠폰을 메일로 보내는 것은 휴대 전화가 보급될 때부터 제안되어온 방식이다. 단말기가 스마트폰으로 바뀌면서 이전보다 표현력 있는 메시지를 보낼 수 있게 되었을 뿐이다.

메일이나 문자가 일방적으로 오는 것이 고객에게는 불편하다. 원하는 정보가 아니라면 역효과가 날 수밖에 없다. 그런 의미에서 미국에 흥미로운 사례가 있다.

미국의 슈퍼마켓은 쇼핑할 때 쇼핑 목록을 기록하는 스마트폰용 앱이 유행이라고 한다. 그 앱에는 향후 구매할 목록도 기록할 수 있다. 핵심은 그 목록을 가족과 공유할 수 있다는 점이다. 귀가하는 도중 부족한 물건이 '표시'되어 있다면 가족 중 누구나 구매해서 갈 수 있다.

가족 전체가 원하는 목록이 그곳에 있으므로 쇼핑몰로서는 가장 좋은 판매 촉진의 타깃이 된다. 갑자기 일방적으로 메일을 보내는 것도 아니다. 그저 목록이 표시되는 화면 한구석에 관련된 정보를 기록하면 된다. 대체로 아내가 기록하고 남편이 사 오겠지만 말이다.

4 오프라인과 온라인이 교차하는 멀티채널 구매 행동

온라인 채널에서의 구매가 증가하는 한편, 현실에는 오프라인 채널도 존재하므로 고객은 종종 두 가지를 병행한다. 게다가 검색과 구매라고 하는 목적에 맞춰 채널을 분리해 사용한다. 이를 '멀티채널 구매 행동'이라고 한다.

정보통신정책연구원에서 실시한 조사에 따르면 온라인 쇼핑 이용 경험이 없는 사람 중에서도 포털 사이트를 검색하는 사람이 19.4%를 차지한다. 온라인에서 검색한 다음 오프라인에서 구매하는 전형적인 패턴이다.

얼마 전 아웃렛 매장에서 샌들을 구매한 적이 있다. 지하 주차장으로 가는 엘리베이터 안에서 아내는 스마트폰으로 검색을 하기 시작했다. 차 앞에 도착했을 때 아내는 같은 제품의 더 저렴한 제품을 찾아내고는 마침내 이렇게 말했다.

"여보, 방금 똑같은 거 인터넷에서 주문했어요. 다시 올라가서 구매 취소합시다."

매장에서 실물을 보고 가격 비교 사이트를 검색해 온라인에서 주문하는 행동을 어렵지 않게 볼 수 있다. 매장 입장에서는 갈수록 온라인 채널과 경쟁하기 힘들어지는 형국이다.

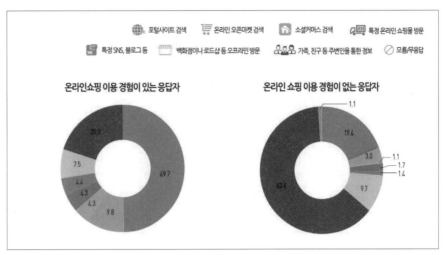

온라인 쇼핑 이용 경험이 있는 응답자

온라인 쇼핑 이용 경험이 없는 응답자

온라인 쇼핑 이용 경험자와 미경험자의 구매정보 획득 채널(정보통신정책연구원, 2017)

이런 구매 행동이 일반화되면 오프라인 채널에서도 이를 긍정적으로 수용해서 수익 구조를 재검토할 필요가 있다. O2O(Online to Offline)처럼 온라인 미디어를 사용해서 오프라인 매장으로 고객을 유도하는 시도가 그 전형적인 예다.

5 우리나라 온라인 유통 시장 규모

국내 온라인 유통 시장 역시 2011년 이후 매년 10%를 상회하는 고성장을 지속하여 2019년에는 111조 원에 이른다. 전체 소매 거래액의 약 23%를 차지한다. 오픈마켓 약 37조 원, 소셜커머스 3사 약 17조 원, 홈쇼핑 약 11조 원 등으로 구성되어 있다. 정확한 거래액이 공개되지 않은 네이버쇼핑 등 인터넷·모바일 플랫폼 업체를 통한 거래까지 포함할 경우 순수 온라인 업체가 온라인 유통 시장의 60~70% 이상을 점유하고 있으며 2020년에는 약 130조 원에 이를 것으로 예상한다.

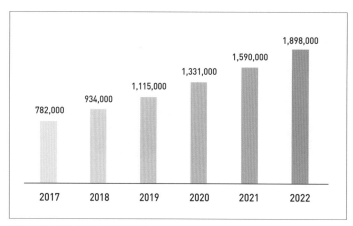

국내 온라인 유통 시장 규모(단위 : 억원)

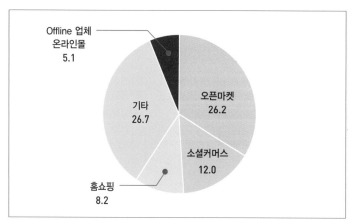

온라인 업체별 비중

"누구나 쉽고 편리하게 네이버 스마트스토어에서 내 가게를 만들어 보세요."

요즘 가장 시선을 끌고 있는 쇼핑몰 플랫폼인 네이버 스마트스토어를 소개하는 문구다. 실제로 우리는 원하기만 하면 지금 당장이라도 물건을 내다 팔 수 있다. 그렇다면 온라인에서는 누구나 돈을 벌 수 있을까? 그렇지 않다. 물건이 팔리는 것과 돈을 버는 것은 완전히 다른 이야기다. 학창 시절을 떠올려 보자. 공부를 잘할 수 있는 기회는 누구에게나 열려 있지만, 모두가 공부를 잘하게 되지는 않는다. '공신폰'을 사용하는 것과 공부의 신이 되는 것은 전혀 다른 이야기다.

지난 2018년 한 해 동안 네이버 스마트스토어에 오픈한 쇼핑몰이 22만 개에 달한다[5]. 그중 절반 이상은 한 번도 물건을 팔아 본 적 없는 쇼핑몰이다. 온라인에도 진입 장벽은 있다. 다른 분야에 비해 장벽이 낮은 것뿐이지 아예 없는 것이 아니다. 처음부터 호기롭게 시작하는 분들은 전문가급 상품 촬영 전용 조명과 스튜디오를 설치하고, 최고 사양의 컴퓨터를 들여 놓고 번듯한 사무실까지 얻는다. 이렇게 하는 데는 최소한 1, 2천만 원이 든다. 그런데 이 돈을 벌려면 최소한 1억 원어치의 물건을 팔아야 한다. 기본적인 장비를 구매하는 비용, 처음 물건을 사들이는 예산, 물품 등록 수수료, 그리고 무엇보다 먼저 이 시장에 뛰어들어 치열하게 경쟁하고 있는 기존의 상인들이 모두 진입 장벽이다.

늘 연구하고 생각하고 끊임없이 변하는 시장 환경에 대응하고자 노력하는 사람만이 살아남는다. 모두에게 열려 있는 온라인 쇼핑몰 플랫폼에서도 역시 강한 자만이 살아남는 것이다. 이 법칙 앞에서는 누구도 예외가 없다.

5   '1인 창업자 요람된 네이버 스마트스토어' 머니투데이, 19.1.30https://www.msn.com/
     ko-kr/news/techandscience/mt%EB%A6%AC%ED%8F%AC%ED%8A%B81%EC%9D%
     B8-%EC%B0%BD%EC%97%85%EC%9E%90-%EC%9A%94%EB%9E%8C%EB%90%9C-
     %EB%84%A4%EC%9D%B4%EB%B2%84-%EC%8A%A4%EB%A7%88%ED%8A%B8%EC%8A%A4
     %ED%86%A0%EC%96%B4/ar-BBSWi14

6 국내 온라인 쇼핑몰의 주요 흐름

경기 불황이 장기화하고 있는 요즘 그나마 고성장을 이뤄낼 채널은 온라인 쇼핑이다. 이는 전문가가 아니라도 체감할 수 있는 현상이다. 온라인 시장은 향후에도 연간 15% 전후의 고성장을 지속할 것이라는 예측이 많다. 그만큼 온라인 쇼핑은 선택이 아닌 필수 채널이 됐다. 다음에 나오는 표를 살펴보면 알 수 있다.

구분	총매출(거래액)	영업 이익	영업 이익/총매출	매출성장률 CAGR[6] (3년)
오픈마켓	262,000	−1,671	−0.6	−3.7
소셜커머스	120,000	−7,839	−6.5	66.6
온·오프라인 몰	51,000	61	0.1	19.1

국내 온라인 채널 현황(단위 : 억원)

그중에서도 식품 온라인 부문이 가장 유망하다. 성장률이 20%대로 평균(15%)보다 높다. 이마트몰(매출 1.3조원)의 약진이 가장 두드러지고 중소업체 마켓컬리도 고성장 중이다.

구 분	2018년		2019년		전월대비		전년동월대비	
	연간	2월	1월p	2월p	증감액	증감률	증감액	증감률
총 거래액(A)	1,137,297	82,413	107,139	95,966	−11,173	−10.4	13,553	16.4
모바일 거래액(B)	690,950	49,042	67,839	61,817	−6,022	−8.9	12,774	26.0
비중(B/A)	60.8	59.5	63.3	64.4	−	1.1	−	4.9

온라인 쇼핑 거래액 동향(단위 : 억원, %, %p)

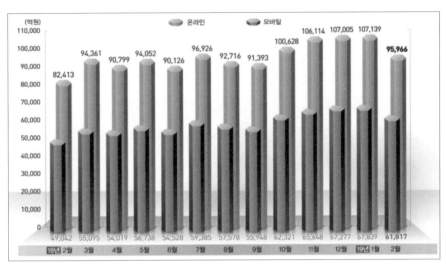

온라인 쇼핑 거래액 동향

  그동안 성장이 둔화되던 온라인 쇼핑몰이 최근에 성장한 이유는 스마트폰이 대중화되었기 때문이다. 스마트폰을 사용한 금융 거래가 안전해지자 최근에는 60대도 모바일로 쇼핑을 하기 시작했다. 이제는 연령 구분이 아무런 의미가 없어진 것이다. 연령대 다음으로 의미가 없어진 것은 시간이다. 당일 배송과 새벽 배송 등 배송 서비스의 진화로 온라인 쇼핑을 통한 신선 식품의 수요가 눈에 띄게 증가하고 있다. 이런 상황에서 전통의 유통 강자들과 IT대기업들의 온라인 쇼핑 시장 진출도 속도가 붙었다.

  네이버는 개편된 모바일 메인 화면에서 우측에 뉴스, 좌측에는 쇼핑을 배치했

6   CAGR는 연평균성장율을 복리(compounded interest rate) 개념으로 파악하는 지표(index)이다. 예를 들어 기준 연도에서 시작해 지난 3년간 매년 평균 몇 %로 GDP(Gross Domestic Product)가 성장한 것인지를 파악하기 위해 사용하는 개념이다. 성장율(growth rate)을 측정하기 위해 기준 연도로부터의 성장율을 누적적으로(cumulatively) 고려한 것이다.

고, 카카오 또한 커머스 사업 부문을 카카오커머스로 분사했다. 이마트 · 신세계 그룹과 롯데 그룹도 이커머스 사업에 본격적인 투자를 하고 있다. 최근 쿠팡이 소프트뱅크의 비전펀드로부터 20억 달러를 투자받은 것도 주목할 만하다. 이에 기존 소셜커머스 업체들도 적극적인 전략을 펼칠 수밖에 없어졌다.

한 해 매출액 100조 원을 넘는 시대가 되었다. 온라인 쇼핑 시장의 확대와 손에 스마트폰을 쥐는 습관이 사라지지 않는 한 온라인 쇼핑몰에 대한 수요는 점점 증가할 것이다. 국민연금이 관리하는 전체 기금(635조 원) 중에서 국내 주식에 투자하는 금액이 100조 원이라고 하니 그 규모가 얼마나 큰지 상상하기 어렵지 않다.

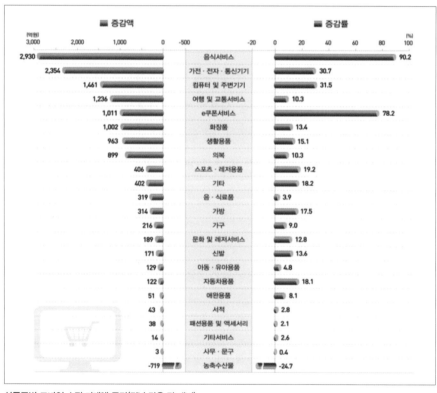

상품군별 모바일 쇼핑 거래액 증감(전년 같은 달 대비)

구 분	2018년		2019년				증 감	
	연간	2월	11월	12월	1월p	2월p	전월차	전년 동월차
가 전	50.7	48.6	51.9	50.5	51.1	52.6	1.6	4
도 서	38.5	36.2	40.7	40.5	44.0	43.3	−0.7	7.1
패 션	61.0	60.7	61.7	64.1	64.0	65.1	1.0	4.4
식 품	65.4	62.2	67.0	64.6	66.7	70.0	3.2	7.7
생 활	63.7	62.7	64.5	64.5	66.4	65.5	−0.8	2.8
서비스	65.8	64.5	68.2	70.4	69.8	71.9	2.1	7.4
기 타	54.8	60.1	55.3	54.7	54.4	51.9	−2.6	−8.3

상품군별 온라인 쇼핑 거래액 중 모바일 쇼핑 거래액 비중 (%, %p)

제 3 장

쇼핑몰 플랫폼 선택하기

1 쇼핑몰 플랫폼을 선택할 때 고려해야 할 사항들

부산까지 가야 한다면 가장 먼저 결정해야 할 것은 교통 수단이다. 비행기, KTX, SRT, 시외버스, 자가용 등의 장단점을 분석해서 나에게 맞는 교통 수단을 선택해야 할 것이다. 사업도 마찬가지다. 우선 쇼핑몰 플랫폼을 선택해야 한다. 선택하려면 쇼핑몰의 종류와 운영상의 장단점을 알고 있어야 한다. 쇼핑몰의 다양한 형태를 살펴보고 선택할 때 무엇을 고려해야 하는지 알아보자.

독립 쇼핑몰

독립 쇼핑몰은 개인 도메인을 사용하는 쇼핑몰을 말한다. 구축 초기에 전문 쇼핑몰 제작 업체에 의뢰하는 경우 비용이 많이 든다. 또한 쇼핑몰 기획부터 관리 페이지까지 신경 쓸 것이 많으며 마케팅에 최적화된 쇼핑몰을 제작하기도 쉽지 않다. 따라서 초보자가 독립 쇼핑몰을 구축할 때는 일반적으로 메이크샵(www.makeshop.co.kr)이나 카페24(www.cafe24.com), 고도몰(www.godo.co.kr) 등과 같이 쇼핑몰 개별에 필요한 웹 호스팅, 제작, 그리고 오픈마켓과 연동할 수 있는 마케팅 채널까지 제공하는 곳을 이용하는 것이 유리하다.

메이크샵이나 카페24의 장점은 쇼핑몰 제작의 기본 틀이 있고 이를 운영자가 직접 선택할 수 있다는 것이다. 따라서 제작 기간도 짧고 초보자라 해도 일정 교육만 받으면 자신만의 독립 쇼핑몰을 만들 수 있다. 독립 쇼핑몰이 있다면 별도로 스마트스토어를 개설하지 않고 네이버쇼핑에 입점할 수 있다. 입점 신청을 받는 곳은 별도로 마련되어 있으며, 카페24나 고도몰 같은 쇼핑몰 호스팅 업체에서 연동 관련 기능을 제공하고 있다.

- 네이버 쇼핑 입점 신청 : https://join.shopping.naver.com/

입점 신청 화면(https://join.shopping.naver.com)

종합 쇼핑몰

종합 쇼핑몰은 백화점과 유사한 형태의 쇼핑몰을 말한다. 백화점과 마찬가지로 제품 구매를 담당하는 MD(Merchandiser, 상품기획자)가 있고 외부 업체를 선정하는 방법, 판매와 제품 구매 방법에 대한 자체 기준을 통해서 MD가 최종 납품을 결정하는 경우가 많다. 따라서 입점 기준이 까다롭다.

그 대신 종합 쇼핑몰 자체에서 광고나 홍보를 해주기 때문에 물건 납품 이외에 다른 온라인 관련 부분을 신경 쓸 필요가 없으며, 제품이 등록되면 일정 수량은 판매를 보장받을 수 있다는 이점이 있다. 입점 수수료를 많게는 30% 이상 요구하기 때문에 손익을 미리 따져보고 납품하는 것이 좋다.

오픈마켓

쇼핑몰 없이 자신의 제품을 전시하고 많은 마케팅 도구를 이용해서 쉽게 노출할 수 있는 곳이 바로 오픈마켓이다. 판매자는 오픈마켓에 가입한 다음 자신이 생산하거나 유통하는 상품을 오픈마켓에 등록한다. 오픈마켓은 온라인 판매 공간을 제공해 주고, 입점비와 상품 판매에 대한 수수료를 받는다. 상품 수와 종류가 많고 동일한 상품끼리 가격 경쟁을 하기 때문에 판매 가격이 낮아진다. 정산 주기는 소셜커머스보다 빠른 편이며, 구매자가 상품을 받고 구매 결정을 한 시점에서 8~10일이 지나면 판매자에게 정산이 된다.

오픈마켓의 판매 수수료는 8~12% 정도인데, 상품 카테고리에 따라 수수료가 다르다. 마켓 내 키워드 검색 상위 노출, 전시 입찰 광고, 리스팅 광고 등 별도의

	카테고리	11번가	G마켓_오픈	G마켓_특가	옥션
패션	브랜드 의류	12%	12%	10%	11%
뷰티	화장품	10%	10%	8%	10%
식품	신선식품	12%	10%	7%	12%
유아	기저귀/분유	6%	6%	5%	6%
생활/인테리어	가구/DIY	12%	12%	9%	12%
스포츠/자동차	스포츠의류/운동화	12%	12%	9%	12%
가전	대형가전	6%	6%	5%	6%
도서/문구	도서/음반	11%	12%	8%	15%

오픈마켓의 제품 카테고리별 수수료

광고비 부담이 있다. 카테고리에 따른 오픈마켓별 수수료율을 참고해서 입점을 고려하는 것이 좋다. 수수료를 생각하지 않고 가격을 책정했다가 많이 팔아도 손해가 나는 경우가 발생한다. 오픈마켓의 판매 금액 대비 카테고리 수수료율은 위의 표와 같다.

카테고리별 4~12%로 오픈마켓마다 거의 비슷하다. 옥션이 다른 사이트보다 1% 정도 낮은 항목 수가 많지만 쌀, 물, 라면처럼 판매가 많이 이루어지는 생필품류는 11번가나 G마켓이 더 싼 항목들도 있다. G마켓은 오픈, 특가 판매 중에서 선택하여 상품을 등록할 수 있는데, 특가는 2~5% 정도 수수료가 낮은 대신 추가 비용이 있다는 점에서 차이가 있다. 따라서 판매하고자 하는 제품에 따라 선택하는 것이 효과적이다.

소셜커머스

초기 소셜커머스는 SNS를 통해 특정 상품을 구매하려는 사람을 모으고 목표 수량에 도달하면 할인된 가격에 상품을 판매하는 공동구매 형식이었다. 이후에는 상품을 MD가 선정하고 일정기간 싸게 판매하는 '소셜 딜'이 주력이 되었고 최근에는 자체 유통상품의 비중이 높아지고 있다.

소셜커머스는 고객에게 판매한 대금을 판매 시점으로부터 7일 후에 송금받는다. 판매자는 이 판매 대금을 30~60일 후에 정산을 받는다. 판매 대금은 딜 진행 시점에 따라 몇 차례로 나누어 정산되는데 '1차 70% 지급, 2차 20% 지급, 3차 10% 지급'과 같은 방식이다. 수수료는 딜을 등록할 때 내는 등록비(서버 운영 수수료)와 판매 금액에 대한 판매 수수료가 있다. 판매 수수료는 상품 카테고리별로 차이가 있다.

소셜커머스는 가격 비교 없는 최저가 상품 제안과 단순한 판매 방식으로 모바일 시장과 함께 급성장하였으나 최근 수익성 악화로 사업 모델이 바뀌고 있다. 쿠팡은 현재 패션 카테고리를 제외한 분야에서 소셜 딜을 없애고 오픈마켓처럼 각 사업자가 상품을 판매한다. 이때 중복되는 상품 중에서 최저가(상품 가격+배송비)인 것을 대표 상품으로 노출하는 '아이템 마켓'을 더했다.

쿠팡이 직접 상품을 납품 업체에서 매입하는 직매입도 증가하고 있다. 이 경우 제품 가격이 전부 매출로 계산되기 때문에 매출액이 증가되고 이는 투자 유치와 직결되기 때문이다. 티몬 또한 앞으로 '관리형 오픈마켓'으로 사업 방향을 전향하겠다고 밝혔다. 소셜커머스에서 오픈마켓으로 사업 모델을 바꾼 티몬과 위메프는 결국 오픈마켓으로 전환할 것으로 보인다. 오픈마켓 또한 타임 세일, 소셜 딜 등 소셜머커스의 장점을 도입하면서 점차 오픈마켓과 소셜커머스의 구분이 모호해지고 있다.

네이버 스마트스토어

네이버 스마트스토어는 쇼핑몰과 블로그의 장점을 결합한 블로그형 원스톱 쇼핑몰 구축 솔루션이다. 네이버의 다양한 판매 영역과 검색 결과에 상품을 노출할 수 있어 고객에게 다가서기 쉽고, 네이버페이 결제 수수료를 제외한 추가 운영비가 없어 안정적이고 합리적이다. 스마트스토어의 상품 구매는 네이버페이를 통해 이루어지며, 회원 가입 절차상의 이탈을 줄이고 신뢰도를 높이며, 네이

	샵인샵 형태의 쇼핑몰				독립 쇼핑몰
	오픈마켓	소셜커머스	종합 쇼핑몰	스마트스토어	
종류	G마켓, 11번가, 옥션	티몬, 쿠팡, 위메프	롯데닷컴, SSG, GSshop, 인터파크, CJmall, 현대 Hmall 등	네이버 스마트스토어	메이크샵, 카페24, 고도몰
장점	· 잠재 고객이 많음 · 단일 상품 판매 가능 · 미니샵 운영 가능 · MD 없이 입점	· 소셜 확산 용이 · 오프라인 매장과 연동 용이	· 별도 브랜드 구축 가능	· 잠재 고객 많음 · 쇼핑몰 구축 용이	· DB 확보 가능 · 별도 브랜드구축 가능
단점	· 높은 판매 수수료 · 광고 경쟁 치열 · 광고 계좌수 한계 · DB 확보의 한계	· MD를 통해야 정식 입점 가능	· 방문자가 많지 않은 몰의 경우 실질적인 매출향상 어려움	· 차별화된 디자인 어려움 · DB 확보의 한계	· 초기 구축 및 직접 관리 운영 · 신규 고객 창출을 위한 마케팅 비용 필요
수수료	8~12%	18~30%	18~30%	5~6%	카드 수수료

쇼핑몰 형태별 수수료

버페이 포인트를 적립해 마케팅 툴로도 활용이 가능하다는 장점이 있다. 오픈마켓이 제품 중심이라면 스마트스토어는 별도의 상점 공간을 제공한다는 점에서 차이가 있다. 독립적인 쇼핑몰 운영이 가능해서 네이버쇼핑과 자동 연동이 가능하다. 네이버쇼핑을 통해서 판매될 때는 수수료 2%가 추가 부과된다.

네이버는 판매 수수료를 포기하는 대신 상품 정보 데이터베이스를 확충해 검색 품질을 높일 수 있으며, 판매자는 비교적 저렴한 수수료를 지급하고 영업을 할 수 있다. 특히 모바일 상품 검색에 강점이 있다.

지금까지 설명한 쇼핑몰 형태에 따른 마케팅의 장단점을 앞의 표에 정리해 놓았다.

2 쇼핑몰을 선택하는 기준이 무엇일까?

쇼핑몰 형태를 선택하기 위해서는 몇 가지 기준이 필요하다. 지금부터 나에게 맞는 쇼핑몰을 선택하는 방법을 알아보자.

제품 특성에 따라

마케팅 전략의 핵심은 제품을 판매하는 것이다. 또한 마케팅을 통해서 고객에게 제품에 대한 구매 욕구를 일으키고 고객이 다시 쇼핑몰을 찾을 수 있도록 최적화된 쇼핑몰 형태를 선택해야 한다. 먼저 판매할 제품의 분야에 맞는 쇼핑몰 형태는 어떤 것이 있는지 살펴보자. 분야에 따라 고객의 선호도, 취향, 연령대가 모두 다르기 때문에 자신의 분야에서 고객이 잘 모이는 쇼핑몰, 고객에게 마케팅하기 쉬운 쇼핑몰 형태를 선택해야 한다.

NO	카테고리	적합한 쇼핑몰 형태	이유
1	패션의류	다중 플랫폼(스마트스토어+오픈마켓+소셜커머스, 종합 쇼핑몰+독립 쇼핑몰)	마케팅이 미치는 영향이 큰 카테고리다. 경쟁이 치열하여 다양한 마케팅을 전개해야 한다.
2	패션잡화, 화장품/미용	다중 플랫폼(스마트스토어+오픈마켓+소셜커머스, 종합 쇼핑몰)	경쟁이 치열하여 다양한 채널을 확보해야 한다.
3	디지털/가전	스마트스토어, 오픈마켓, 소셜커머스, 독립 쇼핑몰, 종합 쇼핑몰 중 선택	고객의 다양한 욕구에 맞추기 위해서 최신 정보에 근거한 마케팅 방향을 설정해야 한다.
4	가구/인테리어	스마트스토어, 오픈마켓, 소셜커머스, 독립 쇼핑몰 중 선택	다양한 고객의 유형을 잡기 위해서 정보에 근거한 마케팅 전략을 설정해야 한다.
5	출산/육아	다중 플랫폼(스마트스토어+오픈마켓+소셜커머스, 독립 쇼핑몰)	경험을 나누는 커뮤니티가 중요하다. 고객 개인별로 맞춤 정보와 고급 정보를 통한 마케팅을 전개해야 한다.
6	식품, 스포츠/레저, 생활건강	스마트스토어, 오픈마켓, 소셜커머스, 독립 쇼핑몰 중 선택	마케팅 전략을 설정하기 쉽지만 마케팅 주기가 짧아서 다양한 계획을 세워야 한다.

제품 분야에 맞는 쇼핑몰 선택하기

운영 인력에 따라

쇼핑몰 운영자는 최종적으로 고객이 원하는 부분에 최적화된 쇼핑몰을 구축해야 하지만, 쇼핑몰 운영 및 마케팅의 초기 단계에서는 직원 수 등의 기준을 세워 놓고 그것에 맞게 쇼핑몰을 선택해야 합리적으로 운영할 수 있다. 쇼핑몰을 운영하는 직원 수에 따라 쇼핑몰을 차별화하여 선택하는 것이 좋다.

일반적으로 쇼핑몰의 규모에 비례하여 관리 인력의 수가 늘어나므로, 인원 증원을 계획할 때는 쇼핑몰의 이전 계획이나 확장 계획을 함께 세우는 것이 중요하다. 또한 해당 쇼핑몰을 관리할 인력을 결정하여 인원을 선발한 뒤 처음부터 해당 형태의 쇼핑몰 구축과 운영 과정을 맡기면 해당 인원의 전문성을 키울 수 있다.

운영 인력	목 적	권장 쇼핑몰 플랫폼
1~3인	투잡으로 쇼핑몰을 운영하는 경우나 플랫폼에 투자하지 않고 적은 자본으로 제품 소싱부터 판매 및 마케팅 활동을 하기에 적합한 형태	스마트스토어, 오픈마켓, 소셜커머스
4~10명	스마트스토어로 시작할 수 있으나 차별화할 수 있는 제품이 있다면 독립 쇼핑몰을 통해 자신만의 브랜드를 만들고 회원 마케팅을 하는 것이 효과적	스마트스토어, 오픈마켓, 소셜커머스, 독립 쇼핑몰
10명 이상	국내의 다양한 소셜커머스 채널을 통해 쇼핑몰의 규모를 키울 수 있다. 다양한 마케팅을 통한 매출 확대에 유리한 형태	다중 플랫폼(스마트스토어+오픈마켓+소셜커머스+종합 쇼핑몰+독립 쇼핑몰+폐쇄 몰+도매 몰+TV홈쇼핑)

쇼핑몰 직원 수에 따른 쇼핑몰 선택하기

요즘 유튜브나 인터넷을 보면 스마트스토어만 하면 당장 떼돈을 벌 것처럼 이야기하고 있다. 일찍이 중국 전국시대의 사상가 묵자(墨子)는 다음과 같은 말을 했다.

"조건은 그것을 얻으면 이루어지는 것이다. 필요조건은 그것이 있다 해도 반드시 그렇게 되는 것은 아니지만, 그것이 없으면 반드시 그렇게 되지 않는다. 충분조건은 그것이 있으면 반드시 그렇게 되고, 그것이 없으면 반드시 그렇게 되지 않는다."

스마트스토어는 필요조건이지 충분조건은 아니다. 오픈 비용이 저렴하고 수수료가 적은 것이 스마트스토어로 쇼핑몰을 시작하는 이유가 될 수는 있으나, 큰 돈을 벌려는 사람이 스마트스토어에만 목을 매서는 곤란하다. 자칫 가격 경쟁에 휘말리다가는 지속해서 사업을 유지해 나갈 수 없기 때문이다.

성격	매출 없음	월 200만원 미만	월 200 ~ 800만원	월 800 ~ 4000만원	월 4000만 원 이상
스마트스토어만 이용	78	391	141	83	17
다중 플랫폼 이용	36	281	185	163	74

스마트스토어만 사용하는 판매자 매출 분포

서울대 유병준 교수팀이 2018년 5월에 조사한 자료[7]에 따르면 네이버 스마트스토어 운영자 중에서 스마트스토어만 이용한다는 판매자 710명 중 55%(391명)가 월 매출이 200만원 미만인 것으로 나타났다. 월 매출이 높은 판매자일수록 다중 플랫폼을 이용하는 경우가 많다.

따라서 장기적으로는 제품의 특성과 사업의 목적에 맞는 다양한 쇼핑 플랫폼을 검토하는 것이 필요하다. 여러분이 지금 이 책을 읽는 이유가 네이버 스마트스토어 마케팅을 하기 위함이고, 이를 위해 스마트스토어에 초점을 맞추긴 했지만 모든 업종, 모든 제품을 스마트스토어에만 집중을 하라는 것은 아니다. 가장 기본이 되는 토대를 스마트스토어에 두고 나머지는 타깃에 따라 다양한 플랫폼을 함께 운용해야만 효과적인 마케팅 성과를 얻을 수 있다.

3 ― 검색이 곧 쇼핑인 시대

그동안 다양한 검색 엔진이 생기고 사라졌다. 원하는 결과를 우선순위에 노출시키는 검색 엔진만이 살아남았다. 검색 엔진은 검색 결과에 대한 자료의 충

7   〈네이버 스마트스토어 사례 분석〉, 서울대학교 경영대학 유병준 교수 연구팀, 2018. 6. 11
8   네이버 점유율 71.5%, 다음은 16.3%, 구글은 8.3%' - 연합뉴스(2018. 9. 25)
     https://www.yna.co.kr/view/AKR20180919182000017

실성, 연관성, 그리고 결과 페이지의 만족도(체류 시간, 공감, 댓글 등)에 따라 검색 결과의 우선순위를 결정한다. 검색 시장에서 압도적인 점유율[8]을 차지하는 네이버를 중심으로 만족하는 결과를 위해 검색 엔진이 어떤 노력을 하고 있는지 살펴보자.

노출 영역의 유동성

다음, 야후, 네이트 등의 검색 엔진에 대한 선택의 폭이 넓었던 과거에는 통합 검색 영역에서 검색하는 사용자들이 절대적으로 많았다. 요즘에는 네이버 자체에서 다양한 소비자의 니즈를 충족시켜야 할 만큼 네이버의 점유율이 압도적으로 높아졌다. 검색이 생활화되고 사용자 환경이 다변화되면서 개별 영역별로 다양한 사용자 요구들이 생겨난 것이다. 검색어의 특성에 따라 '노출 영역'의 우선순위에 대한 중요성이 커졌다.

노출 영역에 대한 우선순위

---

8   네이버 점유율 71.5%, 다음은 16.3%, 구글은 8.3%' - 연합뉴스(2018. 9. 25)
     https://www.yna.co.kr/view/AKR20180919182000017

네이버의 노출 영역은 통합검색, 쇼핑, 블로그, 카페, 지식iN, 웹사이트, 뉴스, 지도, 동영상, 이미지, 어학사전 등 10개 내외다. 이 영역으로 구분해서 검색 결과의 우선순위를 조정하여 노출한다.

앞의 그림에서 '여성구두'를 검색하면 '쇼핑 – 이미지 – 블로그 – 어학사전 – 동영상 – 지식인 – 웹사이트' 순으로 노출된다. 하지만 '명품여성구두'를 검색하면 '이미지 – 쇼핑 – 블로그 – 동영상 – 카페 – 웹사이트 – 뉴스' 순으로 노출된다.

이 두 가지 검색어는 제품 구매를 희망하는 키워드로 분류되어 쇼핑 탭이 비교적 가까운 곳에 노출된다. 쇼핑몰을 운영하는 입장에서 쇼핑 영역을 공략하는 것은 당연한 일이나 추가로 눈여겨보아야 할 곳은 블로그 영역이다. 쇼핑 영역과 달리 블로그는 비용을 들이지 않고 자신의 기업이나 상품을 홍보할 수 있는 서비스 공간이다. 하지만 블로그를 꾸준히 하는 것도 어려운 마당에 게시글을 상위에 노출시키는 것은 쉽지 않은 일이다.

자신의 일상적인 일들을 자유롭게 작성해서 올리다 보면 검색 상위에 노출하기 쉽지 않고, 검색 상위 노출 기준에만 맞추어 콘텐츠를 만들다 보면 매출과 연결되는 게시글을 작성하기 어렵다. 게다가 정확한 검색 상위 노출 로직[9]이나 정렬 기준을 파악하기도 쉽지 않다. 네이버의 기본 정책은 변하지 않지만 상위 노출 로직은 꾸준히 변하기 때문이다. 그래서 블로그 게시글 상위 노출에 대한 경험이나 이해가 있는 판매자라면 네이버쇼핑 상위 노출을 이해하는 데 좀 더 수월

---

9   로직(logic)은 원래 논리라는 뜻이다. 컴퓨터에서는 프로그램 작성상의 논리 구조의 의미로 사용된다. 영영사전에는 'a system or set of principles used in preparing a computer to perform a particular task'라고 나와 있다. 특별한 작업을 수행하기 위해 준비된 컴퓨터에서 사용되는 원리의 집합이나 시스템이라고 볼 수 있겠다.

하다.

잘 노출되는 블로그의 게시글을 이해하려면 주제에 맞는 다른 블로그는 물론 오랫동안 잘 운영하는 블로그들을 살펴보는 것이 필요하다. 네이버 블로그 홈 상단의 주제별 보기, 이달의 블로그, 공식블로그, 파워블로그 등의 메뉴를 클릭하면 다양한 우수 블로그를 살펴볼 수 있다. 보다 자세한 내용은 '제4부 광고비를 아끼는 인터넷 마케팅'에서 다룬다.

연관 검색어

'연관 검색어'란 어떤 검색어를 입력한 사람이 추가로 검색하는 검색어를 말한다. 대부분의 검색 엔진에서는 검색 결과의 만족도를 높이기 위해서 '연관 검색어'를 제공한다. 사용자의 검색 의도를 파악하여 적합한 검색이 제공됨에 따라 이용자에게 더욱 편리하게 정보 탐색을 할 수 있도록 지원하는 서비스이다.

예를 들어 한우에 관심 있는 사용자가 있다고 해보자. 이들 대다수가 사용하는 검색어가 '한우'이고 검색 엔진이 추가적으로 '한우정육식당'을 추천한다면 '한우'는 대표 검색어이고 '한우정육식당'은 연관 검색어인 셈이다.

연관 검색어는 대표 검색어보다 상대적으로 적은 비용을 지출하여 검색어 광고를 할 수 있으며 대표 검색어 못지않은 광고 효과가 있기 때문에 많은 사람들이 관심을 가지고 있다.

1 | 연관 검색어의 작동 원리

네이버는 연관 검색어에 관한 특허를 가지고 있다. 다른 사이트에서는 연관

(19) 대한민국특허청(KR)
(12) 공개특허공보(A)

| (51). Int. Cl.7 | (11) 공개번호 | 10-2005-0102407 |
| G06F 17/30 | (43) 공개일자 | 2005년10월26일 |

(21) 출원번호   10-2004-0027765(분할)
(22) 출원일자   2004년04월22일
(62) 원출원   특허10-2004-0027718
             원출원일자 : 2004년04월22일   심사 청구일자   2004년04월22일

(71) 출원인   엔에이치엔(주)
             서울특별시 강남구 역삼동 737 스타타워빌딩 34층

(72) 발명자   최재걸
             서울특별시관악구봉천6동100-270푸른솔403호
             윤상곤
             서울특별시송파구거여1동178-443동
             최화영
             서울특별시송파구독2동목동아이파크101동1602호
             이준호
             서울특별시송파구송파2동가락살익팬션208동905호

(74) 대리인   전정진

심사청구 : 없음

(54) 연관 검색 쿼리 추출 방법 및 시스템

요약

본 발명은 상호 연관된 검색 쿼리(query)를 추출하는 방법 및 시스템에 관한 것으로서, 더욱 상세하게는 각 검색 쿼리라
입력된 사용자 식별자의 수와 각각의 검색 쿼리를 포함하는 검색 쿼리의 양이 입력된 사용자 식별자의 수를 측정하고, 이를
이용하여 검색 쿼리 간 연관 여부를 판단할 수 있는 연관 검색 쿼리 추출 방법 및 시스템에 관한 것이다.

연관 검색어에 대한 네이버의 특허 내용

검색어라는 명칭은 사용하지 않는다. 다음(Daum)의 경우는 '관련', '제안'이라는 명칭으로 검색창 아래에 노출되며 구글은 아예 항목이 없다. 네이버의 특허 자료에 있는 복잡한 설명을 요약하면 다음과 같이 정리할 수 있다.

"'IP 주소를 기준'으로 서로 다른 사람이 검색한 검색어에 '일련번호'를 매기고 데이터베이스화한다. 일련번호로 저장하면 처리속도가 향상되어 연관성 높은 결과를 검색어와 함께 이른 시간에 보여 줄 수 있다.'

예를 들어, 어린이날을 맞이하여 4살짜리 아이들에게 줄 선물을 찾는다면, 사용자는 우선 '어린이날 선물'이라는 검색어를 입력하고 검색 결과에서 자신이 원하는 정보를 찾는다. 만약 원하는 정보가 없다면 다른 검색어를 입력하게 된다. 4살 어린이에게 필요한 선물을 찾고 있으므로 '4살 어린이날 선물'이라는 검색어를 입력할 수도 있다. 이때 4살 어린이를 둔 부모들이 관련 검색을 많이 하게 되는 경우 '4살 어린이날 선물'이라는 검색어에는 '어린이날 선물'과 연결된 숫자가 부여되어 연관 검색어로 노출될 수 있는 가능성이 커진다.

네이버에서 검색어 '어린이날 선물'을 검색한 결과

이러한 과정이 반복되면 '어린이날 선물'이라는 검색어에 뒤이어 '4살 어린이날 선물'이라는 검색어를 입력하는 사용자가 많아졌다는 의미가 될 것이다. 그러면 검색 엔진의 데이터베이스에서는 '4살 어린이날 선물'이라는 검색어가 자연스럽게 검색 상위 순위로 인식되며, 또한 '어린이날 선물'이라는 검색어의 연관 검색어로 노출된다.

서로 다른 환경(각기 다른 IP주소)에서 동일한 검색어를 입력하는 사용자가 추가로 검색하는 검색어에 일련번호를 주어 연관 검색어라는 항목으로 노출해 주는 것이 연관 검색어의 작동 원리라는 것을 알 수 있다.

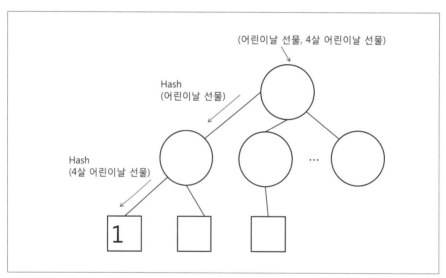

네이버 특허 자료 '도면5'에 소개된 연관 검색어 원리

2 | 연관 검색어와 쇼핑의 연관성

네이버에서 '남성가방'을 검색하면 화면 아래에 연관 검색어가 나타난다. 우리가 운영하는 쇼핑몰이 이런 연관 검색어와 관련이 있다면 검색 엔진에 노출될 확

률이 올라가기 때문에 고객들이 방문할 가능성도 커진다. 연관 검색어는 이용자들이 보다 편리하게 자신이 원하는 상품 또는 서비스를 제공하는 업체를 찾을 수 있도록 도와주는 역할을 한다.

다음은 '남성가방' 키워드 검색 결과 아래에 노출된 연관 검색어 목록이다.

'남성가방' 키워드 검색 결과 아래에 노출된 연관 검색어 목록

사람들이 '남성가방'을 검색한 이후에 가장 많이 검색하는 키워드는 '남성클러치백'이라는 결과 값을 보여주고 있다. '남자 미니가방', '미니멀 브랜드' 등의 키워드를 그 다음으로 많이 검색한다는 패턴도 알 수 있다.

이제 우리는 네이버 노출 알고리즘의 핵심 개념을 두 가지로 정리해 볼 수 있다. 첫 번째는 노출 영역의 유동성이다. 검색어와 검색 시기에 따라 노출 영역이 다른 이유는 고객이 원하는 정보에 가까운 결과를 우선순위로 제공하기 위한 노력의 결과다. 두 번째는 연관성에 기반을 두어 노출 순서를 정하는 연관 검색어 시스템이다. 하나의 검색 결과에서 원하는 결과로 쉽게 이동할 수 있도록 하기 위한 빅데이터 활용 방법인 셈이다.

| 쇼핑과 관련된 네이버의 핵심 알고리즘 |

1. 노출 영역의 유동성
2. 연관 검색어 시스템

네이버쇼핑 노출 패턴 이해하기

이제 노출 알고리즘을 네이버쇼핑에 적용해 보자. 일반적으로 검색 엔진에는 'S.E.O(Search Engine Optimization, 검색 엔진 최적화)'라는 부분이 적용되어 왔다. 그러나 검색 엔진의 최적화를 악용한 부적절하고 부실한 웹 페이지들이 많아지면서 네이버에서는 영역별로 별도의 '상위 노출' 패턴을 설정하고 있다. 네이버 쇼핑의 노출 패턴을 이해하는 데 있어 앞에서 블로그 영역에 대한 이해가 필요하다고 말했다. 네이버는 '좋은 문서'에 대해 다음과 같은 기준을 제시하고 있다.

> ① 신뢰할 수 있는 정보를 기반으로 한 문서
> ② 경험을 토대로 직접 작성한 문서
> ③ 네이버 검색 로직에 맞춰 작성하기 보다는 깊이 있는 문서

네이버가 말하는 좋은 문서의 노출 기준은 고객이 원하는 제품을 판매하고 있는가에 대한 기준과 다르지 않다.

여기서 좋은 문서를 '좋은 상품'으로 바꾸면 상단에 노출되는 쇼핑 결과를 예측할 수 있다.

> **| 좋은 상품에 대한 네이버쇼핑의 기준 |**
>
> 1. 신뢰할 수 있는 정보를 기반으로 한 상품
> 2. 경험을 토대로 직접 작성한 상세 페이지
> 3. 네이버 검색 로직에 맞춰 작성하기 보다는 깊이 있는 후기

이때 활용하는 것이 앞에서 살펴봤던 연관 검색어 영역이다. 네이버에서 '남성 자켓'을 검색해 보면 10~2월까지는 연관 검색어 가장 앞쪽에 '남성 겨울 자켓'이 표현되었고, 4월에는 '남성 봄 자켓', '남성 여름 자켓'이 나타난다. 판매하고 있는 상품이 네이버쇼핑에서 좋은 위치에서 표현되어 잘 판매되고 있다가 갑자기 사라지는 이유는 계절이나 선호도의 변화로 이 영역의 키워드 변경이 있기 때문이다. 이처럼 상품이 상위에 노출되어 있다가 어느 일정 기간이 지나 갑자기 사라지는 이유는 고객의 검색 패턴이 변경되어 선호하는 상품이 변경되는 시점이다.

4 검색 기반인 네이버쇼핑 구조 이해하기

어떤 판매 채널이든 고객이 필요한 영역에 내 상품을 노출할 수 있어야 클릭 수를 높일 수 있다. 고객에게 노출되기 위해서는 광고와 알고리즘 2가지 방법이 있다. 여기서는 알고리즘에 대해서 이해해 보자.

네이버쇼핑은 네이버 이용자가 원하는 물건을 쇼핑몰이라는 플랫폼에 담아 연결해 주는 공간이다. 네이버는 이용자가 원하는 물건을 찾아주기 위해 '상품 검색', '다양한 카테고리 분류', '가격 비교' 등을 제공하고 있으며 계속 새로운 서비스를 추가하고 있다. 제품은 있으나 쇼핑몰이 없는 판매자를 위해 최근에는 '네이버 스마트스토어'라는 서비스를 확대 개편했다. 네이버 스마트스토어는 네이버의 수많은 이용자를 내 쇼핑몰의 잠재 고객으로 만들 수 있다는 장점이 있다.

"네이버 스마트스토어가 네이버쇼핑인가요?"

네이버 스마트스토어를 네이버쇼핑과 혼동하는 사람들이 많다. 사람이 많이 모이는 포털 사이트의 장점을 활용한 열린 장터가 바로 네이버쇼핑이다. 이곳에

네이버쇼핑 검색 결과에 노출된 스마트스토어

는 G마켓, 옥션이나 롯데백화점 등을 비롯하여 수많은 쇼핑몰이 입점되어 물건을 팔고 있다. 스마트스토어는 네이버쇼핑 영역에 입점되어 있는 온라인 마켓 중 네이버가 직접 운영하는 쇼핑몰 플랫폼이다. 네이버에서 만든 서비스이다 보니 네이버쇼핑 영역에 입점되어 있는 다른 마켓 상품과 노출 영역에 차이가 있다.

가령 '엄마네한우'라는 판매자가 네이버쇼핑과 제휴를 맺고 있는 G마켓에 상품을 등록하면 네이버쇼핑 영역에 동일하게 노출된다. 소비자가 제품을 클릭하면 G마켓으로 연결된다. 반면 네이버 스마트스토어에 입점하면 위의 이미지처럼 상품을 등록한 쇼핑몰 이름이 그대로 노출된다. 스마트스토어에 상품을 등록하는 경우 쇼핑몰 이름이 그대로 게재된다는 것과 클릭을 해도 해당 쇼핑몰로 이동하는 것이 아니라 네이버 내에서 구매가 이루어진다는 것이 가장 큰 차이점이다.

판매자의 입장에서는 스마트스토어를 통해서 네이버쇼핑 영역에 노출되면 단순히 제품을 판매하여 매출을 올리는 것을 넘어 자신의 쇼핑몰 이름도 알릴 수 있다. 네이버쇼핑과 스마트스토어와의 관계는 네이버 검색과 블로그와의 관계와 유사한 면이 많다.

쇼핑몰의 개별 스마트스토어 페이지

5 스마트스토어의 판매자 등급 이해하기

스마트스토어 판매자 등급은 최근 3개월 누적 데이터를 산정하여 매월 2일 경에 프리미엄, 빅파워, 파워, 새싹, 씨앗 등 5단계 판매 등급제가 적용된다.

스마트스토어를 개설하면 판매자 등급은 씨앗 단계이다. 씨앗부터 빅파워 등급까지는 G마켓, 옥션, 11번가 등 일반 오픈마켓 판매자 등급 기준과 별반 다를 것이 없다. 하지만 프리미엄 등급으로 단계가 상승하려면 일반 오픈마켓의 판매자 등급보다 많은 주문 건수와 매출액이 동반돼야 한다. 판매자 등급에 따라 상품 등록 한도가 제한된다. 판매자 등급이 변경될 경우 상품 등록 구간도 변경될 수 있으며 기존 한도보다 낮아질 경우 신규 상품 등록이 제한된다. 나의 판매자

등급 표기			필수 조건		상품등록한도
등급	등급명	판매 건수	판매 금액	굿서비스	
1등급	프리미엄	2000건 이상	6억원 이상	조건 충족	
2등급	빅파워	500건 이상	4천만 이상	–	5만개
3등급	파워	300건 이상	800만원 이상	–	
4등급	새싹	100건 이상	200만원 이상	–	1만개
5등급	씨앗	100건 미만	200만원미만	–	

네이버 스마트스토어 등급

등급은 스마트스토어 관리자 페이지에서 '판매자 정보'의 '판매자 등급' 메뉴를 클릭하면 확인할 수 있다.

또한 굿서비스는 최소 판매 건수 20건 이상인 판매자(구매 확정 기준, 구매 확정 후 취소 제외)를 기준으로 아래 서비스 조건을 모두 충족한 판매자에게 부여되고, 또한 굿서비스를 유지하기 위해서는 아래의 조건을 충족해야 한다.

| 굿서비스 선정 기준 |

1. 구매 만족: 리뷰 평점 4.5 이상
2. 빠른 배송: 영업일 2일 이내 배송 완료가 전체 배송 건수의 80% 이상
3. CS 응답: 고객 문의 1일 이내 응답이 90% 이상(판매자 문의 기준, 상품 문의 제외)
4. 판매 건수: 최소 판매 건수 20건 이상(직권 취소 제외)

파워, 빅파워, 프리미엄 등 높은 등급을 받게 되면 검색 결과 우측 상점명 아래 아이콘이 활성화된다. 파워 등급 아래인 새싹, 씨앗 등급은 아무런 아이콘이 표

시되지 않는다. 또한 굿서비스 조건을 만족하는 판매자는 상점명 아래 '굿서비스'가 표시된다.

6 스마트스토어 수수료와 정산 주기 이해하기

스마트스토어의 장점은 수수료가 업계 최저 수준이라는 점이다. 네이버 스마트스토어는 2012년 네이버 내에 나만의 샵을 차리는 형태인 '샵N'이라는 이름으로 처음 서비스했다. 당시 입점 수수료를 오픈마켓보다 높게 책정해서 판매자들로부터 외면을 받았고 2014년 6월 '스토어팜'이라는 이름으로 개편했다. 스토어팜은 기존 오픈마켓인 11번가, G마켓, 옥션 등과 유사한 형태의 상품등록 서비스에 가까웠다. 제품만 있으면 상세 페이지 하나만 만들어서 바로 판매가 가능한 서비스였다.

'스토어팜'으로 변경한 이후 네이버는 수수료를 12~15%에서 1~10.74%로 대폭 낮췄다. 그리고 샵N과 스토어팜의 장점을 합쳐서 개편한 '스마트스토어'에서도 스토어팜의 저렴한 수수료 체계를 그대로 이어갔다. 스마트스토어의 수수료 구조는 판매 수수료와 결제 수수료로 나뉜다.

판매 수수료는 네이버쇼핑 영역에 노출된 상품을 보고 상품을 구매하는 경우 네이버에 지급되는 수수료다. 대부분의 카테고리는 2%이고 e-구폰/모바일상품권 카테고리는 5%, 여행/레저 이용권 카테고리는 7%이다.

결제 수수료는 신용 카드 3.74%, 계좌이체 1.65%, 휴대폰 결제 3.85%, 네이버페이 3.74%, 보조결제 3.74%, 가상계좌 1%(최대 275원)이다.

스마트스토어의 수수료 유형은 3가지이고, 상품 판매로 인해 과금되는 네이버페이 결제 수수료는 결제 수단별로 수수료가 모두 다르게 과금된다. 네이버쇼핑 매출 연동 수수료는 스마트스토어의 상품을 네이버쇼핑 서비스에 노출하도록 연동시킨 경우 네이버쇼핑에 노출된 상품의 주문/판매가 이루어지면 건당 연동 수수료 2%가 추가 과금된다. 즉 네이버쇼핑에 노출하지 않으면 연동 수수료는 과금되지 않는다.

스마트스토어 판매 수수료는 타 오픈마켓처럼 카테고리별로 책정되지 않는다. 전체 카테고리 모두 동일하게 결제 수수료 기준으로 움직이며 유입 경로에 따라 추가 수수료가 책정된다.

대부분의 고객이 신용 카드로 결제하기 때문에 최대 수수료를 3.74%라고 생각해야 한다. 하지만 네이버쇼핑의 유입이 90% 이상을 차지하기 때문에 다음과 같이 책정해 두는 것이 판매를 하는 데 있어서 계산하기 쉽다.

> **판매 수수료 2% + 결제 수수료 3.74% = 5.74%**

일반적으로 스마트스토어 판매 수수료를 6%로 책정해 두고 판매를 시작하면 큰 무리가 없을 것이다. 최근에는 네이버측에서 수수료율 인하 정책을 다양하게 지원하고 있다. 영세 판매자들에게는 희소식이 아닐 수 없다.

---

① 카드 결제 수수료 인하 정책: 판매사 매출 규모에 따라 영세(매출액 3억원 이하)는 신용 카드 수수료율을 2%대까지 적용한다.
② 스타트 제로 수수료 정책 : 창업 초기 사업자에게 12개월 결제 수수료 무료 정책을 시행한다.

보다 자세한 사항은 스마트스토어의 공지 사항을 참조하여 본인의 환경에 적합한지 확인하기를 바란다.

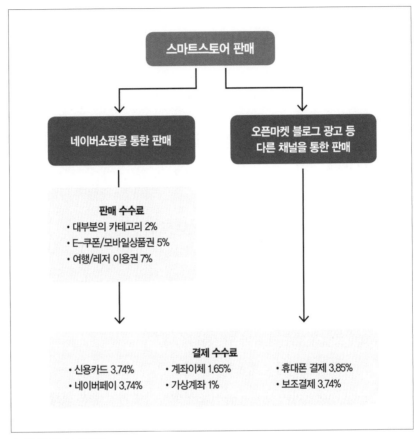

스마트스토어 수수료 체계

| 제 4 장 |

네이버 스마트스토어로 시작해 보자

1 팔리는 스마트스토어를 위한 로드맵

창업 초기 구글의 기업 운영 십계명이 화제가 된 적이 있다. 그중 첫 번째 계명은 다음과 같다.[10]

"사용자에게 초점을 맞추면 나머지는 따라온다."

네이버 스마트스토어에서 쇼핑몰을 시작한다면, 우리도 이 첫 번째 계명을 기억할 필요가 있다. 네이버는 고객이 물건을 구매하기에 가장 좋은 형태의 쇼핑몰을 구현하기 위해 블로그 스타일을 선택했기 때문이다.

스마트스토어는 쇼핑몰과 블로그의 장점을 결합한 블로그형 원스톱 쇼핑몰

---

10 구글 철학의 십계명은 다음과 같다. 1) 사용자에게 초점을 맞추면 나머지는 따라 온다. 2) 어디서든 한 방면에서 최고가 되는 것이 좋다. 3) 느린 것보다 빠른 것이 낫다. 4) 웹 민주주의는 효과적이다. 5) 책 상 앞에서만 검색이 가능한 것은 아니다. 6) 부정한 방법을 쓰지 않아도 돈을 벌 수 있다. 7) 세상에는 무한한 정보가 존재한다. 8) 정보의 필요성에는 국경이 없다. 9) 정장을 입지 않아도 업무를 훌륭히 수 행할 수 있다. 10) '훌륭하다'로는 부족하다.

구축 솔루션이다[11]. '블로그형'이라는 것은 다음과 같은 두 가지 특징을 가지고 있다는 뜻이다.

> 첫째, 웹 디자인이나 프로그래밍에 익숙치 않은 초보 판매자도 누구나 쉽게 만들 수 있다.
> 둘째, 사이트의 디자인보다는 게시글에 더 큰 비중을 둔다.

한마디로 제품 판매를 위한 페이지 구성에 좀 더 비중을 둔다는 뜻이다. 이는 일반 쇼핑몰에서 사용하는 상품의 배치보다 정형화된 단점은 있지만, 상품 정보 중심으로 깔끔하게 전시할 수 있다는 장점도 가지고 있다.

이와 같은 스마트스토어의 블로그적 특성으로 인해 처음 쇼핑몰 디자인은 네이버에서 제공하는 템플릿을 사용한다. 대표적인 상품 몇 가지를 등록해 두면 템플릿이 실제 적용된 모습을 확인하기 쉽다. 고급스러운 쇼핑몰 디자인은 제품이 팔리고 셀러 등급이 상향되는 시점에 고려해도 늦지 않다.

상품등록 시에는 검색 노출을 고려해야 하며 모바일에서도 가능하다. 컴퓨터를 사용할 수 없는 상황에서 잘못 등록한 부분을 발견했다면 모바일로 접속해서 바로바로 수정할 수 있다.

오프라인 매장이 있어 쇼핑윈도도 함께 운영한다면 스마트스토어 등록 한 번으로 네이버쇼핑에 함께 전시할 수 있다. 네이버쇼핑에 잘 노출되기 위해서는 하나의 상품에 대한 '카테고리+상품명+상품의 상세설명+속성'이 조화를 이루어야 한다.

---

11 https://saedu.naver.com/edu/self-study/view.nhn?seq=11

이와 같은 특징을 이해했다면 네이버 스마트스토어를 만들기 위한 준비는 끝
난 것이다.

2 스마트스토어 판매자 되기

이제 네이버 하단의 '스토어 개설' 메뉴로 들어가서 나만의 스마트스토어
를 만들어 보자. 스마트스토어 판매자는 개인, 사업자, 해외사업자의 세 가지 유
형으로 구분된다. 해외사업자의 경우는 외국에 거주하고 있는 판매자를 위한 유
형이다. 사업자등록 전 상태라면 우선 개인 판매자로 가입 후 사업자로 전환하는
것을 추천한다.

판매자 유형 선택

별도의 필수 서류는 없다. 사업자등록을 할 예정이지만 아직 사업자등록증이 없다면 개인으로 등록해도 된다. 나중에 사업자등록증을 만든 후 '판매자 정보' 메뉴에서 '사업자 전환' 메뉴를 통해서 사업자로 전환할 수 있다. 일반적인 회원 가입을 하는 것과 별 차이가 없으니 여기까지는 쉽게 할 수 있을 것이다. 단, 개인 판매자의 경우 6개월 평균 10건 이상의 판매와 매출액 600만원 매출을 달성하면 사업자로 전환해야 한다.

개별적인 인증을 하다 보면 '네이버 비즈니스 서비스 연결하기'가 나온다. 스마트스토어의 경우 ON으로 설정해 주고 '네이버톡톡' 역시 고객의 편리함을 위해 ON으로 해둔다. 판매자 정보 입력 시 이메일은 별도의 메일 계정을 사용하는 것을 추천한다. 직원이 많아질 경우 다른 사람이 로그인해서 관리할 수 있기 때문이다. 주소의 경우 자택 주소로 입력해도 개인사업자등록에는 문제가 없다. 혹은 비상주 사무실의 주소지 서비스를 이용하면 월 3만 원대의 저렴한 비용으로 별도의 회사 주소를 만들 수도 있다. 법인사업자라면 별도의 서류를 준비한다.

- 사업자등록증 사본 1부
- 법인명의 통장 사본 1부
- 통신판매업신고증 사본 1부
- 대표자 인감 증명서 사본 1부
- 법인 등기사항 전부 증명서 사본 1부
- 법인 인감 증명서 사본 1부

3 스마트스토어 판매자 회원 가입하기

입점 서류가 준비되었으면 판매자로 가입한다. 개인이나 사업자의 가입 절차는 유사하며 개인을 기준으로 설명하고 사업자 가입 절차 중 특이사항만 별도로 설명한다. 그 다음에는 스마트스토어 정보 입력이 필요하다.

1 | 스마트스토어 이름

◆ 가입 후 최초 1회만 변경할 수 있다.

2 | 스마트스토어 URL

◆ 스마트스토어와 연관되거나 연상되는 URL 설정을 추천한다.

◆ 가능하면 짧은 도메인으로 설정하는 것이 좋다.

◆ URL은 가입 후 최초 1회 전화 상담을 통해 변경할 수 있다.

◆ 별도 도메인을 가지고 있어서 설정이 필요한 경우 가입 완료 후 개인 도메인 등록이 가능하다. 개인 도메인 등록은 '스마트스토어 관리'→'스토어 관리'→'스토어 URL'에서 '개인 도메인'을 선택하면 연결할 수 있다.

3 | 소개글 등록

◆ 간략하게 50자 내외로 작성한다.

4 스마트스토어 관리자 메인 화면 살펴보기

스마트스토어 관리자 페이지는 스토어를 직접 관리하기 위한 모든 사항, 즉 꾸미고, 상품을 등록하고, 관리하는 등 판매에 필요한 모든 사항을 쉽게 관리할 수 있다. 스마트스토어 관리자 페이지는 상점 운영 목적별 페이지로 바로 이동할 수 있는 '상단 메뉴', 상점 운영 목적별 기능을 제공하는 '메인 메뉴', 스마트스토어의 새로운 소식 등을 알려 주는 '공지 사항', 상품 Q&A와 고객 문의 등에 대한 처리율과 미답변 사항을 알려 주는 '고객 응대 관리 현황', 즉시 처리해야 할 주요 기능을 모아서 보여 주는 '현황 메뉴' 등으로 구성되어 있다.

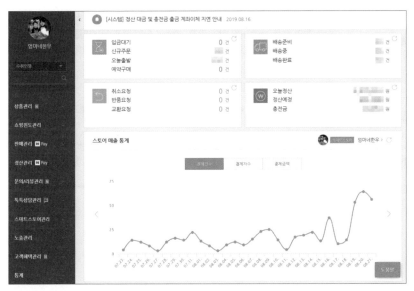

스마트스토어 관리자 페이지 메인 화면

좌측에는 쇼핑몰을 운영하는 메뉴가 전부 나열되어 있다. 각각의 항목을 설명하면 다음과 같다.

항목	설명
상품 관리	상품 조회/수정, 상품 등록, 상품 일괄 등록, 카탈로그 가격 관리, 연관 상품 관리, 배송비 관리, 템플릿 관리, 공지 사항 관리 등을 설정할 수 있다.
판매 관리	주문 조회, 미입금 확인, 발주/발송 관리, 배송 현황 확인, 구매 확정 내역, 취소 관리, 판매 관리, 반품 관리, 교환 관리 등 주문 이후에 발생하는 모든 상품의 판매를 관리할 수 있다.
정산 관리	정산 내역, 정산 내역 상세, 부가세 신고 내역, 세금계산서 조회, 충전금 관리 등 판매자 정산 관리와 상품 대금 처리 현황을 확인할 수 있다.
문의/리뷰 관리	상품 문의와 리뷰 등을 관리할 수 있다.
톡톡상담 관리	고객 관리에 유용한 네이버 톡톡과 여러 비즈니스 서비스를 설정할 수 있다.
스마트스토어 관리	스마트스토어의 기본 정보(스마트스토어/판매자 정보) 관리와 네이버 서비스를 연동시킨다. 스마트스토어 꾸미기 등을 할 수 있다.
노출 관리	기획전 관리, 럭키투데이, 비즈니스 서비스 설정, 가격 비교 설정, SNS 설정 등 노출 채널을 관리할 수 있다.
고객 혜택 관리	신규 고객, 재구매 고객 또는 타깃팅 고객에게 혜택을 제공 및 관리할 수 있으며, 상품 할인 쿠폰. 스토어찜 할인 쿠폰. 배송비 할인 쿠폰 등 다양한 쿠폰을 생성한 다음 혜택 관리 및 포인트 관리를 할 수 있다. 고객의 적립금 상황을 조회 및 관리할 수 있다.
통계	주문, 유입, 판매, 마케팅 분석 및 고객 현황을 파악할 수 있다.
판매자 정보	판매자, 담당자, 정산, 배송 정보 등을 설정하고 상품 대표 카테고리를 지정할 수 있다.
지적재산권 관리	지적재산권 신고 센터를 통해 지식재산권리자가 신고를 하면 판매자는 이에 대해 소명을 해야 한다. 소명하지 않은 경우 판매금지된 제품이 이 항목에 표시된다. '소명서 제출'을 통해 받아들여지면 판매를 재개할 수 있다.

5 상품 등록을 해보자

이제 상품 등록을 진행해 보자. 상품 등록은 PC와 모바일 모두 가능하다. 중간에 결정하지 못한 부분이 있다면 대강 작성해 두고 넘어간 뒤, 완료 후 수정하면 된다.

상품 등록 PC 화면   상품 등록 모바일 화면

1 | 카테고리 설정 / 상품명 입력

먼저 해당 상품과 연결되는 카테고리를 선택한다.

상품 카테고리 선택

상품명은 100자까지 가능하지만 검색이 잘 되기 위해서는 긴 상품명을 피하는 게 좋다. 오히려 최적화에 방해가 된다. 마찬가지로 불필요한 특수문자는 사

용하지 않는다. 상품명을 입력한 뒤에는 '상품명 검색품질 체크'를 반드시 한다. 적합한 경우는 잘 입력되었다고 나오고 적합하지 않은 경우 수정해 달라고 요청한다.

적합한 경우

부적합한 경우

최저 판매가는 10원이고, 10원 단위로 등록 가능하다. 특정 기간 제품 할인을 할 경우도 있겠지만, 상시로 정상가보다 저렴하게 판매하고 있다면 할인 부분을 설정하면 된다. 0이 되면 자동으로 품절이 되므로 재고 수량은 여유 있게 적어둔다. 다양한 상품이 있다면 아래 그림처럼 옵션을 체크하여 해당 상품의 재고 수량을 맞춘다.

① **직접 입력** : 선택형 옵션 중에서 직접 입력. 단독형과 조합형이 있다.

② **엑셀 일괄 등록** : 엑셀 양식을 다운로드받아 작성한 후 한꺼번에 등록 가능하다.

③ **다른 상품 옵션 불러오기** : 다른 상품에 등록되어 있는 옵션을 복사해서 사용한다.

④ **색상/사이즈 간편 입력** : 의류나 잡화 등의 특정 카테고리에서만 활성화된다.

⑤ **직접 입력형** : 옵션의 종류가 너무 다양한 경우 구매자가 직접 정보를 입력할 수 있도록 설정한다.

옵션 예시

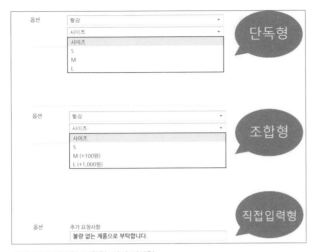

옵션 구분: 단독형, 조합형, 직접 입력형

옵션은 사이즈나 색상 등 구매 조건이 여러 가지 존재하는 경우에 사용한다. 의류나 신발 등 사이즈를 골라야 하는 경우 외에도 핸드폰 액세서리처럼 색상이나 종류를 선택할 때도 사용된다. 옵션 입력 방식은 직접 입력, 엑셀 일괄 등록, 다른 상품 옵션 불러오기, 그리고 색상/사이즈 간편 입력이 있다.

2 | 상품 이미지

상품 이미지는 대표 이미지 1개와 추가 이미지 9개까지 등록할 수 있다. 대표 이미지만 필수고 나머지는 등록하지 않아도 상관없다. 대표 이미지 사이즈는 640×640으로 등록한다. 선명한 이미지일수록 좋으며, 쇼핑윈도를 함께 이용한다면 750×1000 사이즈를 권장한다.

3 | 상품 상세 설명

상세 설명은 블로그 포스팅에 사용되는 스마트 에디터 3.0을 그대로 사용하는데 메뉴 구성이 매우 직관적이어서 쉽게 등록할 수 있다. 각 메뉴를 간단히 알아보자. 자세한 내용은 '제6장 스마트스토어 매출 극대화 전략'의 '1. 매출을 부르는 상세 페이지 만들기'에서 살펴본다.

스마트에디터 3.0

① **텍스트**: 제목/본문 텍스트 타입을 사용할 수 있음

② **이미지**: 내 사진, 사진 보관함에서 이미지를 추가할 수 있음

③ **동영상**: 파일 업로드, 유튜브 혹은 네이버 링크로 동영상 사용 가능

④ **장소**: 원하는 장소를 검색해서 위치를 표시할 수 있음

⑤ **구분선**: 문장을 구분하는 선을 추가할 수 있음

⑥ **인용구**: 따옴표나 말풍선 등을 표시하여 강조할 수 있음

⑦ **글감 검색**: 네이버쇼핑에 노출된 상품 기준으로 상품을 불러올 수 있음

⑧ **링크**: 링크를 삽입할 수 있음

⑨ **HTML 변환**: HTML 코드를 입력하면 스마트스토어 3.0 규격으로 변환시킬 수 있음

⑩ **템플릿**: 추천 템플릿을 불러오거나 내 템플릿을 만들 수 있음

⑪ **저장**: 작성 중인 내용을 임시저장 할 수 있으며 수정 페이지에서는 저장이 안 됨

⑫ **등록**: 등록 시 상품 등록/수정 페이지 목록으로 이동

⑬ **다시쓰기**: 처음 작성 시에는 신규, 수정 시는 저장된 내용으로 작성

4 | 상품 주요 정보

상품 등록은 가장 시간을 많이 투자해야 하는 일이다. 상품에 대한 정보를 대충 입력하는 경우가 있는데 제품에 대한 정확하고 상세한 입력은 매출과 직결된

다는 것을 잊지 말아야 한다. 상품 등록 시 반드시 제품 하나하나의 정보를 충실하게 입력하도록 하자.

검색 엔진이 가장 중요하게 생각하는 것은 제품에 대한 출처다. 스마트스토어는 브랜드, 모델명, 제조사, 상세 설명, 페이지 제목(page title), 설명(meta description)으로 출처를 확인한다.

① **모델명**: 상품명과 별개로 모델명을 기재하는 부분이다. 기존의 온라인이나 오프라인에서 판매되고 있는 제품이라면 찾기를 통해서 제품을 찾는다. 기존 모델이 없는 경우는 직접 입력한다.

② **브랜드/제조사**: 검색 시 반영되는 부분이다. 가능하면 고객들이 많이 찾는 브랜드명이나 제조사명을 입력한다. 검색에 유리하기 위해 외국 브랜드인 경우에도 한글명으로 등록한다.

③ **상품속성**: 제품 카테고리마다 다르게 나타난다. 네이버쇼핑 검색 결과에 반영되는 부분이므로 꼼꼼히 체크한다.

④ **인증정보**: 어린이제품/친환경 인증, 전기용품 및 생활용품 안전관리법(전안법)에 해당되는 상품은 관련 정보를 등록해야 한다. 인증 없이 판매하는 경우 법적 조치를 받을 수 있으므로 반드시 확인하기 바란다.

상품 주요 정보

⑤ **상품상태**: 기본적으로 신상품으로 입력한다. 주문제작 상품일 경우 발송 예정일도 입력한다.

브랜드, 모델명, 제조사를 입력할 때는 검색 엔진이 정확하게 인식하도록 하는 작업이 중요하다. 그러나 직접 제조한 물건이 아니거나 서비스인 경우는 개략적으로 등록한다.

5 | 상품정보제공 고시 및 배송

스마트스토어 상품 하단에 늘 노출되는 부분으로, 제품의 상세 설명 외에 유통 기간이나, 용량, 제조사 등을 적는다. 중요한 것은 배송이다. 유사 제품 판매처들의 제품 가격과 비교했을 때 배송비 포함인지 별도인지를 파악한 후 작성한다. 배송 일정에 따라서 스마트스토어 등급에 영향을 끼치므로 '결제완료 기준시간'을 설정하고 '오늘 출발'로 선택하는 것을 권장한다.

6 | 추가상품

해당 제품과 함께 필요한 제품을 판매하는 경우가 있다. 예를 들어 면도기를 판매한다면 면도날을 추가상품으로 넣는 것이다. 추가상품은 직접 입력해도 되지만, 이미 등록한 다른 상품을 추가상품으로 불러올 수 있다. 직접 입력하는 경우에는 다음 그림과 같이 추가상품 입력까지 작성 후 '목록으로 적용'을 선택하면 된다. 단 모바일에서는 추가할 수 없다.

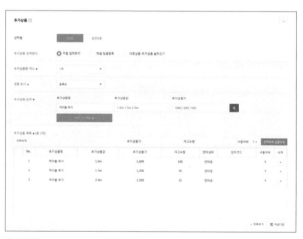

추가상품

7 | 검색 설정

태그 설정

요즘 뜨는 HOT 태그, 감성 태그, 이벤트형 태그, 타깃형 태그와 같은 추천 태그를 유형별로 추천하며 최대 7개까지 선택할 수 있다. 카테고리명, 브랜드명은 자동으로 등록된다. 추가로 3개의 태그는 '태그 직접 입력'을 통해 등록한다. 자신만의 태그를 삽입하는 경우 주의해야 할 점은 내부 기준에 의해 검색에 노출되지 않을 수 있다는 점이다. 가능하면 네이버에서 자주 쓰이는 태그를 사용한다. 설정 후에는 '검색에 적용되는 태그 확인'을 눌러 검색에 유용한지 꼭 파악하자.

검색 설정

페이지 제목(Page title) / 설명(Meta description)

네이버 통합검색을 통해 노출될 때 해당 페이지 제목(Page title)과 설명(Meta description)이 노출된다. 검색로봇은 해당 제목과 설명의 키워드로 노출 결과를 결정하므로 장황한 설명보다는 간결한 키워드 단위로 구분하여 작성하는 것이 좋다. 상품이 많은 경우 상품명과 유사하게 작성하는 것이 일반적이다.

8 | 노출 채널 관리

해당 상품을 어디에 노출할지 선택하는 페이지다. 최소 1개 이상을 선택해야 하고 쇼핑윈도는 별도 심사를 통해 운영할 수 있다.

9 | 검색 품질 체크

상품 등록을 잘 마쳤다면 상품 등록 페이지 하단의 검색 품질 체크를 꼭 확인해 보자. 만약 검색 품질 체크를 통해서 미흡한 점을 발견하게 되면 수정해야 한다.

셀러마케팅캠퍼스 팁

스토어를 운영하다 보면 판매 상품 수는 늘어나기 마련이다. 그때마다 배송비, A/S 안내, 문의, 상품정보 등 같은 내용을 반복해서 입력하는 것이 번거롭다. 이럴 때 템플릿 기능을 사용하면 효과적이다. 처음 상품을 등록할 때 템플릿 설정을 추가해 두면 템플릿 관리에 자동으로 등록된다. 추후 일괄적으로 수정하고 싶다면, '상품 관리'의 '템플릿 관리' 메뉴에서 수정하면 된다. 많이 사용하지는 않지만 이벤트 관리하는 경우는 유용하니 알아두면 좋은 팁이다.

6 좋아 보이는 스마트스토어 디자인의 비밀

지금까지 상품 등록에 대한 기초적인 내용을 살펴보았다. 이제 스마트스토어의 메인 페이지를 꾸밀 차례다. 스마트스토어뿐만 아니라 여러 쇼핑몰에서 판매하는 제품 가격은 고가인데 상품 페이지 구성이 허술해서 저가처럼 보이는 경우를 종종 본다. 보기 좋은 떡이 맛도 좋다고 고객의 눈을 만족시키는 디자인은 필수 중의 필수다.

우리는 눈으로 본 것을 가장 잘 기억해낸다. 고객의 눈을 만족시키기 위해서는 브랜드 또는 제품과 어울리는 스토어의 주제 색상을 정해야 한다.

블로그형 쇼핑몰에서는 주제 색상을 템플릿과 상품 페이지에 적용해 반복적으로 보여줌으로써 고객의 기억에 이미지를 남기고 안정감과 신뢰감을 주는 것이 중요하다. 안정감과 신뢰감을 주는 정도로 주제 색상을 사용하려면 어떻게 해야 할까?

웰컴이라는 광고 대행사의 사옥 정원에는 감나무가 심어져 있다. 광고쟁이는 '감'이 중요하기 때문이란다. 주제 색상의 경우도 '감'에 따라 과하지도 부족하지도 않도록 조화롭게 사용해야 한다.

대학시절 휴학을 하고 롯데월드 중식당에서 요리를 잠깐 한 적이 있다. 잡채밥을 만들었는데 요리를 오래 하신 분들은 '감'만으로 맛의 조화를 이루어냈다. 그러나 경험이 일천한 나는 아무리 소금을 뿌려도 도무지 그 맛의 조화로운 지점을 찾을 수가 없었다.

그러던 어느 날 한 가지 아이디어가 떠올랐다. 소금이 아닌 간장으로 간을 내는 것이다. 간장은 소금과 달리 눈으로 구분이 가능하다. 잡채에 간이 맛있게 들면 가장 좋은 색을 냈다. 너무 진하면 짜고 옅으면 밋밋했다. 이른바 황금 비율이 만들어진 것이다. 간장으로 맛을 조절하면서부터 다른 요리사들보다 내 잡채밥의 인기가 훨씬 높아졌다.

주제 색상을 조화롭게 사용하는 데에도 이렇게 눈으로 구별할 수 있는 황금 비율이 있지 않을까? 조화롭게 사용하라는 것은 다른 것과 어울리게 하라는 것이다. 주제 색상이라고 해서 모든 것에 그 색을 쓸 수는 없으므로 당연히 다른 색상도 함께 쓰게 된다. 이때 서로 어울리게 '조합'하는 것이 포인트다.

「좋아 보이는 것들의 비밀」이라는 책에서 이랑주는 기본 색상, 보조 색상, 주제 색상의 조화로운 비율에 대해 70:25:5의 법칙을 제안한다. 기본 색상 70%, 보조 색상 25%, 주제 색상 5%를 사용하라는 것이다. 이는 일본 애니메이션 캐릭터를 만들 때 사용하는 고전적인 방법[12]이기도 하다. 같은 작가가 다양한 캐릭터를 표현하기 위해서 모두 다르게 그리기 보다는 5%만 다르게 그리는 데에서 유래되었다. 다양한 개성의 블로그들이 바탕 화면은 밝거나 어두운 단색을 사용한다는 점을 감안하면 기본 색상 70%는 어렵지 않게 이해할 수 있다.

네이버의 경우 로고와 검색창만 녹색이지만 '네이버 하면 녹색'이 떠오르는 것이나 로고만 보라색인 마켓컬리 하면 보라색을 떠올리는 것을 보면 주제 색상 5%의 의미를 이해할 수 있다. 보조 색상은 사용 목적에 따라 차이가 있지만 웹 사이트나 블로그에서는 무채색이나 회색이 가장 많이 사용된다. 밝은 분위기면 흰색이나 밝은 회색, 진한 분위기면 검정이나 진한 회색으로 주제 색상을 강조한다.

주제 색상에 관해서는 많은 이론이 있다. 일반적으로 빨강색은 부교감 신경을 자극해 식욕 촉진을 유발한다고 알려져 있다. 버거킹이나 피

쇼핑몰의 주제 색상은 전체에서 5% 정도 차지한다.

12　'배색의 비율은 70 : 25 : 5! 캐릭터 배색의 결정 기본편'
　　https://ichi-up.net/2015/045

자헛 등의 패스트푸드 업체에서 주로 사용된다. 파랑색은 신뢰도를 유발한다. 삼성의 주제 색상이기도 하고 뉴스 방송의 배경 화면이나 금융 회사 로고에 많이 쓰인다. 노랑색은 주목도가 높아 안전 관리에 많이 쓰인다. 유치원 어린이들의 유니폼 색상이나 건설 현장 인부들의 헬멧에 많이 사용되는 이유다.

보라색은 예술적이고 고급스러운 감성을 준다. 에스티로더와 랑콤같은 화장품 브랜드들이 주제 색상으로 많이 사용한다. 진하기에 따라 조금씩 차이가 있는데, 진한 보라색은 성숙한 여성을 타깃으로 둔 제품에 조금 더 많이 사용된다.

연한 보라색은 핑크색에 가까워 젊은 여성층에 적합하다. 녹색은 자연친화적인 제품이나 캠핑용품을 판매하는 곳에 어울린다.

7 스마트스토어 대문 꾸미기

쇼핑몰 플랫폼을 다루어 보았거나 네이버 블로그를 이용했다면 스마트스토어의 대문 꾸미기는 어렵지 않게 이해할 수 있다. 판매자의 편의를 위한 기본적인 템플릿을 다양하게 활용하고 주제 색상을 조화롭게 활용하는 것에 집중하자. 판매가 안정화된 후에 제대로 된 컨셉의 디자인으로 보완하자.

1 | 테마 관리

관리 메뉴로 이동하면 PC 전시 관리와 모바일 전시 관리가 있다. PC 테마를 어떻게 결정하느냐에 따라 모바일도 달라진다. 먼저 PC 테마를 선택한다. 테마의 경우 앞으로 등록할 상품을 잘 부각할 수 있을지를 고려해 각각의 디자인을 살피고 고른다. 모바일 노출에 신경 쓰는 것도 잊지 말자. PC와 모바일의 전시 관리 종류는 다음과 같다.

스마트스토어 테마 관리 메뉴

디바이스	명칭	설명
PC 전시	트렌디형	PC 설정 시 모바일에도 동시 적용
	스토리형	
	큐브형	PC에만 적용
	심플형	
모바일 전시	기본형	PC에서 큐브형, 심플형 선택 시 별도 설정
	매거진형	

PC에서 큐브형이나 심플형을 선택했다면 모바일에서 기본형 또는 매거진형을 별도로 설정해야 한다. 만약 상품이 다섯 가지를 넘지 않는다면 테마 관리 메뉴 상단에서 상품 5개 미만 전용 템플릿 사용을 선택한다. 큼직큼직한 상품 이미

지로 보인다.

2 | 배경 및 레이아웃 관리

앞서 살펴본 주제 색상을 중심으로 스마트스토어에서 판매할 상품과 스토어의 컨셉을 고려해 선택하면 된다. 레이아웃은 선택한 테마에 따라 조금씩 차이가 있다. PC와 모바일 동시 적용되지만 모바일은 별도의 레이아웃 관리가 없다.

레이아웃 메뉴에서 정보 컴포넌트와 상품 컴포넌트가 있다. 필수 정보는 회색으로 처리되어 변경할 수 없으며, 노출 여부는 필수다. 하지만 상품 컴포넌트는 노출이 불필요할 경우 체크박스를 해지 설정하면 된다.

3 | 컴포넌트 관리

스마트스토어에는 블로그에 없는 컴포넌트 관리가 있다. 여기서는 헷갈리는 메뉴 중심으로 설명하겠다. 레이아웃 관리 메뉴에서 수정해도 되고, 컴포넌트 관리 메뉴에서 각각 작성해도 된다.

대표 이미지(트렌디형이나 스토리형을 선택한 경우에는 프로모션 이미지)는 메인 중앙에 노출되는 이미지다. 해당 부분은 스토어에서 가장 먼저 보이게 되는 영역인 만큼 이벤트 홍보나 브랜드 자체를 홍보하는 카피를 넣

컴포넌트 관리

어 만들면 된다. 특정 상품 할인 행사를 할 경우 대표 이미지에 링크를 걸어두어서 해당 상품으로 연결할 수 있다.

사이즈나 가이드는 해당 등록 페이지에서 확인 가능하다. PC와 모바일의 이미지를 별도로 제작하여 등록한다. 상품 노출 모듈은 랭킹상품, 상품컬렉션, 신상품, 베스트리뷰상품 총 4개의 모듈로 구성된다. 4가지 중에서 필요한 것만 사용할 수 있다. 좌측에서 영역을 선택하고 우측에서 타이틀, 전시유형, 노출개수, 전시순서, 상품 등을 선택하여 자유롭게 설정할 수 있다.

4 | 메뉴 관리

필수 메뉴를 제외한 각 메뉴의 사용 여부를 설정할 수 있다. 일반적으로 기획전, 묻고 답하기, 공지사항을 체크해서 사용한다. 직접 제작해서 넣을 수도 있다.

5 | 스페셜 상품 관리

스페셜 상품이라는 메뉴를 통해서 노출된다. 트렌디형이나 스토리형 테마를 이용하는 경우에는 적용이 되지 않는다. 스페셜 상품 관리에서는 베스트 상품 관리, 신상품 관리, 오늘만 특가 상품 관리, 오늘만 무료배송 상품 관리에 노출된다. 베스트 상품 관리와 신상품 관리는 자동으로 선정된다.

"더 많은 소비자들에게
좋은 한우를 만나는 행복을 전하고 싶어"

엄마네 한우 이한형 대표
https://smartstore.naver.com/miaene

조영준, 이한형, 박노성, 정윤환(왼쪽부터)

이한형 대표가 네이버 스마트스토어를 오픈한 것은 지금으로부터 1년 전이다. 30년 동안 경동시장에서 정육점을 하던 사업을 온라인으로 시작하겠다고 어머님을 설득했다. 이 대표가 온라인으로 고기를 팔아야겠다고 생각한 건 우연히 입사 지원을 한 어느 직원 때문이다. 네이버 스마트스토어에서 고기를 팔 수 있다는 사실을 알고 쇼핑몰을 개설했다. 처음 몇 개월간은 그 직원 말대로 잘 됐다. 추석 대목이 껴서 주문이 폭주한 것이다.

"아! 이렇게 하면 돈을 많이 벌 수 있겠구나!"

이 대표는 네이버 스마트스토어로 매출이 오르자 그 성장세에 힘입어 건너편 한적한 공간에 대규모 온라인 전문 매장을 얻었다. 투자한 돈도 금방 벌 수 있으리라는 계산이 섰던 것이다. 그러나 문제가 생겼다. 검색 결과 1페이지에 나오던 '엄마네한우'가 20페이지 바깥으로 밀려버린 것이다. 임대료는 나가는데 매출은 들어오지 않자 이 대표는 초조해졌다. 노심초사 걱정하던 끝에 인터넷을 검색했고 셀러마케팅캠퍼스의 문을 두드렸다. 네이버 스마트스토어를 오픈한지 6개월 만의 일이다.

"하늘이 깜깜했어요. 다들 스마트스토어만 오픈하면 잘 될 거라고 하잖아요. 세상에 그런 일은 없는 것 같아요."

이 대표는 셀러마케팅캠퍼스의 모든 과정을 열심히 수강했다. 컴퓨터에는 서툴렀지만 함께 수업을 들은 동기들과 열심히 상품명과 상세 페이지를 수정했다. 교육을 마친 뒤 1주일 만에 엄마네한우는 첫 페이지 7위에 복귀했다. 그리고 한 달 뒤에 안정적으로 상위에 랭크되기 시작하더니 순위가 계속 유지되고 있다. 덕분에 대한민국에서 가장 맛좋은 고기를 공급하고 싶다는 그의 꿈은 이제 실현 가능한 목표로 구체화되었다.

"저는 돈을 벌려고 고기를 팔지 않아요. 소비자가 기대하는 맛을 정확하게 느끼게 해 주고 싶을 뿐이죠. 정말 잘 먹었다거나 고맙다는 댓글을 보면 힘이 납니다. 저는 그런 저의 행복을 위해 고기를 팔아요."

그는 지금 셀러마케팅캠퍼스의 마케팅 팀과 함께 온라인 마케팅과 브랜딩 작업을 진행 중이다. 일주일에 한 번 이상은 셀러마케팅캠퍼스에 들러 강의를 듣고 마케팅도 하는 이 대표에게 셀러마케팅캠퍼스에 바라는 것을 물었다.

"초심 잃지 않고 저처럼 한계에 부딪친 사람들을 깨우쳐 주셨으면 좋겠어요. 특히 저희 같은 시장 상인이나 소규모 사업자들은 마케팅의 개념도 모르거든요."

작은 가게를 운영하든 큰 기업을 운영하든 사장은 사장이다. 아무리 대기업의 임원이라 해도 작은 가게의 사장만큼도 '사업'을 알지는 못한다. 셀러마케팅캠퍼스를 찾았을 때 이 대표는 준비된 새끼 독수리였다. 약간의 가이드만 주면 충분히 날아오를 수 있는 경험이 있었던 것이다. 그래서 셀러마케팅캠퍼스의 교육과 컨설팅이 진행되는 동안 거의 100% 믿고 따라주었다. 그리고 마침내 결과로 보여주었다. 돈에 집중하면 돈은 멀어질 것이다. 그러나 자신의 제품에 집중하고 올바른 방향을 고민하다 보면 돈은 반드시 따라온다.

제 2 부

네이버 스마트스토어
최적화 전략

"모든 것을 최대한 단순하게 하되 지나치게 단순화하면 안 된다."

엘버트 아인슈타인(Albert Einstein)의 이 말은 소상공인이 어떤 것에 선택하고 집중해야 하는지를 잘 말해 주고 있다. 선택과 집중에 대해 대홍기획 시절 광고주에게 들은 뉴욕 어느 호텔 CEO의 이야기를 하나 소개한다.

그 CEO는 1년 동안 두 차례 서울로 여행을 했는데 두 번 모두 소공동 롯데호텔 본점에 묵었다. 호텔을 두 번째 방문했을 때 프런트의 접수원이 그를 알아보고는 따뜻하게 맞았다.

"어서 오십시오. 또 와주셔서 얼마나 반가운지 모르겠습니다!"

깊은 감명을 받은 CEO는 자기 소유의 호텔 직원들도 다시 찾아오는 손님을 똑같은 방식으로 맞이하면 좋겠다고 생각했다. 뉴욕으로 돌아가자마자 그는 전문가에게 컨설팅을 받았다. 전문가는 얼굴 인식 소프트웨어를 장착한 카메라를 설치할 것을 조언했다. 이 카메라는 손님들의 얼굴 사진을 찍어뒀다가, 손님이 체크인할 때 손님의 얼굴과 자료 사진 속의 얼굴을 비교한 뒤 손님이 과거에 그 호텔에 투숙했다는 사실을 빅데이터화시켜 접수 직원에게 알려주는 첨단 방식이었다.

문제는 비용이었다. 이 시스템을 도입하기 위해서는 무려 300만 달러나 필요했다. CEO는 비용이 너무 많이 들어서 이 아이디어를 포기했다. 대신 그는 다음에 다시 서울로 여행하게 되면 그 호텔의 비밀을 알아내기로 마음먹었다. 마침내 다시 서울 롯데호텔을 찾았다. 프런트 직원은 다시 또 그를 알아보고 따뜻하게 맞아주었다. 그는 조심스레 물었다.

"제가 다시 방문했다는 사실을 어떻게 아시는지 물어봐도 되겠습니까?"

직원의 대답은 놀랄 만큼 단순했다. 호텔에서 택시 기사와 거래를 하고 있다는 것이다. 공항에서 목적지 호텔까지 오는 도중에 택시 기사는 승객과 이런저런 이야기를 나누면서 지나가는 말로 예전에 그 호텔에 묵은 적이 있는지 묻는다고 했다.

"만일 손님이 예전에 저희 호텔을 이용하신 적이 있으면 택시 기사가 손님의 짐을 데스크 오른쪽에 놓고, 처음 이용하시면 데스크 왼쪽에 놓습니다. 이런 서비스를 제공하는 대가로 우리는 택시 기사에게 손님 한 분당 1달러를 지급합니다."

손님이 과거에 묵은 적이 있는지 확인하기 위해 카메라가 장착된 값비싼 컴퓨터 장비를 마련하는 대신, 이 호텔은 고객의 동선을 파악해서 재구매를 유도했다.

IT 기술의 진화는 판매 촉진에 영향을 미치고 있다. 고객의 구매 이력을 토대로 고객맞춤 프로모션이 가능해지고 있지만 새로운 비즈니스 기회는 빅데이터나 기술력이 아니라 고객에 대한 정성이라는 진리는 변함이 없다.

유통 채널을 선택했다면 지금부터 고객에게 정성을 다하기 위한 구체적인 방법을 검토해 보자.

제 5 장

스마트스토어 상위 노출 전략

1 네이버 스마트스토어로 매출 만들기

"어떻게 매출을 만들어야 하는가?"

이 책을 읽는 분들이 가장 궁금해 하는 부분일 것이다. 네이버는 스마트스토어 상위 노출에 대한 기준으로 신뢰도, 적합도, 인기도를 제시하고 있다. 각 지수를 끌어올리는 세부 항목들은 다음과 같다.

당면한 상황과 판매하고자 하는 아이템에 따라 이 세 가지 항목의 세부 사항은 다르게 적용된다. 매출을 올리는 쇼핑몰을 만들기 위해 무엇이 필요하고 어떤 방법으로 운영하는 것이 효과적일지 지금부터 살펴보자.

1 | 쇼핑몰 이름 정하기

최적화 전략의 최종 목적지는 나만의 브랜드를 구축하는 것이다. 브랜드에는 여러 가지 정의가 있지만, 본인의 제품군을 대표하는 명칭이라는 정의가 가장 쉽

적합도	상품명 길이	상품명 중복단어	상품명 특수기호	불필요한 단어
	카테고리 매칭	단일 종류 상품	제품속성	태그매칭
	바코드정보	모델코드	고해상도 이미지	제조사/브랜드
인기도	판매건수	판매대출	찜수	구매평(텍스트)
	클릭수	구매평(동영상)	구매평(이미지)	
	최신상	체류시간		
신뢰도	상품명 SEO	이미지 SEO	배송만족도	쿠폰
	추가할인	무료배송	상품만족도	
	패널티	스토어최적화		

스마트스토어 상위 노출 로직 로드맵

게 와닿는다. 예를 들면 삼성전자의 스마트폰은 '갤럭시', 삼성전자의 냉장고는 '지펠', 엘지 노트북은 '그램' 등등 하나의 회사에서도 다양한 제품군에 따라 대표적인 명칭이 있으며 이 명칭을 통상 '브랜드'라 부른다. 그러나 브랜드는 이름을 멋지게 짓는다고 만들어지는 것은 아니다. 제품이나 명칭이 소비자들에게 자주 불리고 사용되어 이름값이 올라가면 자연스럽게 만들어지는 것이다. 이름을 짓는다고 모두 브랜드가 되는 것은 아니겠지만 이름을 짓지 않으면 브랜드가 될 기회조차 사라진다는 말이다.

삼성전자에서 만든 스마트폰이 전부 알파벳이 섞인 모델명으로만 구분된다면 어떨까? 기억하기도 어렵고 자신의 제품 정보를 타인에게 전달하기에도 어려울 것이다. 반면 이름이 있으면 소비자들에게 전달하기 쉽다. 그간 삼성전자에서 수많은 스마트폰이 출시되었지만 소비자들은 갤럭시라는 하나의 명칭으로 인식하게 된 것이다.

유명 쇼핑몰 '스타일난다'는 어떤가! 최근 4,000억에 인수된다는 빅뉴스가 있었다. 과연 무엇을 보고 그 금액에 과감한 인수가 이루어졌을까? '스타일난다'라는 이름이 브랜드 가치로 그만큼 인정받았다고 볼 수 있다.

스마트스토어를 시작할 때도 마찬가지다. 가능하면 이름의 방향을 먼저 정하여야 한다. 다양한 분야의 제품을 취급하는 것이 아닌 패션, 액세서리, 식품 등을 전문적으로 다루는 쇼핑몰을 꿈꾼다면 소비자가 계속 찾을 수 있는 나만의 브랜드를 염두에 두고 이름을 정하는 것이 쇼핑몰 최적화의 시작이다. 쇼핑몰 이름을 정하기 위해서는 다음과 같은 요소를 점검하는 것이 효과적이다.

- 쇼핑몰 이름도 검색 결과에 노출된다는 것을 기억하라.
- 숫자나 특수문자는 섞지 말고 이해하기 쉽게 만든다.
- 소비자가 검색해서 들어오기 쉽게 한글 명칭을 사용한다.

소비자가 '백화점 강아지 카시트'로 검색한다고 가정해 보자. 오른쪽 그림과 같은 상품이 검색되었다. 해당 제품은 좌측의 상품명이나 태그에 '백화점'이라는 단어가 없고 우측의 스토어명에만 '백화점'이 들어있다. 그러나 검색에는 노출이 된다. 이는 스토어명 '강아지백화점'이 검색 결과에 포함된다는 뜻이다.

쇼핑몰 이름은 브랜드를 만들 듯 거창할 필요는 없다. 브랜드(brand)의 어원은 앵글로색슨족이 인두를 달구어 자기 소유의 가축에 낙인을 찍었다는 데서 유래했다. 소비자가 검색할 경우 필요한 단어를 스토어명에 넣기 위한 나만의 낙인을 준비하는 느낌으로 이름을 만들어 보자. 전문몰을 준비하는 사장님이라면 자신의 쇼핑몰로 연결되는 지명도를 획득할 수 있는 장점을 가지고 있으니 꼭 한번 관심을 가져보기 바란다. 성공의 포인트는 디테일에 달렸음을 잊지 말자.

상품 검색 시 쇼핑몰 이름과의 연관 검색

2 | 제품에 대한 경쟁력을 확보하라

스마트스토어에서 살아남기 위해서는 신뢰와 가격 경쟁력에서 우위를 차지해야만 한다. 스마트스토어를 방문하는 고객 대부분은 단돈 100원이라도 저렴한 곳에서 구매하기 위해 방문하기 때문이다.

'키보드'를 구매할 경우 고객은 방문한 스마트스토어에서 같은 제품군의 가격을 우선 살펴본 뒤 오른쪽에 있는 판매자의 신뢰도를 확인한다. 그리고 무수히 많은 가격군에서 '파워딜러'나 '서비스우수딜러'로 지정된 판매자에게 구매하는 성향이 있다. 여기에서 오픈마켓의 성공 비결을 발견할 수 있다.

오픈마켓에서는 흔히 치고 빠지는 마케팅을 한다. 유행을 탈 것 같은 제품을 예측한 뒤 중국과 같이 저렴하게 제품을 매입할 수 있는 곳에서 대량 구매한다. 그리고 해당 제품을 판매하기 위해서 후발 업체가 제품을 매입하는 기간, 약 15~30일 정도 전에 이익을 내고 후발 업체가 따라오는 시점에서는 가격을 최저로 판매하는 것이 일반적인 수익구조 패턴이다. 직접 생산한 제품을 오픈마켓에 올리거나 남들이 판매하기 전에 상품을 유통시키는 경로로 생각하고 접근하면 성공할 수 있다.

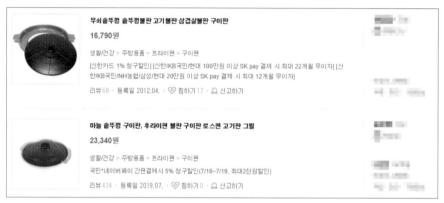

솥뚜껑불판의 가격 형성대

위의 그림은 솥뚜껑불판에 대한 가격 형성대를 보여준다. 실제 형성된 판매 가격은 23,340원인데 최저 가격이 16,790원이다. 도매 시장에서 대량 구매하여 이익을 거둔 뒤 오픈마켓에서 최저 가격으로 공급하여 많은 고객으로부터 주문을 받는 것이다. 제품을 대량 구매하여 싸게 공급하는 방법이지만 재고 부담이 크기 때문에 신중히 결정해야 한다.

3 | 가격 경쟁 필요 없는 자신만의 제품을 만들자

제품에서 가격 경쟁력을 확보하기 힘들다면 특별한 컨셉을 도입한 제품을 판매하는 방법을 찾아보아야 한다. 즉, 가격을 비교할 수 없는 제품을 만드는 것이다. 하지만 해당 컨셉의 제품이 인기를 얻기 시작하면 곧 유사품이 나오기 때문에 새로운 제품을 꾸준히 발굴하는 것이 관건이다.

다음 그림은 자신만의 제품을 만든 사례다. 유행하는 다이어트 관련 원재료들에 전혀 다른 두 가지 의미를 부여했다. 지방의 생성을 억제한다는 의미에서 '커팅'이라는 단어를 썼고 지방을 분해한다는 의미에서 '버닝'이라는 단어를 추가했다. 지방을 자르고 태운다는 의미로 컨셉을 차별화했다. 타깃 소비자들에게 새로운 의미로 접근한 것이다. 이처럼 자신만의 가치를 '브랜드'로 만듦으로써 가격이 아닌 다른 방향으로 소비자들에게 어필하는 기회를 창출하는 것이다.

커팅과 버닝을 동시에 한다는 특별한 컨셉으로 가격 비교가 불가능한 제품이 된 사례

4 | 빠른 시간에 판매 등급을 올리자

등급에 관심을 갖는 이유는 같은 물건을 올려도 등급이 높은 판매자가 검색 결과에서 먼저 노출되기 때문이다. 스마트스토어에서 등급을 올릴 수 있는 조건은 다음과 같다. 판매 실적은 입금자 수와 입금액을 기준으로 한다. 등급을 올리려면 이와 같은 기준을 생각해 두어야 한다.

■ 스마트스토어

등급명	필수조건	
	판매건수	판매금액 (최근 3개월)
프리미엄	2000건 이상	6억 원 이상
빅파워	500건 이상	4천만 원 이상
파워	300건 이상	800만 원 이상
새싹	100건 이상	200만 원 이상
씨앗	100건 미만	200만원 미만

■ 오픈마켓

등급명	필수조건		
	판매금액 (전 분기 매출 실적)	평가 받은 건수	판매 만족도
1등급	최소 두 달간 월 1천만 원 이상	100회 이상	90% 이상
2등급	최소 두 달간 월 200만 원 이상	100회 이상	90% 이상

스마트스토어와 오픈마켓의 등급 조건

초기 스마트스토어에서 성과를 내려고 하는 사업자라면 정형화되고 반품이 거의 없는 제품을 대량 매입해서 판매하는 것이 효과적이다. 예를 들어, 의류는 사이즈나 색상 등이 마음에 안 들어 반품하는 경우가 많지만, 냄비나 그릇과 같이 정형화된 제품은 반품 확률이 거의 없다. 따라서 이런 제품을 고르는 것이 유리하다.

또한 판매 실적에 결정적으로 영향을 미치는 매출 목표를 달성하기 위해서 매입 가격은 2만원 전후가 좋다. 마진과 가격을 생각했을 때 사람들이 가격 부담을 크게 느끼지 않고 높은 판매율을 보장해 주는 가격대이기 때문이다.

판매하려는 제품이 대중에게 인기 있는 분야라면 빠르게 파는 방법도 있다. 1,000~5,000원 사이에서 가격을 낮춰 최저 가격으로 올려놓는 것이다. 동일 분야 최저 가격에 맞출 수 있다면 100개라는 수치는 하루에도 판매할 수 있는 수량이다. 제품 가격을 낮춰서 생기는 손해는 월 50만원씩 투자하는 마케팅 비용으로 생각하고, 이를 통해서 파워 등급이 된다면 최종적으로는 그 이상의 효과를 얻을 수 있다.

스마트스토어의 검색 결과에서 상위에 노출되는 정도에 따라서 상품을 하루 1,000개 판매할지 10개 판매할지 결정된다는 사실을 꼭 기억하라.

2 우선순위 노출 카테고리 공략법

스마트스토어 상품 등록의 기본은 카테고리다. 일반적으로 오픈마켓에서 카테고리는 제품을 찾기 쉽게 하기 위해 분류를 해서 고객들에게 보여주는 기능을 한다. 그러나 네이버는 검색 최적화에도 카테고리를 활용한다.

'솥뚜껑불판'을 판매한다고 가정해 보자. 솥뚜껑불판은 '생활/건강〉주방용품〉냄비/솥〉돌솥'이나 '스포츠/레저〉캠핑〉취사용품〉바비큐그릴'에 등록할 수 있다. 또는 '생활/건강〉주방용품〉프라이팬〉구이팬'에도 등록 가능하다.

솥뚜껑불판을 그냥 '돌솥'으로 등록할 것인지 바비큐그릴이나 구이팬으로 등록할 것인지는 제품의 성격을 어떻게 정의 내리느냐에 관련된 문제이다. 성격에 따라서 경쟁해야 하는 경쟁자가 달라진다. 다시 말해 솥뚜껑불판을 냄비/솥 판매자와 경쟁할 것인지 취사용품 판매자와 경쟁할 것인지, 혹은 프라이팬 판매자와 경쟁할 것인지에 대한 문제다.

1 | 가장 적합한 카테고리 하나만 찾아라

지금부터 네이버가 중요하게 생각하는 카테고리를 살펴보고 이에 맞춰 상품 등록을 하는 방법을 살펴보자.

오른쪽 그림과 같이 네이버 쇼핑 화면에서 왼쪽의 카테고리 메뉴를 선택하면 하위 카테고리가 나타난다. 카테고리는 크게 '대분류〉중분류〉소분류'로 나누어진다. 앞서 살펴본 솥뚜껑불판처럼 '생활/건강〉주방용품〉냄비/솥〉돌솥', '스포츠/

네이버쇼핑은 대분류, 중분류, 소분류로 나눈다.

레저〉캠핑〉취사용품〉바비큐그릴' 또는 '생활/건강〉주방용품〉프라이팬〉구이팬' 등 등록이 가능한 카테고리가 여러 가지 존재하는 경우가 있다. 하지만 스마트스토어를 활용해서 상품을 등록할 때는 네이버의 검색 엔진 정책에 부합하는 하나의 카테고리를 선택하는 것이 중요하다.

이는 빠르고 정확한 쇼핑 검색 결과를 확보하려는 네이버의 노력 때문이다. 따라서 여러 카테고리에 등록하는 것은 네이버의 정책에 부합하지 않는다. 심지어 동일한 솥뚜껑불판을 위의 세 가지 카테고리에 모두 등록하는 경우는 서비스 품질 저하 행동(도배)으로 판단하여 판매 활동 중지 등 제재를 가하고 있다.

따라서 어떤 카테고리에 등록하는 것이 네이버 검색 엔진의 정확도에 부합할지를 고민해야 한다. 말하자면 '솥뚜껑불판'을 판매하는 사람들이 가장 많이 선택한 카테고리를 선택하는 것이다. 정확한 카테고리를 찾기 위해서는 먼저 제품과 관련한 키워드를 검색해 본다. 그리고 네이버쇼핑 영역에 상위 노출되고 있는 제품의 등록된 카테고리를 확인한다.

이제 네이버쇼핑 영역에서 '솥뚜껑불판'을 검색해 보자. 검색 결과 아래를 보면 '솥뚜껑불판'은 '생활/건강', '스포츠/레저', '디지털가전', '가구/인테리어', '출산/

네이버쇼핑의 '솥뚜껑불판' 검색 결과

육아' 등에 등록이 가능하다. 또한 검색 결과를 보면 '생활/건강〉주방용품〉프라이팬〉구이팬' 카테고리에 등록된 상품이 맨 위에 노출되는 것을 확인할 수 있다. 등록 가능한 카테고리는 많지만 그중에서 네이버 검색 엔진이 가장 우선순위를 두고 있는 카테고리가 가장 앞에 노출되는 것이다. 솥뚜껑불판이라는 제품에 대해서 네이버 검색 엔진은 '생활/건강〉주방용품〉프라이팬〉구이팬'을 정확한 카테고리로 평가한다는 뜻이다.

2 │ 소분류를 연관 검색어처럼 활용하라

가격 비교 사이트에서 검색하면 함께 구매할 수 있는 제품들이 나온다. 온라인 서점에서 책을 검색하면 'OOO님이 좋아할 만한 책', 혹은 '이 책을 구매한 사람들이 추가로 구매한 책' 등 연결된 제품을 추천하는 경우도 있다.

반면 네이버에는 워낙에 많은 제품이 등록되다 보니 소비자가 검색한 제품만 보여 줘야 할 필요성이 생겼다. 네이버는 여러 개의 상품을 하나로 묶어서 등록하면 일종의 스팸으로 인식한다. 카테고리의 소분류 또는 세분류에 등록해서 정확성을 높여야 한다. 이를 위해서는 같은 제품이 크기나 용도에 따라 미니솥, 통솥 등 2가지라면 각각 단품으로 등록하는 것이 좋다.

3 | 동일한 키워드로 여러 제품을 등록하는 것은 피하라

스마트스토어를 시작할 때 반드시 알아야 할 개념이 '중복 키워드'다. 네이버 검색은 특정 업체의 독점 노출을 막기 위해 키워드 중복 노출이 99.9% 막혀 있다.

예를 들어보자. '가평 펜션'이라는 키워드로 노출이 되어 있는 블로그는 상당한 방문자를 끌어들일 수 있다. 많은 블로거 또는 마케팅 대행사들이 이 키워드에서 상위에 노출되고 싶어 할 것이다. 상위에 노출된 블로그도 마찬가지다. 비슷한 키워드로 계속 포스팅을 하고 싶어진다. 하지만 실제로 검색을 해보면 상위 노출된 포스팅들은 중복이 없다. 네이버에서 동일 블로거에게는 중복 노출을 허용하지 않기 때문이다.

네이버쇼핑에서도 중복 키워드는 동일하게 적용된다. 스마트스토어에 제품을 등록하는 경우 상품명에 들어가는 키워드들은 각각 다양하게 들어갈 수 있다. 그러나 전문몰이라면 아무래도 키워드들이 중복될 가능성이 높다.

예를 들면 'AAA 사무용의자'라는 상품명을 가진 제품과 'BBB 사무용의자'라는 상품명을 가진 제품이 있는 경우 고객이 '사무용의자'로 검색했을 때 2개의 상품명에 '사무용의자'라는 키워드가 들어가 있으므로 검색되는 것이 당연하다. 하지만 네이버쇼핑에서는 중복 키워드에 대한 독점을 방지하고자 노출지수가 높은 제품 하나만 상위에 노출이 되고 나머지는 한참 뒤로 밀려서 노출된다. 하나의 쇼핑몰 사업자가 같은 키워드로 2개의 상품을 상위에 노출시키는 것은 거의 불가능하다고 보면 될 것이다.

상품 개수가 적거나 네이버에서 해당 키워드를 상품성 키워드로 분류를 못한 경우, 혹은 극히 예외적인 사항이 있을 수는 있으나 일반적으로는 중복 키워드의 노출은 불가능하다.

"저는 '꽃다발'을 전문으로 하는데 그러면 스토어에서 '꽃다발' 키워드를 하나의 상품밖에 쓰지를 못하나요?"

하나의 키워드가 계속 쓰여야 하는 경우에는 당연히 이런 질문이 가능하다. 해결 방법은 유사 상품들은 중복이 되지 않게끔 상품명과 태그를 세팅하는 것이다. 키워드로 노출시킬 수 있는 범위를 더 넓히는 것이다.

예를 들어 '꽃다발'이라는 키워드를 상품들에 많이 써야 하는 쇼핑몰이 있다. 이 경우는 '생일꽃다발', '졸업식꽃다발' 등 다양한 2차 확장 키워드를 선택하면 된다. '원피스' 전문몰이라면 수많은 상품에는 당연히 '원피스'라는 단어가 들어갈 것이다. 이 경우 '반팔원피스', '시원한원피스', '플라워원피스' 등 다양한 2차 키워드들을 사용하면 중복 키워드를 피할 수 있다.

실제로 일일 방문자가 30명대인 교육생이 계셨다. 스토어를 살펴보니 상품명에 중복 키워드 사용이 지나치게 많았다. 교육을 통해 중복 키워드를 점검해 드렸더니 2주 후 1,000명 이상의 유입자가 들어왔다. 그만큼 중복 키워드는 중요한 부분이다.

이미 순위가 많이 떨어진 제품의 키워드라면 재활용하여 새로운 상품명을 사용하는 것도 좋은 방법이다. 본인이 이미 스마트스토어를 운영하고 있다면 스토어 내의 제품들을 분석하여 현재 어떤 키워드들이 노출이 잘 되고 있는지 전반적인 셀프 진단을 해보자.

3 고객 유입을 늘리는 키워드 공략법

오늘날의 네이버를 만든 대표적인 서비스는 검색 엔진이다. 그 네이버가 만든 것이 스마트스토어다. 스마트스토어를 잘 활용하기 위해서는 네이버검색을 이해할 필요가 있다. 스마트스토어를 이미 시작한 사람들 중 대부분이 이렇게 노출에 관한 의문점을 많이 가질 것이다.

상품을 등록했는데 내 상품은 왜 안 보일까?
내 상품은 도대체 어디에 있는 것일까?
어떻게 해야 상위 노출이 될까?

해답은 바로 '네이버 검색 정책에 맞게 키워드를 설정하라'이다. 소비자와 상품을 연결해 주는 것은 사용자가 입력하는 텍스트이다. 이 텍스트를 검색 엔진은 키워드라 부른다. 키워드를 잘 활용하면 원하는 소비자들에게 우리 제품을 보여줄 수 있다. 상품을 등록할 때 키워드 세팅이 중요한 이유다. 제품이 아무리 좋아도 소비자가 찾지 못한다면 판매

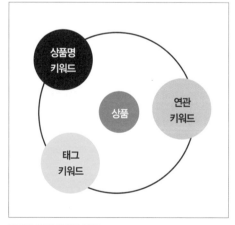

굳건한 유입 키워드 설계

는 기대하기 어렵다. 상품으로 유입하기 위한 키워드는 크게 '상품명 키워드', '연관 키워드' 그리고 '태그 키워드'로 구분할 수 있다.

지금부터 키워드를 내 상품에 적용하는 방법을 살펴보자. 방법을 숙지하고 연습만 꾸준히 한다면 상위 노출은 누구나 가능하다.

1 | 키워드를 조사해 보자

본인의 제품에 어떤 키워드들이 필요한지 먼저 조사하자. 소비자들이 검색하는 키워드들은 무궁무진하다. 하루에도 수천, 수만 개의 검색이 이루어지고 있으며, 그 검색 키워드들은 소비자의 검색 패턴을 이룬다. 그중 본인의 제품에 유입시킬 수 있는 키워드는 수십 개 이상 존재한다. 따라서 그 키워드를 분석하여 적용하여야 한다.

키워드에 대한 조사는 네이버에서 제공해 주는 키워드 도구를 활용하여 분석하는 것이 일반적이다.

네이버광고 검색 결과 화면(https://searchad.naver.com)

네이버광고 메인 화면

네이버 회원이라면 누구나 신규가입과 로그인이 가능하므로 사업자가 아니라도 당황하지 말자. 네이버광고 화면에 로그인했다면 상위 메뉴에서 '도구' → '키워드 도구'를 선택한다. 이 페이지는 스마트스토어 운영자가 가장 많이 보아야 할 화면이다.

네이버광고 키워드 도구 메뉴 선택

키워드 관리 도구는 여러 가지 다양한 메뉴가 많다. 키워드 광고 판매를 위해 만들어졌기 때문이다. 스마트스토어 유입 키워드를 찾기 위해 우리는 필요한 기능만 사용할 것이다.

연관키워드 조회 결과 화면

이 화면에서 '연관키워드'와 '월간검색수'만 쇼핑몰 운영자에게 필요하다. '월평균클릭수', '월평균클릭률' 등 뒤에 나오는 데이터는 네이버쇼핑과는 거의 무관하므로 무시해도 좋다.

키워드 조회 화면

키워드 입력창에 원하는 검색어를 넣어보자. 키워드는 최대 5개까지 입력이 가능하다. 키워드를 많이 입력할수록 다양한 검색 값을 추출할 수 있으므로 보통 3~5개 정도를 동시에 검색하는 것을 추천한다. 여러 개의 키워드에 중복되는 단어가 있다면 필터를 활용하는 것이 효과적이다. 가령 '선풍기'라는 단어를 사용하는 소비자를 공략할 계획이라면 필터에 '선풍기'를 포함해 검색할 키워드의 수를 줄일 수 있다.

앞의 화면을 보면 검색 결과는 연관순으로 나열된다. 판매할 제품이 손으로 들고 다닐 수 있는 휴대용 선풍기라면 소비자가 검색하는 연관 키워드를 다음과 같이 추출해 볼 수 있다.

키워드	월간검색량	경쟁상품 수
휴대용선풍기	117,000건	360,179건
휴대선풍기	1,290건	360,241건
손선풍기	30,450건	303,351건
핸디선풍기	21,710건	127,859건
핸드선풍기	11,090건	303,403건

키워드 비교(월간검색량과 경쟁상품 수는 항상 변동됨)

휴대용선풍기와 연관된 월간검색량은 PC와 모바일을 합친 수치이며, 경쟁상품 수는 네이버쇼핑에 검색되는 상품 수이다. '휴대용선풍기'와 '휴대선풍기'는 약 10배 차이의 검색량 차이가 나는 반면 경쟁상품 수는 거의 같다. 이런 경우에는 '휴대선풍기'는 월간검색량 대비 경쟁상품 수가 너무 많다.

다음으로 '핸디선풍기'와 '핸드선풍기'를 비교해 보자. '핸디선풍기'는 '핸드선풍기'보다 2배 이상 많은 검색량을 가지고 있으나 경쟁상품 수는 절반 이하다. 앞의 사례와 정반대의 차이를 보이는 것이다. 소비자의 검색 트렌드를 일반 셀러들이 파악하지 못한 셈이다. 이런 경우에는 '핸디선풍기'를 키워드로 추천할 수 있다. 키워드는 소비자들의 검색 트렌드를 반영한다. 이런 트렌드를 남보다 더 빨리 분석해서 접근한다면 매출로 직결될 확률이 높아질 것이다.

2 | 키워드를 분석해 보자

키워드 조사를 마쳤다면 그중에서 어떤 키워드를 사용해야 할지 알아보자. 우리의 목표는 가장 많은 검색 키워드에서 1위를 차지하는 것이다. 그렇다면 가장 검색량이 많은 '휴대용선풍기'라는 키워드는 포함이 되어야 할 것이다.

검색 결과로 나온 키워드의 일부분을 정리하면 다음 페이지의 표와 같다. 이 키워드에서 우리가 등록하고자 하는 상품에 사용할 수 있는 키워드를 뽑아내자. 이 중 '휴대용선풍기'라는 키워드만 사용할 경우 과연 36만 개가 넘는 경쟁상품 중에서 우리의 제품이 소비자의 눈에 띌 확률은 얼마나 될까? 이렇게 경쟁이 심한 키워드로는 소비자의 눈에 띌 가능성이 매우 낮을 것이다.

소비자의 눈에 띄려면 경쟁상품 수가 적은 키워드를 사용하는 것이 좋겠다. 상위 노출도 상대적으로 쉬워진다. 별도의 마케팅을 실행하지 않는 한 제품을 소비자에게 판매할 수 있는 방법은 노출이다. 경쟁이 심한 키워드로 우리 제품을 판매하는 것은 한계가 있다.

다음 페이지의 표에서 맨 마지막에 있는 '초미니선풍기'는 월간 검색량이 210건이다. 작으면 작을 수 있는 검색량이지만 경쟁상품 수는 372건이기 때문에 등록했을 경우 소비자에게 노출이 쉽게 될 수 있으며, 소비자에게 소량이라도 판매할 수 있는 확률이 높다. 여기에서 유의할 것은 '초미니선풍기'로만 노출시키지 않는다는 사실이다. 다양한 키워드로 노출시킬 수 있는 방법이 존재하며 그 방법

순위	키워드	월간검색량	경쟁상품 수	순위	키워드	월간검색량	경쟁상품 수
1	선풍기	345,900	1,001,328	25	미니손선풍기	610	135,085
2	휴대용선풍기	117,000	360,179	26	토네이도선풍기	530	5,798
3	선풍기추천	44,250	1,001,514	27	충전용선풍기	530	1,616
4	손선풍기	30,450	303,351	28	핸드형선풍기	520	1,831
5	핸디선풍기	21,710	127,859	29	건전지선풍기	510	7,509
6	휴대용미니선풍기	12,670	167,442	30	휴대용선풍기비교	460	360,241
7	핸드선풍기	11,090	303,403	31	저소음휴대용선풍기	460	12,350
8	핸디형선풍기	5,120	68,857	32	LED미니선풍기	450	39,325
9	예쁜선풍기	3,320	1,001,514	33	LED휴대용선풍기	430	65,599
10	LED선풍기	3,220	95,232	34	핸드선풍기추천	420	303,403
11	휴대용선풍기추천	2,700	360,241	35	휴대용미니선풍기 추천	410	167,442
12	손선풍기추천	2,390	303,403	36	휴대용무선선풍기	410	12,775
13	충전식선풍기	2,230	82,489	37	판촉물선풍기	390	9,428
14	클립선풍기	2,070	14,973	38	어린이선풍기	280	5,113
15	목걸이형선풍기	1,910	6,585	39	LED손선풍기	260	62,546
16	핸디선풍기추천	1,540	127,875	40	휴대용선풍기목걸이	250	12,759
17	충전선풍기	1,410	98,953	41	미니휴대용선풍기	240	167,442
18	휴대선풍기	1,290	360,241	42	곰돌이선풍기	240	6,492
19	접이식선풍기	1,100	26,881	43	선풍기제작	240	5,876
20	캐릭터선풍기	970	20,528	44	휴대용목걸이선풍기	220	12,759
21	수동선풍기	760	8,801	45	캐릭터휴대용선풍기	210	16,929
22	무선미니선풍기	720	6,993	46	목걸이휴대용선풍기	210	12,759
23	보조배터리선풍기	670	7,298	47	휴대용선풍기도매	210	6,320
24	선풍기종류	620	1,001,514	48	초미니선풍기	210	372

검색 결과로 나온 키워드

은 다음에 나오는 '상품명 구성 방법'에서 소개하도록 하겠다.

절대 본인이 생각하는 대로 상품명을 선정하지 말아라. 판매 가능성이 높은 키워드들로 구매를 유도해야 한다.

3 | 카테고리 적합성 체크

네이버쇼핑은 다양한 방법으로 상품을 노출한다. 노출의 기본은 검색 결과에 맞는 상품들을 보여주는 것이다. 검색 결과에 맞는 상품을 보여주기 위해 키워드 못지않게 중요한 것이 카테고리다. 카테고리 적합성이 제대로 이루어지지 않으면 등록한 제품은 저 멀리 수십 페이지 뒤에 자리 잡을 수 있다. 반면 제대로만 맞는다면 상위 노출이 될 가능성도 있다. 앞에서 상품 등록을 하면서 카테고리에 대해 이해는 했다. 이번에는 '키워드' 중심으로 카테고리를 좀 더 깊이 알아보자.

'규조토발매트'로 검색한 네이버쇼핑 화면을 한번 보자. 첫 번째 노출된 제품의 카테고리는 '가구/인테리어〉카페트/러그〉발매트'이다. 해당 페이지를 직접 검색해 보면 대부분의 제품들은 해당 카테고리의 정보가 나타난다.

'규조토발매트' 검색 화면

'규조토발매트'라는 키워드는 해당 카테고리에 적합한 제품으로 등록되었음을 알 수 있다. 다음 예를 보자.

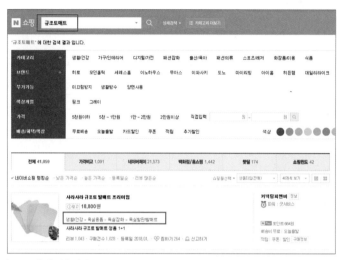

'규조토매트' 검색 화면

첫 번째는 '규조토발매트'로 두 번째는 '규조토매트'로 검색했다. 단지 '발'자 하나 뺐을 뿐인데 서로 다른 검색 결과가 나타난다. '발'자를 뺀 '규조토매트'는 '규조토발매트'와 다르게 '생활/건강〉욕실용품〉욕실잡화〉욕실발판/발매트' 카테고리에 속해 있는 제품들이 전부 보인다.

대부분의 상품 키워드들은 각각의 카테고리가 이미 정해져 있다는 것을 알 수 있다. 따라서 단지 이 부분을 활용하는 것이 관건이다. 전혀 다른 카테고리에 위치한 키워드라면 제외해야 한다.

4 | 상품명 구성 방법

위의 '규조토매트'를 중심으로 상품명을 간략히 구성해 보자. 같은 카테고리의 검색 키워드 중에 사용할 수 있는 키워드는 다음과 같다.

키워드	월간검색량	경쟁상품 수
욕실매트	12,560	555,044
화장실매트	6,070	139,445
구조토발매트	1,790	108
규조토욕실매트	1,660	24,582
규조토매트	1,600	41,116
규토발매트	1,030	163

'규조토매트'의 검색량

검색량과 경쟁상품 수를 분석해 보니 상품명에 모두 사용이 가능한 키워드들이다. 해당 키워드들에서 모두 노출시킬 수 있는 형태로 상품명을 만들어 보면 다음과 같다.

규조토 규토 화장실 욕실 매트 발매트

이 상품명은 소비자들이 검색할 가능성이 높은 키워드들의 조합이다. '규조토', '규조토매트', '규조토발매트' 등 원하는 형태로 조합되어 노출된다.

경쟁이 심한 분야 중의 하나인 여성의류 분야의 키워드를 살펴보자. 경쟁이 심하지만 유행 또한 민감하여 여성의류 쪽에 적용할 만한 키워드들이 무궁무진하다. 단순하게 검색을 해보아도 수많은 키워드들이 넘쳐나고 있다. 어렵게 보이지만 기회가 될 수도 있다는 말이다. 가장 많이 검색하는 키워드인 '원피스'를 살펴보자.

키워드	월간검색량	경쟁상품 수
원피스	525,000	13,630,979
린넨원피스	145,000	369,523
하객원피스	97,900	428,439
6월하객원피스	7,700	493
하늘색원피스	5,790	2,228
5월하객원피스	4,920	779
스프라이트원피스	2,590	2,464

'원피스'의 검색량

'원피스'로 검색되는 상품 수가 어마어마하다. 월 52만5,000건의 검색량을 가졌으며, 1천300만 건 이상의 상품들이 쏟아져 나온다. 여기에서 등록하자마자 1페이지에 진입한다면 스마트스토어 할 만하다는 얘기가 나올 것이다. 하지만 이상과 현실은 다른 법이다. 우리는 약간의 작전을 펼치기로 하자.

'6월하객원피스'는 7천700건의 검색량을 가졌다. 나름 판매량을 받쳐 줄 수 있는 키워드로 판단되며 경쟁상품 수 또한 작다. 해당 조사 자료를 기반으로 상품명을 만든다면 아래와 같을 것이다.

5월 6월 하늘색 스프라이트 린넨 하객 원피스

이 상품명을 만들어서 유입시키는 키워드는 첫 번째로 '6월하객원피스', '5월하객원피스'가 될 것이다. 경쟁상품들이 적기 때문에 이 정도 경쟁률이면 등록하자마자 1페이지 상위 노출이 가능하다. 상품의 경쟁력만 갖추면 꽤 많은 판매량을 올릴 수 있는 키워드가 만들어진 셈이다.

4 고객의 마음을 사로잡는 대표 이미지 공략법

검색 결과의 편리성과 정확성을 높이기 위해 최근에는 이미지에도 인공지능 딥러닝 기술을 도입하고 있다. 딥러닝은 데이터양 자체가 풍부하며, 높은 확률적 정확성이 요구되는 분야에서 가장 활발하게 연구되고 있는데 페이스북의 딥페이스와 구글의 딥드림이 대표적이다.

페이스북에는 친구의 사진을 올렸을 때 자동으로 얼굴을 인식해 태그를 달아주는 얼굴 인식 알고리즘인 '딥페이스(Deep Face)' 기술을 적용하고 있다. 이용자가 올린 이미지의 얼굴 측면만 봐도 어떤 이용자인지 판별해낼 수 있다. 인식 정

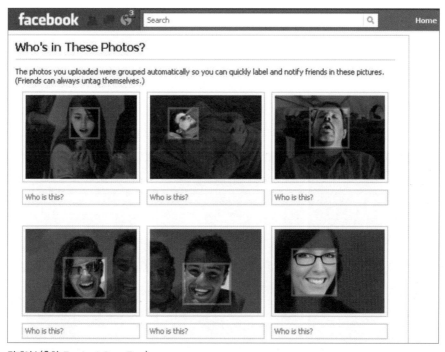

딥페이스(출처: Facebook Deep Face)

확도는 97.25%로 인간의 눈 인식 정확도인 97.53%와 거의 차이가 없을 정도인 것으로 알려져 있다.

지금까지 예술은 인간만이 할 수 있는 분야라고 생각했다면 구글에서 개발한 인공지능 화가 '딥드림(Deep Dream)'의 작품을 보면 생각이 달라질 것이다. 다음 페이지에 소개된 구글 딥드림 이미지를 보라. 이름에 걸맞게 깊은 꿈 속, 완전한 무의식의 세계에서나 나올 법한 환상적이고 초현실적인 분위기를 그려낸다.

이미지 생성은 원래부터 구성되어 있던 사진과 그림을 토대로 이뤄지며, 이 과정에서 딥드림은 자신이 원래 의도된 이미지의 형태만을 과장하고, 그 외의 요소는 무시해서 이미지를 왜곡해낸다. 더불어 아무런 의미도 없는 노이즈 이미지에 반복적으로 절차를 시행해 이미지를 생성해낼 수도 있다. 구글은 이를 두고 '딥드림은 인공지능이 예술 영역에까지 깊이 영향을 줄 수 있는 혁신이다.'라고 설명한다.

이런 딥러닝 기술에 네이버도 계속된 투자와 개발을 하고 있으며 네이버쇼핑에도 적용되고 있다. 대표 이미지(대표섬네일)에 사용된 네이버의 기술을 살펴보자.

구글 딥드림(출처: Google Deep Dream)

1 | 검색 후 유입이 절실하다

앞에서 소비자들이 키워드로 여러 상품의 검색 결과에 도달하는 것을 보았다. 그러나 결과에서 이루어지는 클릭이 더 중요하다. 검색 결과에서 과연 소비자는 무엇을 보고 상품을 선택하여 클릭하게 될까?

버스나 지하철, 심지어는 식당이나 카페에서 스마트폰으로 모바일 쇼핑을 하는 사람들이 늘고 있다. 사람들은 과연 어떤 행동 패턴으로 검색과 쇼핑을 반복할까? 일단 검색창에 키워드를 입력한다. 검색 결과가 나오면 '쇼핑더보기'를 눌러 수많은 상품을 살펴본다. 아들의 생일에 선물할 '시계'를 검색하거나 휴가철에 입을 '꽃무늬원피스'를 살펴볼 때도 아래를 향해서 빠른 속도로 손가락을 움직인다. 이들이 과연 상품명을 그렇게나 빨리 읽으면서 내려갈 수 있을까? 당연히 이미지만 보면서 내려가는 것이다. 일반적인 소비자의 구매 패턴은 이미지만을 보

순대 검색 화면

면서 본인이 원하는 제품이 나올 때까지 이동한다.

소비자가 원하는 이미지(대표 섬네일)는 음식점으로 보면 간판과 같다. 상권이 형성되어 있는 거리에는 당연히 유동 인구가 많을 것이고 별도의 전단지를 받지 않는 한 소비자들은 간판을 보고 해당 음식점을 방문할 확률이 높다.

네이버쇼핑도 마찬가지다. 대표 이미지가 간판처럼 소비자의 눈에 띄어야 유입률이 높아진다. 그렇다면 소비자의 눈에 띄는 이미지가 되려면 어떤 형태가 좋을까? 가령 '순대'라는 상품을 검색한다고 하자. 순대를 강조한 이미지에서부터 주변 오브제를 활용해 예쁘게 한상을 꾸민 이미지도 존재한다.

이번에는 '강아지 계단'을 검색해 보자. 단순하게 계단만 등장하는 경우도 있지만 실제로 강아지가 계단에 있는 모습을 담은 이미지도 있다.

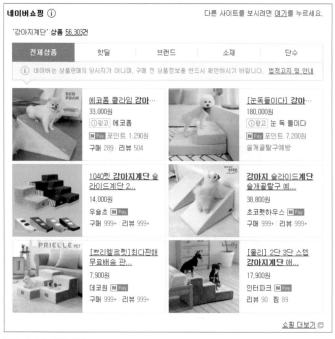

강아지 계단 검색 화면

이 두 검색 결과를 비교해 보자. 종류나 타깃에 따라 차이는 있겠지만 일맥상통하는 흐름이 존재한다. 스마트스토어에서 판매가 잘 이루어지는 제품들은 대부분이 감성적이거나, 재미있거나, 눈에 띄도록 만들어진 이미지이다. 소비자의 눈에 띄는 대표 이미지가 중요하다는 말이다. 눈에 띄어야 선택을 통한 유입이 가능할 것이며 구매로 연결될 확률이 높아진다. 단순한 형태의 대표 이미지가 아닌 소비자의 시선을 끌 수 있는 이미지로 만들어야 한다.

2 | 가격 비교를 피하고 중복되지 않는 이미지를 사용하자

자신만의 유일한 상품이 아니라면 네이버는 딥러닝 기술로 대표 이미지를 분석하여 가격 비교로 묶어버린다. 가격 비교에 묶이면 어떤 문제가 생길까를 생각해 보자.

첫 번째는 최저가가 아니면 살아남을 수 없다. 최저가를 구매하는 것이 고객의 생리이기 때문이다. 두 번째는 다양한 키워드 검색 유입을 만들 수가 없다. 가격 비교에 묶이면 그 가격 비교 제품의 검색 키워드에만 한정이 되기 때문에 매출은 급감하게 된다.

이를 방지하기 위해 대표 이미지의 중복은 피하는 것이 좋다. 이미지가 중복되면 네이버는 해당 상품의 노출 순위를 하락시키는 경향이 있다. B2B몰에서 가지고 온 제품이라 해도 대표 이미지만큼은 항상 본인만의 독특한 이미지로 재구성해야 한다.

다시 한번 강조하지만 대표 이미지는 소비사가 선택하는 중요한 요소 중 하나이다. 클릭하고 싶어 하는 이미지를 만들 수는 없더라도 최소한 동일한 이미지를 올리는 것은 조심하도록 하자.

제 6 장

스마트스토어 매출 극대화 전략

1 매출을 부르는 상세 페이지 만들기

상품을 등록하고 나면 매출을 올리기 위한 마케팅 고민이 시작된다. 고객들이 내 제품을 보러 들어온다고 해서 제품을 전부 구매하는 것은 아니다. 매출을 일으키는 데에 결정적인 역할을 하는 것이 바로 상세 페이지다.

상세 페이지는 상품을 설명하는 유일한 도구

상세 페이지는 상품에 대한 설명 페이지를 말한다. 상세 페이지 내용에서 제품을 어떻게 설명하는지에 따라 매출이 달라지는 만큼 신경을 많이 써야 한다. 상품을 설명할 수 있는 도구는 글, 사진(이미지), 영상 이렇게 세 가지가 있다. 모바일 사용자의 비율이 점점 높아지고 있는 추세에 발맞추어 최근 네이버 스마트스토어 상세 페이지는 블로그의 글쓰기에 사용되는 스마트에디터가 적용되었다. 네이버 검색 광고에서 키워드별 PC와 모바일 검색량을 비교한 데이터를 보면 대부분의 키워드가 모바일에서 더 많은 것으로 확인된다. 이에 따라 모바일에서 잘 보이도록 상품에 대한 정보를 처리하는 것이 필요하다. 블로그를 운영해 본 판매자라면 쉽게 이해할 수 있을 것이다. 스마트스토어에 상품을 등록하는 매뉴얼 역시 블로그에 글 올리는 매뉴얼과 동일하다. 디자인은 모바일에 기준을 두어야 한다는 사실을 꼭 기억하자.

고객에게 신뢰감을 주어라

온라인 거래는 판매자와 구매자가 서로 얼굴을 마주 보지 않은 상태에서 거래가 이루어진다. 직접 상품을 구매하는 오프라인 거래에서는 구매자가 상품의 실물을 눈으로 확인하고, 손으로 만져 보고, 종업원과 대화를 나누는 등의 과정에서 자연스럽게 신뢰가 쌓인다. 정확하게는 눈앞에 진열된 상품을 골라서 결제만 하면 바로 가져갈 수 있으므로 특별한 신뢰가 필요하지 않다. 온라인은 다르다. 실물이 눈앞에 있지도 않고, 판매자와 얼굴을 마주 하지도 않은 상태에서 오로지 화면에 나오는 사진이나 동영상, 텍스트 등의 자료만 보고 구매 여부를 결정해야 한다. 상호 간의 신뢰가 전혀 쌓여 있지 않은 상황에서 지갑을 열어야 한다는 말이다. 안전을 중요시 하는 유아용품이나 식품 등이 특히 그렇다.

이 경우 고객의 신뢰를 얻을 수만 있다면 구매는 이미 반 이상 이루어진 것이나 다름없다. 온라인 거래에서 고객의 신뢰를 얻는 방법은 무엇일까? 가장 쉽고 좋은 방법은 바로 판매자 자신을 당당하게 드러내는 것이다. 여기서 중요한 점은 판매자가 등장하는 '사진'이 들어가야 한다는 것이다. 사진을 보고 무조건 신뢰감이 생기는 것은 아니겠지만 사진을 보지 않은 상태에서 신뢰감을 주는 것은 불가능에 가깝다. 예쁘고 멋진 모습보다는 고객들을 위해서 열심히 일하는 '진솔한 모습'이 필요하다.

사진이 준비되었다면 고객을 위해서 무엇을 하고 있는지 자연스럽게 써 보자. 멋지고 감동적인 스토리가 필요한 것이 아니다. 사진을 몇 장 찍어 놓고 그 사진을 쭉 나열한 뒤 사진마다 간단히 글을 몇 줄 써 주기만 하면 된다. 고객들은 이런 진솔한 사진과 글을 보면서 판매자를 신뢰하기 시작한다. 그렇게 판매자는 더는 낯선 사람이 아닌 친숙한 사람으로 소비자에게 다가서게 되는 것이다. '친숙한 사람'이 된다는 것은 소비자들이 지갑을 열게 된다는 사실을 의미한다.

셀러마케팅캠퍼스 회원인 '엄마네한우'의 상세 페이지를 보자. 오랜 전통을 내

엄마네한우 상세 페이지

세워 신뢰도가 높고 한우를 구매하려는 소비자가 궁금해 하는 내용을 충분히 담아냈다. 자세한 설명과 믿음을 주는 이미지, 그리고 전통을 강조한 덕분에 '엄마네한우'는 한우 분야에서 당당히 1위를 차지하고 있다.

'한우' 검색 결과 1위에 위치한 엄마네한우(광고 제외)

잘 팔리는 상세 페이지 노하우

오프라인으로 치면 상세 페이지는 매장에서 고객에게 물건을 보여 주고 설명하는 과정이다. 고객에게 어떻게 설명하느냐에 따라 매출에 차이가 생긴다. 온라인에서도 상세 페이지에 상품 설명을 어떻게 해 놓느냐에 따라 매출의 차이가 발생한다. 그러나 소규모 사업자의 경우 현실적으로 취급하는 모든 상품의 상세 페이지에 공을 들이는 것은 불가능에 가깝다. 이러한 경우 인기 있는 상품 20%가 매출의 80%를 차지한다는 파레토의 법칙에 따라 잘 나가는 소수의 주력 상품을 중심으로 먼저 도입해 보자.

1 | 눈에 띄는 헤드 카피를 작성하라

소비자들은 설명을 일일이 읽어보지는 않는다. 사진만 중점적으로 살핀다. 구매율을 조금이라도 높이려면 어떻게든 구매자가 설명을 보게 만들어야 한다. 상품 상세 페이지 상단에 커다랗고 강렬하게 눈에 잘 들어오는 간단한 카피를 배치하면 어떨까? 신문의 헤드라인처럼 말이다. 신문을 대충 훑어보는 사람도 큰 글자로 된 헤드라인은 읽는다. 상세 페이지를 대충 훑어보는 사람이라도 크고 강렬한 색상으로 써놓은 짧은 카피는 자연스럽게 인지하게 된다. 이러한 헤드 카피는 상품의 특징을 요약해서 전달하고 작은 설명까지 읽어 보게 만드는 유인책이 된다.

2 | 생생한 느낌을 전달하라

오프라인 매장에서는 고객들이 직접 상품을 눈으로 보고 손으로 만져 보는 과정에서 자연스럽게 그 상품을 느끼고 구매 여부를 판단한다. 반면에 온라인에서는 오로지 사진과 동영상, 글로만 상품의 특징을 전달해야 한다. 고객들에게 생생한 느낌을 전달하려면 여러 각도에서 제품을 촬영한 사진은 물론이고 제품의 세세한 부분을 클로즈업해서 촬영한 상세 이미지까지 풍부하게 제공하는 것이 좋다. 방문자가 상세한 사진과 설명을 접하게 되면 비로소 구매 여부에 대한 의구심이 확신으로 굳어지게 된다.

의구심이라고 말한 이유는 구매자의 경우 항상 쇼핑 실패에 대한 두려움을 갖고 있기 때문이다. 물건을 실제로 보지 않고 구매하기 때문에 자칫 상품을 잘못 고르거나 엉뚱한 물건을 구매하게 될까봐 경계하는 심리를 가지고 있다.

그런데 성의 있고 자세하게 설명해 놓은 상품이라면 의구심이 확신으로 바뀔 가능성이 높아진다. 상품 설명에 판매자의 정성과 의도가 충분히 반영되도록 친절하고 자세한 설명을 제공한다면 반드시 구매자에게 전달될 것이다. 다음의 상세 페이지를 보자.

헤드 카피와 제품의 특징을 잘 잡아낸 상세 페이지

위의 상세 페이지는 눈에 띄는 헤드 카피와 제품의 특징을 잘 잡아낸 사례다. '고기는 두 번 뒤집을 때 맛있다'는 점을 헤드 카피로 내세워 일반적인 고기 불판과 다른 메시지가 기억되도록 만들었다. 지글지글 끓어오르는 고기를 뒤집는 짧은 연속 GIF 이미지를 삽입하여 고기를 굽는 생생한 느낌을 주었다. 간략한 생동감은 플레이 버튼을 클릭해야 볼 수 있는 동영상보다 이와 같은 짧은 GIF 이미지가 효과적이다. 최근 이슈가 되고 있는 트럼프 대통령과 김정은 위원장의 이미지를 활용하여 시선을 끄는 데 성공했다.

3 | 좋은 상세 페이지의 공통점

좋은 상세 페이지는 제품을 구매해야 하는 이유를 명확하게 제시하는 경우를 말한다. 수많은 판매자 중에서 우리 제품을 선택하는 이유, 같은 상품이 많지만 굳이 우리 스토어에서 구매해야 하는 의사 결정이 상세 페이지에 달려 있다. 상세 페이지는 마케팅 영역과 신뢰 및 판매 영역, 그리고 정보 영역으로 구분할 수 있다. 네이버 데이터에 따르면 인기 블로그는 평균 체류 시간이 약 3분 정도 된다. 그러나 30초 내외로 읽는 초반의 몇 문단이 읽을지 말지를 결정하는 판단 기준이 된다. 상세 페이지도 마찬가지다. 판매자는 '내 제품이 정말 뛰어나다'를 설명하지만, 고객들은 '그 제품이 나에게 무슨 도움이 되고, 어떤 도움을 얼마나 줄 수 있을까'에 더 관심을 갖는다. 그 30초에 해당되는 마케팅 영역에서 제품 특징을 통해 얻게 되는 편익을 강조하기 위해서 다음과 같은 상세 페이지 구성 공식을 생각해 볼 수 있다.

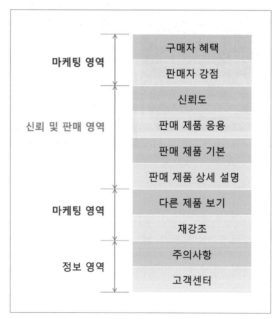

상세 페이지 구성 공식

고객들이 내 상품을 보러 많이 들어왔지만 매출이 일어나지 않는다면 그건 상세 페이지의 내용이 고객을 만족시키지 못했다는 뜻이다. 처음부터 잘 된 경우도 있겠지만 셀러마케팅캠퍼스 회원 중에는 고객들이 선택할 수밖에 없는 이유를 지속해서 보완하면서 고객들의 요구사항을 반영하여 매출을 일으킨 판매자가 더 많다. 구성 공식을 실제 상세 페이지에 대입시켜서 살펴보면 다음 그림과 같다.

상세 페이지 구성 공식이 적용된 사례(1)

상세 페이지 구성 공식이 적용된 사례(2)

　　상세 페이지를 딱 하나로 규정하기는 어렵지만 매출이 잘 일어나는 상세 페이지는 대개 앞의 사례와 같은 구성으로 되어 있다. 소비자들이 보기 편하고 원하는 정보가 가장 안정적으로 담긴 구성이다. 상세 페이지 구성 공식의 내용을 정리해 보면 다음과 같다.

영역	내용	비고
구매자 혜택	· '문제점'이나 '경험'으로 공감대 형성 · 이벤트, 묶음배송 정보 · 사은품이나 혜택성 정보	제품이 아닌 혜택으로 구매자를 설득시켜 구매를 촉진하는 영역이다.
판매자 강점	· 자신의 판매 차별화 포인트 소개 · 구매자를 만족시킬 수 있는 내용 안내	판매자와 판매 제품의 이미지를 구축할 수 있는 가장 중요한 관문이다.
신뢰도	· 공인된 인증서, 승인서, 상장, 트로피 · 언론에 노출된 제품의 소개 또는 이미지 · 판매 제품에 대한 선구매자 후기	제품의 신뢰를 높이는 영역이다.
판매 제품 응용	· 구매를 유발하는 매력적인 이미지 · 응용한 사진, 모델컷, 연출한 사진 등	기본적인 이미지보다 매력적인 응용 이미지를 먼저 배치한다.
판매 제품 기본	· 제품을 신뢰할 수 있는 필수 이미지 · 정면, 반측면, 측면, 윗면, 밑면, 디테일	매력적인 이미지를 보여 주었다면 다음에는 제품의 기본 이미지를 통해 신뢰를 심어야 한다. 이 두 이미지 작업을 통해 소비자는 본인에게 필요한 제품인지 여부를 결정할 수 있다.
판매 제품	· 제품 설명, 사이즈 안내 등을 상세 소개	다양한 종류의 디자인, 색상, 사이즈가 있다면 그것에 대해 간략하게 표현하여 구매자가 원하는 제품을 구매할 수 있도록 배려한다.
상세 설명	· 패션의류나 잡화 등 종류가 다양한 경우 색상이나 종류를 제시	제품 설명과 사이즈를 정확히 표기하여 그에 따른 반품 및 환불이 발생하지 않도록 해야 한다.
다른 제품 보기	· 기획, 세일, 히트 상품 등을 통해 여러 제품을 묶어서 제안	자신의 재고량을 조절하며 히트 상품을 만들어내거나 재고를 처분할 수 있다.
재강조	· 판매 제품 소개 시 전달하고 싶은 내용을 다시 한번 강조 · 다른 제품 보기, 이벤트, 구매자 혜택 영역 다시 강조	판매자가 중점적으로 생각했던 영역을 다시 한번 강조하여 구매를 유도한다.
주의사항/고객센터	· 제품 주의 사항 등	제품에 대한 주의 사항을 상세히 적어 고객 불평 문제를 미연에 방지한다.

상세 페이지 구성 공식 세부 사항

위 표의 구성 공식을 기본으로 하여 필요한 정보는 추가하고 불필요한 정보는 빼는 등의 수정을 통해 주기적으로 업그레이드하는 것이 좋다. 상세 페이지는 방문자가 원하는 정보부터 보여 주는 것이 핵심이다. 세일을 언급하는 것도 효과적이다. 백화점이라면 비싼 곳이라는 인식이 대부분이다. 하지만 정기세일 때면 어김없이 백화점 매출은 껑충 뛰어오른다. 할인의 힘이다. 홈쇼핑에서도 비슷한 현상이 목격되곤 한다. 새로운 제품을 소개하자마자 쇼핑 호스트는 세일을 외치기 시작한다. 처음에 소비자들은 의심의 눈초리로 쳐다 보지만 계속 '할인~', '세일~'이라는 말을 듣다 보면 결제하지 않고는 못 배긴다. 세일은 고전적이자 대표적인 마케팅 기법이다. 소비자의 구매 결정을 이끌어내는 강력한 무기라는 말이다.

네이버쇼핑에 등장하는 수많은 제품들은 상세 페이지 상단에 세일 정보를 알려 주며 소비자를 유혹하고 있다. 그러므로 본인의 제품에 세일 정보를 담아 주는 것이 매우 중요한 요소이다. 매번 세일을 할 수는 없겠지만 구매자의 혜택은 매출로 전환하는 계기가 된다는 사실을 잊지 말고 챙기기 바란다.

2 저작권 없는 무료 이미지 사이트 이용하기

상세 페이지의 품질을 높이기 위해서는 다양한 이미지들이 필요하다. 하지만 저작권 문제가 발생할 수 있어 이미지가 필요할 때는 저작권 없는 무료 이미지 사이트의 이용을 추천한다. 찾아보면 전 세계적으로 저작권 없는 무료 이미지 사이트는 생각보다 많다. 하지만 이미지의 품질과 상업적/개인적 사용 여부가 모두 달라 이를 잘 확인하고 용도에 맞게 사용해야 한다.

1 | 픽사베이(www.pixabay.com)

99만 점의 하이퀄리티 사진들, 일러스트레이션들, 그리고 벡터 그래픽들을 보유하고 있다. 상업적 사용도 무료이며 출처를 밝히고 사용할 필요도 없다.

① 많은 양의 이미지 보유

많은 양의 사진과 이미지 관련 자료들을 보유하고 있는 무료 사진 사이트 중 가장 많이 알려진 곳인 만큼 원하는 키워드의 사진을 정확하게 찾고 고르기 가장 좋은 사이트이다.

② 한글 검색 가능

한글로 검색이 가능하다는 장점이 있어 간단하고 쉽게 사용이 가능하다. 다만 영어로 검색하게 되면 좀 더 정확하고 다양한 사진들을 고를 수 있는 확률이 높아진다.

③ 유료 이미지도 무료로 받아보자

픽사베이의 모든 이미지는 무료로 다운로드할 수 있지만, 상단의 '셔터 스톡' 마크가 있는 이미지는 유료로 다운로드하는 스폰서 영역이다. 만약 매번 '셔터 스톡' 마크가 있는 이미지가 함께 검색되는 것이 신경 쓰인다면 자신이 직접 찍은 이미지를 10장 이상 픽사베이에 업로드할 경우 광고 없이 이미지 검색이 가능하다.

2 | 언스플래시(www.unsplash.com)

고해상도의 사진을 넘어 전 세계적인 최신 감성과 감각을 확인할 수 있는 사이트이다.

① 감각적/트렌디한 이미지

픽사베이가 방대한 양으로 정확도 높은 사진을 찾기에 좋다면 언스플래시는 좀 더 감각적이고 트렌디한 이미지들로 감성을 자극하는 사진들을 고를 수 있다.

② 누구나/모든 곳에 사용 가능

픽사베이도 마찬가지지만 언스플래시 또한 어떤 곳에서든 이미지를 사용할 수 있다. 전 세계의 사람들이 올린 멋진 사진을 컴퓨터나 휴대폰 바탕화면부터 다양한 개인적 공간, 출력물, 상업적 용도로도 원하는 대로 사용할 수 있다.

③ 유용한 관련 키워드/컬렉션

예를 들어 '여성'이란 단어를 검색했을 때 키워드 관련 다른 사진들도 함께 확인할 수 있는데, 내가 찾은 사진 외에도 관련 컬렉션과 키워드들을 한 페이지에서 바로 확인할 수 있어 원하는 사진을 찾는 데 도움을 받을 수 있다.

④ 구독 신청을 해보자

언스플래시 가입 후 사진 구독 신청을 하면 10일마다 고해상도 사진을 받아볼 수 있다. 다양하고 감각적인 사진이 매번 필요한 사람이라면 언스플래시의 구독 신청을 이용해 보는 것을 추천한다.

3 | 픽점보(www.picjumbo.com)

우리나라 사용자들에게 블로그용 사진으로도 잘 알려진 사이트다.

① 실용성 높은 사진

픽점보는 일상생활 속에 활용하기 좋은 실용성 높은 사진들이 많다는 특징이 있다. 정보성 글이나 일상, 감성 글에 사용할만한 다양한 사진들을 찾을 수 있다.

② 편리한 카테고리 분류 기능

픽점보는 키워드 검색 외에도 상단 카테고리 영역에 이미지들이 따로 분류되어 있어 정확한 키워드 검색으로 찾기 어려운 사진들도 카테고리 분류에 따라 적절한 픽을 찾을 수 있다.

③ 원하는 사진을 이메일로 받아 보자

원하는 사진이 없다면 해당 주제의 사진을 신청해서 이메일로 받을 수 있다. 이때 상업적 사용은 가능하지만 저작자 표시를 해야 한다. 또한 프리미엄 서비스를 사용하려면 유료 결제가 필요하다.

4 | 아임프리(www.imcreator.com/free)

사진 뿐 아니라 파워포인트, 발표 자료에 넣기 좋은 비즈니스, 아이콘 관련 자료들이 다양하게 있어 여러 용도로 유용하게 사용하기 좋은 이미지들을 선택할 수 있는 곳이다.

① 다양한 이미지 활용 가능

웹디자인에 활용할 수 있는 디자인 탬플릿 등 전문적인 작업 시에도 저작권 걱정 없이 무료로 이미지들을 사용할 수 있다.

② 편리한 테마별 큐레이팅

테마와 키워드를 아이템으로 편리하게 정리해 누구나 쉽게 원하는 이미지를 찾을 수 있도록 카테고리 구성이 되어 있다.

③ 저작자를 표시하고 사용하자

아임프리 사이트 내 사진, 아이콘 등 모든 이미지는 상업적 사용이 가능하지만 저작자 표시 의무가 있어 출처를 함께 명시해야 한다.

5 | 스플릿샤이어(www.splitshire.com)

다니엘 나네스쿠라는 포토그래퍼가 자신이 직접 찍은 사진과 영상을 무료로 공유하는 사이트이다.

① 이미지/동영상 무료 이용 가능

CNN, 허핑턴포스트, 책과 잡지 표지 등으로 이용될 만큼 퀄리티가 높은 감성 사진과 영상들을 사용할 수 있으며, 상단 카테고리와 메뉴 정리가 잘 되어 있어 분류별 원하는 이미지나 영상을 찾기 쉽다.

② PPT 화면/베스트 포토 활용

스플릿샤이어 상단 메뉴의 'TOP BEST PHOTO'에서는 사진 중 가장 많이 다운되고 있는 베스트 컷을 바로 확인할 수 있다. 'Blur Backgrounds' 메뉴는 업무나 자료 작성 시 PPT 화면 배경으로 사용하기 좋은 이미지들을 찾을 수 있다.

③ 재판매는 금지

스플릿샤이어 속 사진과 영상을 판매하거나 웹상의 다른 곳에서 저장하는 것, 그 외 부적절한 사용을 엄격하게 관리한다. 이러한 사항만 지킨다면 누구나 자유롭게 이용할 수 있다.

3 상품 상세 정보도 검색에 도움을 준다

네이버는 진화하고 있지만 고객들이 원하는 정보를 정확하고 빠르게 처리하기에는 해석해야 할 데이터가 너무 많다. 검색 엔진 기술만으로 원하는 검색 결과를 보여주기에는 정확도에 한계가 있다. 이에 대응하기 위해 네이버는 카테고리와 제목을 우선적으로 검색한다. 판매자는 상품을 등록할 때 제품의 특성에 맞춰 최대한 입력해야 원하는 정보를 고객에게 전달할 수 있다.

다이어트 쉐이크를 등록한다고 가정해 보자. 용량, 제품의 사용법, 주요 성분, 사용기한 또는 개봉 후 사용기간, 제조업자, 제조판매 업자 등이 제품의 특성이다. 반면 가전 제품을 판매한다면 등록해야 하는 내용은 품명, 모델명, KC 인증 및 유무, 정격전압, 소비전력, 에너지소비효율등급 등이 될 것이다. 이렇듯 판매 제품의 특성과 소비자가 원하는 정보가 모두 다르기 때문에 입력해야 하는 내용에 차이가 있다.

다음 페이지 그림은 스마트폰으로 네이버 앱에 들어가 '헬스보충제', '닌텐도스위치', '이어버드'란 키워드를 검색해 나온 결과물이다. '헬스보충제' 관련해서는 브랜드, 식품품질인증, 가격, 혜택/배송 등이, '닌텐도스위치'는 게임기/타이틀, 가격, 혜택/배송, 색상이라는 탭이 나온다. '이어버드'는 제조사, 음향가전종류 등의 탭이 나온다. 각 제품에 따라 사람들이 많이 찾는 항목을 만들어 빠른 검색 결과를 제공하는 것이다.

키워드에 따라 다르게 나타나는 옵션 탭

스마트스토어에서 판매자가 상품을 등록할 때 상품의 소재, 색상 등과 같은 상품의 속성을 상세하게 입력할 수 있도록 상품 속성 등록 기능을 강화하는 이유다. 판매자가 상품에 대한 소재와 색상 정보들을 자세하게 체크하면 고객들 또한 제품을 더 상세하게 검색할 수 있는 검색 탭이 노출된다. 따라서 판매자는 하나하나 항목에 주의를 기울여 등록하는 것도 노출을 끌어올리는 전략이다.

4 네이버가 집중하고 있는 '태그'

네이버쇼핑의 상품 등록 가이드는 상품명을 심플하게 구성하도록 권고하고 있다. 심플하게 구성할수록 그만큼 소비자의 검색을 통한 유입 통로는 줄어들 것이다. 이를 조금이라도 보완해 주기 위한 영역이 '태그'이다.

태그는 총 10개를 입력할 수 있으며 기본적으로 제공하는 부분은 HOT 태그, 감성 태그, 이벤트형 태그, 타깃형 태그의 4가지 태그가 존재하며 카테고리에 따라 약간씩 차이가 있다. 소비자의 검색 의도를 정확히 파악하기 위해 네이버에서는 태그사전을 운영하고, 적합 유무를 체크하는 기능도 제공한다. 상품명에서 미처 담지 못한 키워드들 태그에 넣어 주는 것이 좋다. 입력한 태그 중 일부는 내부 기준에 의해 검색에 노출되지 않을 수 있다고 하니 반드시 네이버 추천 여부를 체크하는 것이 좋다.

태그는 단독으로 검색에 활용할 수 있고 다른 키워드들과 결합하기도 하므로 상품에 따라서 다양한 노출 전략이 가능하다.

셀러마케팅캠퍼스 팁

개인적으로 네이버 추천 태그는 선호하지 않는 편이다. 네이버는 인공지능에 쓰이는 딥러닝 기술의 일종인 '컨볼루션 신경망(Convolutional Neural Network, CNN)'을 활용해서 추천 서비스를 테스트 중이라고 발표했지만, 아직 베타테스트 단계이고 정확성도 높지 않다. 결론적으로 네이버 추천 태그는 소비자들의 선호도를 매치시키는 용도로 만들었지만 활용도가 떨어진다. 넣을 태그가 없을 때만 선택해 주는 것이 좋다. 네이버 추천 태그를 적정 비율로 넣어야 한다거나 10개를 가득 채우면 좋지 않다는 의견도 있지만, 상품과 관련된 태그라면 최대한 활용하는 것이 효과적이다.

제 7 장

관리도 마케팅이다

1 쇼핑몰 판매 관리 노하우

"난 결코 대중을 구원하려고 하지 않는다. 난 다만 한 개인을 바라볼 뿐이다. 난 한 번에 단지 한 사람만을 사랑할 수 있다. 한 번에 단지 한 사람만을 껴안을 수 있다."

전 세계 소외당한 이들을 한평생 사랑한 마더 테레사 수녀가 한 말이다. 한 명의 고객도 만족시키지 못하는 사람은 수백 명의 고객을 놓치는 셈이다. 고객 한 명에게 만족감을 심어 주면 특별한 광고나 홍보를 하지 않아도 수많은 고객을 얻을 기회가 만들어진다. 체계적이고 꼼꼼한 고객 관리야말로 아무리 강조해도 지나치지 않는다.

1 | 배송 관리

배송은 빠르고, 정확하고, 안전한 것이 중요하다. 이런 조건을 만족시키는 배송 업체를 찾는 것이 배송 관리의 첫 번째 조건이다. 또한 배송할 때는 쇼핑몰 운영자의 정성이 담긴 편지나 고객에게 도움이 되는 콘텐츠를 제공해 주어 고객에게 쇼핑몰의 특별함을 어필하는 것이 좋다.

2 | 반품 정책

반품 정책은 제품 구매처의 반품 정책에 맞추어 정하는 것이 좋다. 기본적으로는 운영자가 조금 손해를 보더라도 고객 위주의 반품 정책을 정하는 것이 장기적으로 볼 때 유리하다. 또한 반품에 대한 정책을 명확하게 정하고 쇼핑몰에 명문화하여 고객이 제품을 구매하기 전에 쇼핑몰의 반품 정책을 꼭 확인할 수 있도록 한다.

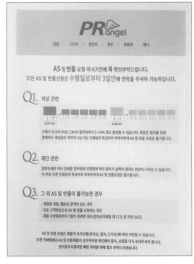

배송 및 반품 안내문

반품과 관련된 내용은 기본적으로 쇼핑몰 이용약관, 이용 안내 페이지, 배송 관련 안내 페이지, 제품 설명 페이지 등에서 설명하는 것이 좋다. 또한 반품이 허용되는 경우와 허용되지 않는 경우, 반품에 따르는 비용 등을 정확히 밝혀야 한다.

포장 관리

3 | 포장 관리

포장은 자신의 쇼핑몰 로고나 특색을 나타내는 자체 포장 박스를 사용하는 것을 원칙으로 한다. 우체국 기준으로 동일한 크기의 박스는 5~600원인 데 비해서 특수 포장 박스는 190원 정도 한다. 단, 1~200개 이상 대량 구매를 해야 하므로 초기 비용을 투자해야 한다. 특수 포장 박스는 처음에는 효과가 나타나지 않지만, 장기간 사용하다 보면 제품을 판매한 쇼핑몰을 기억하는 큰 힘이 된다. 또한 포장 박스를 제작할 때는 포장 방법이나 디자인을 고려해야 한다. 디자인에 따라서 고객의 선호도가 좌우되는 경우가 많기 때문이다.

4 | 사용 후기 꼼꼼하게 관리하기

쇼핑몰 판매자는 누구나 자신의 제품이 가장 좋다고 설명한다. 양치기 소년을 생각해 보라. 늑대가 나타났다고 거짓말을 하다가 마지막에 진짜 늑대가 나타났을 때 또 거짓말인 줄 알고 아무도 도와주지 않지 않았는가. 쇼핑몰마다 좋은 이야기만 써 놓았기 때문에 고객은 모두 그 말이 그 말처럼 들린다. 고객은 자신과 똑같은 상황에 놓여 있는 다른 사람이 구매해서 사용해 보고 올려 놓은 글을 중요한 평가 자료로 삼아 구매 결정을 하는 이유다. 쇼핑몰의 형태가 아무리 다양해져도 사용 후기는 여전히 최고의 홍보 수단이다.

5 | 사용 후기를 쓰는 고객을 우대하라

사용 후기를 쓰는 고객에게는 포인트를 주고, 2회 연속해서 쓰는 경우에는 선물로 상품권을 주는 등 고객에게 이익을 주는 이벤트를 정기적으로 하면 쇼핑몰을 활성화하는 데 큰 도움이 된다. 누군가 관심을 가져줘야 후기를 쓰는 보람을 느낀다. 후기는 무엇보다도 고객의 마음을 움직일 수 있는 강력한 무기다. 고객은 다른 사람들의 사용 후기에 대한 평가나 관심도가 높을 때 제품에 대한 신뢰감을 갖는다. 후기에 '좋아요'를 누를 수 있는 기능을 활용하는 것도 효과적이다. 그렇게 만들어진 후기는 훌륭한 영업 사원이라 할 수 있으므로 고객이 가장 잘 볼 수 있는 곳에 있어야 효과를 볼 수 있다.

스마트스토어에는 후기를 잘 보이게 할 수 있다.

2. 스마트스토어에서 실제 판매 방법

　스마트스토어의 판매자 관리 화면은 매우 직관적이다. 상품관리, 판매관리, 정산관리, 문의관리가 일반적으로 많이 사용되는 메뉴이며 실제 판매를 시작하면 메인 페이지를 클릭하면서 운영해도 어려움이 없을 것이다. 다만 상품 등록

후 수정이 불가능한 항목이 있으니 유의하면서 등록하자.

| 상품 등록 후 수정 불가능 항목 |

- 모델명 찾기를 통해 설정한 경우(단. 직접 입력한 경우는 가능)
- 모델명 찾기를 통해 카테고리가 자동 설정된 경우
- 등록한 카테고리가 아닌 다른 카테고리로 변경하고자 하는 경우
- 결제 수단이 제한되는 카테고리에서 일반 카테고리로 변경하고자 하는 경우
- 변경하려는 카테고리가 등록 권한이 필요한 경우

하루 주문이 10건 미만인 경우라면 수작업으로도 판매 관리가 가능하지만 10개 이상일 경우 엑셀로 업로드하는 방식에 숙달될 필요가 있다. 주문번호와 송장번호를 일치시키는 연습을 통해 대량주문 건 처리 방식에 적응해 보자. 교환·반품의 경우는 모든 판매 채널의 누적 내역을 관리할 수 없기 때문에 별도의 엑셀로 관리해야 한다.

신규 주문 및 배송 준비 주문 건에 대한 발송 처리의 기본적인 프로세스는 '발주확인〉송장입력〉발송처리〉정산'이다. 배송이 진행되기 전에 취소가 들어오면 주문을 취소시킨다. 배송이 진행된 이후 정산이 되기 전에 교환이나 반품이 들어

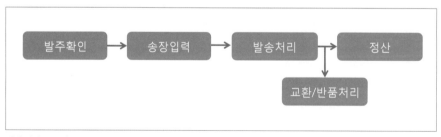

판매 관리 프로세스

오면 해당 처리를 한다. 취소나 반품이 없다면 배송을 하고 발송 프로세스는 마무리 된다.

① 스마트스토어센터 메인화면 좌측의 '판매관리' → '발주/발송 관리' 메뉴를 클릭한다.

② 신규로 접수된 주문 건에 대해 다음 그림과 같이 목록으로 표현되고 그 아래 영역에 있는 주문확인, 발송처리, 취소처리에 있는 항목들을 클릭하여 선택한 주문 건을 처리할 수 있다.

주문 관리

먼저 신규 주문을 확인했다면 상품목록 좌측의 신규주문 상품 체크 박스를 선택하고 주문 확인의 '발주확인' 버튼을 클릭한다.

③ 배송준비로 연계된 상품들을 클릭하고 엑셀로 다운로드하여 업체별 양식에 맞게 가공한 후 상단에 있는 '송장정보 일괄입력'에 '택배, 등기, 소포'를 선택 후 택배사를 선택한다.

발주/발송 관리

④ 송장번호 입력란에 출력한 송장번호를 기재해 준다.

⑤ 검색 결과 내역 아래 영역에서 발송처리의 '선택건 발송처리' 버튼을 클릭하여 배송중 상태로 넘긴다. 만약 배송처리 할 건수가 많을 경우 발송처리의 '엑셀 일괄배송'을 클릭하여 엑셀 양식을 다운로드한 후 아래 필드 값을 기재하면 된다. 주의해야 하는 부분은 주문번호가 합포장일 경우에도 다른 번호로 출력되니 일괄해서 기재하지 않도록 작성하는 것이 중요하다.

⑥ 송장기재를 완료하고 '선택건 발송처리' 버튼을 클릭하면 알림창이 활성화되면서 발송처리 진행 여부를 확인한다. '확인' 버튼을 클릭하고 완료한다.

셀러마케팅캠퍼스 팁 ▬▬▬▬▬▬▬▬▬▬▬

택배사의 송장 양식

택배사마다 송장 관리 프로그램이 다르기 때문에 다운로드한 엑셀 파일의 항목은 삭제, 이동 등을 통해 업체의 양식에 맞게 재가공해야 한다.

⑦ 발송하기 전 품절로 인해 주문취소를 해야 할 경우 해당 건을 클릭하고 취소처리의 '선택건 판매취소' 버튼을 클릭하여 주문을 취소할 수 있다. 하지만 해당 주문을 취소할 때 주의해야 할 점이 있는데 취소 사유에 '상품품절로 인함'을 클릭 시 페널티 1점을 부여받게 된다. 페널티 10점을 받게 되면 해당 상품의 직권 중지 또는 노출 제한을 받게 되어 판매에 악영향을 받을 수 있으므로 구매자에게 미리 연락을 취한 후 '구매의사 취소'로 선택하여 처리하는 방법을 권장한다.

선택건 판매취소

· 판매자 귀책사유에 의한 취소 처리시 구매자에게 추가배송비가 청구되지 않습니다.
· 상품품절 취소처리시 취소 대상 상품도 품절 처리 됩니다.
  단, 옵션별 재고수량 관리 상품은 취소되는 주문의 옵션만 품절 처리 됩니다.

· 판매불가 사유   상품품절 ▼
· 구매자에게 전하실 말씀   상품품절
                      배송지연
                      서비스 불만족
                      구매의사취소
                      색상 및 사이즈 변경
                      다른 상품 잘못 주문
                      상품정보 상이   1/500

※ 입력하신 내용은 처리 후 수정이 불가합니다. 취소사유를 정확하게 선택해 주세요.

        선택건 판매취소   닫기

주문 취소 관리

3 교환·반품 처리하기

1 | 반품

배송이 진행된 이후 정산이 되기 전 발생하는 반품 처리 방법에 관해서 알아보자.

① 스마트스토어센터 메인화면 좌측의 '판매관리' → '반품 관리' 메뉴를 클릭한다.

② 반품 내역을 확인한다. 현재 수거 상태를 보게 되면 '반품요청', '반품 수거중', '반품 수거 완료', '환불보류', '반품지연', '자동환불대기' 등의 상태가 나타난다.

	상품주문번호	주문번호	주문상태	반품 처리상태	수거방법도움말
☐			배송중	반품요청	네이버페이 자동수거

반품처리 한번에 하기 | 반품완료처리 | 반품거부처리 | 교환으로 변경

수거 상태

최근 대부분의 플랫폼이 자동수거를 원칙으로 하고 있어 관리 측면에서 좋지만 가끔 고객들이 신청하지 않고 본인이 직접 보내거나 판매자가 신청해주기를 기다리는 경우가 있다.

③ 반품이 완료된 건에 대해서는 클릭 후 하단에 있는 '반품완료처리' 버튼을 클릭하여 해당 건에 대한 반품을 완료해 주면 된다.

2 | 교환

배송이 진행된 이후 정산이 되기 전 발생하는 교환 처리 방법에 관해서 알아보자.

① 스마트스토어센터 메인화면 좌측의 '판매관리' → '교환 관리' 메뉴를 클릭

한다.

② 교환 내역을 확인한다. 반품 관리 방법과 마찬가지로 수거 상태와 수거 방법 도움말을 확인하여 고객이 가지고 있는 상품에 대한 처리 여부를 확인해야 한다.

③ 교환 사유를 클릭해서 그 내역을 확인할 수 있다.

④ 택배비 항목에 판매자에게 직접 송금하거나 상품에 동봉을 선택할 수 있다. '상품 불량' 사유의 경우 고객에게 교환 배송비가 청구되지 않도록 미리 안내한 후 판매자 귀책으로 처리한다.

⑤ 교환할 상품이 입고되었으면 발송송장번호를 입력한 후 배송처리로 변경해 주면 교환건이 완료된다.

3 | 반품 · 교환 배송비 환급

반품이나 교환 시 고객은 '반품사유'를 작성하게 되어 있다. 일반적으로 반품 택배비는 환불금에서 공제하는 것이 원칙이다. 그러나 구매자의 선택에 따라서 계좌로 송금을 받거나 상품에 동봉하여 환급받을 수 있다.

4 | 페널티

스마트스토어관리자 페이지 메인 화면 우측에 '페널티'라는 항목이 있다. 페널티 관리는 정말 잘 해야 하며 쉽게 생각하다가 스토어가 정지 당하는 사례도 적지 않게 들려오고 있다. 페널티는 왜 생기는지, 페널티가 생기면 어떠한 불이익이 생기는지 알아보자.

사유	내용	페널티
1. 발송지연 (결제일 기준)	① 발송처리 지연: 3영업일(7영업일) 이내 미발송	1점(3점)
	② 발송지연을 안내한 경우: 예정일 이내에 미발송	2점
2. 품절	품절로 인해 발송을 취소한 경우	2점
3. 클레임 (수거 완료일 기준)	① 반품처리 지연: 3영업일 이상 지나도 미처리	1점
	② 교환처리 지연: 3영업일 이상 지나도 미처리	

페널티 사유 및 점수

위와 같은 사항을 불이행하면 심한 경우 다음의 단계에 따라 제한 및 퇴점 처리된다. 주의와 경고는 6개월이 지나면 이력이 자동으로 소멸하며, 퇴점 조치 시 해당 판매자는 1년 동안 재가입할 수 없다.

페널티 제재

- **1단계 [주의]** 스마트스토어 페널티 점수 합이 최근 30일 동안 10점 이상인 경우
- **2단계 [경고]** 1단계 페널티 비율이 최근 30일 동안 40% 이상이면 일주일간 신규 상품 등록 금지
- **3단계 [제한]** 2단계 페널티 비율이 최근 30일 동안 40% 이상이면 3일 또는 6일 동안 상품 노출 불가
- **4단계 [퇴점]** 스마트스토어 퇴점

Q 위탁배송 상품을 판매하고 있습니다. 교환 · 반품 때문에 페널티가 쌓여요.

A   위탁배송을 할 경우 교환 및 반품을 위탁배송 판매자에게 직접 연결해 주려고 하면 시간이 지연될
수 있습니다. 이는 페널티로 이어지므로 다음과 같이 적극적인 조치가 필요합니다. 고객에게 교환
및 반품이 들어오면 우선 본인 집, 사무실 등으로 받은 뒤 다시 위탁배송 판매자에게 보내십시오.
변심 교환 · 반품은 고객으로부터 배송비를 받을 수 있고, 불량 교환 · 반품은 위탁배송 판매자로
부터 배송비를 받을 수 있습니다. 변심 교환 · 반품으로 인하여 물건을 다시 받게 된 경우 그 물건
은 다시 위탁배송 판매자에게 보내 주지 마시고 보관하고 있다가 주문이 오면 직접 발송하는 방법
도 있습니다. 이렇게 하면 위탁배송 판매자와 불필요한 충돌을 줄일 수 있습니다.

"문제를 해결하는 곳에 돈이 따른다"

하드웰 장범준 대표
https://smartstore.naver.com/hardwells

박노성, 장범준, 정윤환, 조영준(왼쪽부터)

장범준 대표는 식품대기업에서 마케팅 책임자로 10년을 일한 뒤 자동차 부품회사를 설립해서 운영해
왔다. 그런 그가 스마트스토어를 시작한 것은 우연한 사고 때문이다. 2014년 여름에 팔이 부러지는 사
고를 당했다. 여름에 깁스를 해 본 사람은 알 것이다. 그 가려움의 고통을 말이다. 가려움을 견디지 못
한 장 대표는 '깁스 가려움'이라는 키워드로 인터넷 검색을 했다. 사람들이 추천해 주는 방법은 '세탁소
옷걸이', '구두 주걱' 등으로 해결하는 것이었다. 이건 아니다 싶어 다시 영어 'cast itchy'로 검색했다.
폭풍 검색 끝에 미국의 한 업체를 찾아냈다. 바로 주문을 했다. 열어 보니 작은 45cm 줄자 같은 게 하
나 들어있었다. 형편없었다.

"아, 안 되겠다. 이거 내가 직접 만들어야겠다."
부품회사를 운영했던 경험으로 장 대표는 직접 제품 제작에 들어갔다. 깁스를 풀고 두 달이 지난 후,
마침내 제품이 완성되었다.

"이 정도면 훌륭하다. 깁스의 가려움 때문에 고생하는 사람들을 대상으로 팔면 분명히 좋은 반응이 오겠지."

오픈마켓에서 판매를 시작했다. 조금씩 매출이 상승하자 자신감이 붙어 '깁스 방수커버'도 개발했다. 시중에 중국산 제품은 많았지만 순수 국내 생산을 고집했다. 2017년에는 깁스한 피부를 알코올 솜으로 닦아낼 수 있는 '깁스 클랜저'도 개발했다. 깁스 환자를 위한 위생 3종 세트가 완성된 것이다.

품질이 좋았기에 오픈마켓에서의 판매는 순조로웠다. 쿠팡에서도 내내 1등을 유지했다. 네이버 스마트스토어 개설 붐을 타고 장 대표는 네이버에서도 판매를 시작했다. 워낙에 경쟁이 치열해서 1,870개의 업체 중에 맨 꼴찌에 위치했다. 아무리 노력을 해도 네이버 순위는 좀처럼 오르지 않았다. 오픈마켓 1위 업체로서 절망감이 이만저만이 아니었다.

2018년 11월 마침내 장 대표는 셀러마케팅캠퍼스의 문을 두드렸다. 교육을 받으면서 순위가 조금씩 움직였다. 두 번째 교육 후 18등이 되었고 그로부터 2주 후 11등이 되었다. 지금은 하루에 20건 이상씩 주문이 들어와서 완전한 안정세로 접어들었다. 장 대표에게 셀러마케팅캠퍼스는 어떤 의미일까?

"조영준 대표님은 처음부터 끝까지 제 스토어 랭킹이 자리 잡도록 차분하게 지도해 주셨어요. 정윤환 대표님에게는 마케팅과 새로운 기술을 많이 배웠습니다. 그리고 올 3월에 진행되었던 박노성 대표님의 '아이템 선정 및 제품 분석기법 강의'를 듣고 B2B를 통한 오프라인 확장이라는 해결 방법을 얻었습니다. 덕분에 오프라인으로 3개의 총판과 계약을 했습니다. 앞으로도 셀러마케팅캠퍼스와 함께 할 겁니다."

· · · ·

소년 같은 표정으로 아이디어가 넘치는 장범준 대표님을 보면 발명가 에디슨이 떠오른다. 항상 새로운 제품을 만들고 테스트하기 때문이다. 그에게 제품 개발은 어떤 의미일까?

"좋은 제품을 만드는 것은 어렵지 않습니다. 그러나 소비자가 용인할 수 있는 합리적인 가격에 최고 품질의 제품을 만드는 것은 어렵습니다. 저는 그런 제품을 만들고 싶어요."

좋은 제품을 가지고 계신 제조사 중에서 스마트스토어만 개설하면 무조건 판매가 될 것으로 생각하는 경우가 있다. 대개는 스토어 최적화를 무시한 채 막대한 광고비를 쏟아 붓다가 지쳐버린다. 사람들은 평생 낚시하러 다니면서도 낚시의 목적이 물고기 자체가 아님을 알지 못한다. 스마트스토어도 마찬가지다. 무조건 스마트스토어를 개설하고 최적화한다고 해서 반드시 잘 팔 수 있는 것은 아니다. 자기만의 회원을 가질 수 없다고 불평하기도 한다. 하지만 한 가지는 분명하다. 스마트스토어를 개설하는 것이 내 사업을 시작하거나 확장하기 위한 효과적인 방법 중 하나라는 사실 말이다.

제 3 부

최강의 쇼핑몰
운영 노하우

내가 대학에 들어갈 때는 각자가 받은 점수대를 보면 지원 가능한 대학과 학과를 어느 정도 알 수 있었다. 요즘은 그렇지 않다. 같은 성적으로도 어디를 지원해야 할지 갈피를 잡기 어렵다. 수시와 정시로 나뉘고, 수시도 1차와 2차, 지역우선 선발 등 머리가 어지러울 정도다. 게다가 학교와 학과에 따라 언어·수리·외국어·사회탐구 영역을 모두 반영하는 곳이 있는가 하면, 언어·외국어·사회탐구 영역 또는 외국어·사회탐구 영역만 반영하는 곳도 있다. 학교별, 학과별로 과목별 반영 비중이 다르고, 어디는 표준점수로, 어디는 백분율로 평가한다.

이렇게 복잡하니 우리 때는 없던 직업까지 생겼다. 드라마 '스카이캐슬'로 유명해진 입시컨설턴트다. 유명한 컨설팅 업체는 선착순 인원수를 정해 놓고 있어 빨리 신청하지 않으면 마감이 되고 만다. 사람들이 컨설팅을 받는 이유는 너무 복잡한 대학 전형과 혹시 원서를 잘못 넣어 떨어지면 어쩌나 하는 불안감 때문이다. 불과 한 시간도 안 되는 시간에 단지 어디를 지원하면 좋을지 물어 보는 대가로 몇십만 원을 지급하는 것이 말도 안 된다고 생각할 수 있다. 그러나 막상 닥쳐보면 후회될까 싶어 부랴부랴 예약하는 것이 학생이나 학부모의 마음이다.

이처럼 종류와 유형을 지급해야 하는 가격보다 고객이 느끼는 가치가 높으면 시장은 형성된다. 여기서 간단한 부등식을 하나 살펴보자. 상품의 가치를 'Value'라 하고, 상품의 가격을 'Price', 상품의 원가를 'Cost'라 하면 다음과 같은 부등식이 성립한다. 그리고 이 부등식이 성립할 때 그 쇼핑몰은 생존할 수 있다.

Value 〉Price 〉Cost

고객은 가격보다 높은 가치를 구매함으로써 혜택을 느끼고 생산자는 원가보다 가격이 높아야 혜택을 느끼게 된다. 간단한 생존 부등식에 판매의 중요한 요소가 담겨 있다. 쇼핑몰을 시작하기 전에 물건의 가치를 고객의 입장에서 객관적으로 판단해야 한다. 또한 그 물건을 만드는 데 드는 원가를 최대한 구체적으로 파악해야 한다. '구체적'이란 상품의 원가뿐만 아니라 금융비용, 기회비용, 인건비 등 모든 원가를 포함해야 한다는 말이다. 이를 최대한 구체적으로 파악해서 생존 부등식이 성립하는지를 살펴야 성공한다.

상품의 가격은 원가보다 높고 가치보다 낮아야 한다. 그러나 단순히 기존 제품보다 저렴하다는 것만으로는 기존 공급자의 반격을 막기 어려운 경우가 많다. 실례로 수입 전자 부품을 국산화하여 상당한 매출과 이익을 얻었던 A사의 경우 해외업체가 단가를 반 이상 내려 국내에 직접 공급하는 바람에 문을 닫게 되었다. 이처럼 기존 경쟁업체가 내가 공급할 수 있는 최저 가격보다 싸게 공급할 수 있다면 한순간에 몰락할 수 있다.

단순히 싸기만 해서 성공했다면 성장 또한 한계가 있을 것이다. 가격(Price)과 제품(Product)은 마케팅 믹스에서 숟가락과 음식처럼 기본적인 요소다.

"뭘 팔아야 할지 모르겠습니다. 제가 뭘 팔면 좋을까요?"

무엇을 팔아야 할까? 이것은 점심시간에 무엇을 먹어야 할까를 고민하는 것과는 완전히 다른 문제다. 그러나 많은 초보자분들은 '오늘 뭘 먹지?' 하고 물어보듯 그 '무엇'을 팔아야 하느냐고 물어보신다. 3부 초반에서는 그런 분들을 위해서 카테고리별 제품의 판매 성장 기법을 통해 아이템을 선정하는 다양한 방법을 알아볼 것이다. 막연한 질문보다는 기본적으로 본인의 탐색 과정이 필요하다는 점에서 유용한 가이드가 될 것이다.

후반부에는 가격을 설정하는 다양한 방법을 살펴볼 것이다. 단순히 경쟁자와 비슷하거나 조금 싸게 하겠다는 생각으로 덤벼들었다가는 남는 거 하나 없이 고생만 할 수 있다. 가격이 소비 심리에 미치는 영향은 40~50% 선이라고 한다. 가격이 중요하지만, 또한 가격이 전부는 아니라는 방증이기도 하다. 자신만의 기준으로 가격을 책정하고 손익분기점을 파악해야 경쟁자를 리드할 수 있다.

제 8 장

아이템 선정 노하우

1 아이템 선정 시 유의사항

셀러마케팅캠퍼스를 통해 배출한 수강생이 1천 명을 넘어선다. 교육에 참여하신 분 중 약 30%는 제조사였다. 직접 판매를 원하는 경우도 있고, 제조해서 직접 판매를 하는 경우도 있었다. 많은 제조사가 한결같이 하는 말은 '판매하기 힘들다'이다. 판매하기 힘든 이유가 무엇일까? 일반적으로 쇼핑몰을 기획할 때는 2가지 포인트를 염두에 둔다.

1. 제품 제작 관련 기획
2. 판매 기획

당연한 말이지만 제품이 좋지 않으면 팔리지 않는다. 또 판매처가 없는데 무턱대고 제작을 하는 것도 위험하다. 만나 본 수많은 제조사 사장님들이 '판매 기획'에 대한 고민 없이 '제품 제작'에만 몰두하고 있었다. 아무리 제품이 좋다고 해도 소비자가 알 수 없거나 알아 주지 않으면 그 제품으로 인해 많은 어려움을 겪을 수 있다. 항상 2가지에 대한 명확한 계획을 세우고 진행하는 것을 잊지 말자.

종합몰과 전문몰을 선택하자

제조사가 아닌 총판 또는 소매 셀러들은 다양한 제품들을 제조사로 공급받아서 운영한다. 총판의 경우에는 하나의 제품군을 취급하는 형태의 스마트스토어를 운영하기 때문에 전문몰로 운영한다. 일반적인 소매 셀러라면 다양한 제품군들을 취급하는 종합몰 스타일로 스마트스토어를 구성하는 비중이 높다.

종합몰의 장점	전문몰의 장점
① 다양한 제품들을 취급할 수 있기 때문에 제품 수급이 원활하다.	① 브랜드를 만들어서 운영을 할 수 있다.
② 다양한 분야, 키워드들을 사용할 수 있기 때문에 틈새시장을 손쉽게 접근할 수 있다.	② 소비자에게 좀 더 많은 선택의 기회를 제공할 수 있다.
③ 매출을 전문몰보다는 쉽게 올릴 수 있다.	③ 타깃층 또는 타깃 고객이 지정되어 있어 더욱 소비자들에게 어필할 수 있다.

이 두 가지 몰의 장점을 정반대로 뒤집으면 단점이 된다. 양쪽의 장단점을 좀 더 자세히 들여다 보자. 처음 시작하는 사람이라면 종합몰을 추천한다. 특정한 상품에 치우치지 않고 다양하게 상품을 구성하여 쉽게 매출을 올릴 수 있기 때문이다. B2B 사이트에서도 손쉽게 제품을 소싱할 수 있기 때문에 선택의 여지가

많고 적은 투자금으로도 사업을 시작할 수 있다.

　제품에 대한 전문적인 지식이 있고 제품 공급이 가능하다면 전문몰을 추천한다. 처음에는 고전할 수 있으나 어느 정도 자리가 잡히면 브랜드를 키워 롱런할 수 있는 기회를 만들 수 있다.

2 카테고리별 제품의 판매 성장 기법

　그동안 교육 현장에서 수많은 대표님들을 만나면서 카테고리별 제품의 성장 기법이 약간씩 차이가 난다는 것을 알 수 있었다. 심도 있는 컨설팅은 해당 업체의 상황을 들여다 봐야 가능하겠지만 그간의 경험을 바탕으로 큰 틀에서 제품의 판매 성장 기법을 살펴보자.

NO	카테고리	초보자 추천	키워드 활용성	상세 페이지	스토어 브랜드	전문성	매출 확보	마케팅	고객 관리
1	패션의류	★★★	★★★★★	★★★★★	★★★★★	★★★★★	★★★	★★★	★★★★★
2	패션잡화	★★★★	★★★★★	★★★★	★★★★★	★★★★	★★★★	★★	★★★
3	화장품/미용	★★	★★★	★★★★	★★★★★	★★★★★	★★	★★★★★	★★★★★
4	디지털/가전	★★★	★★★	★★★★	★★★	★★★★	★★★★	★★★	★★
5	가구/인테리어	★★	★★★★	★★★★	★★	★★★★	★★	★★	★★
6	출산육아	★★	★★★★★	★★★	★★★	★★★	★★	★★★★★	★★★★★
7	식품	★★★★	★★★	★★★★	★★★★★	★★★	★★★★	★★	★★★★★
8	스포츠/레저	★	★★★	★★★	★★	★★	★★	★★	★
9	생활건강	★★★★★	★★★★★	★★★	★★	★★	★★★★★	★	★★

카테고리별 제품 선정 시 고려할 요소별 중요도

1 | 패션의류 – 힘들지만 차곡차곡 키우자

패션 카테고리는 많은 사람들이 도전하고 싶은 영역이다. 그만큼 쓴맛을 보는 영역이기도 하다. 패션 카테고리는 키워드가 무궁무진하기 때문에 공부와 조사가 선행된다면 충분히 도전해 볼만하다. 적합한 키워드를 통한 노출이 최우선이며, 상품 페이지도 최대한 매력적으로 어필해야 한다.

여기서 추가로 필요한 것이 '스토어 브랜드'다. 본인의 특색 있는 상품들로 원하는 타깃 고객에게 지속해서 진행하다 보면 고정 고객들이 생겨나기 시작하면서 본인의 스토어 브랜드명으로 검색해서 유입이 되기 시작한다. 그중에 반드시 활용해야 하는 부분은 '톡톡친구'를 통한 지속적인 마케팅 활동이다. 고객들이 스토어 브랜드명으로 검색해서 들어오는 횟수가 많아질수록 본인 브랜드의 가치는 점점 더 증가할 것이며 그로 인해 지속적이며 안정적인 매출이 확보될 것이다.

| 체크 포인트 |

1. 관련 키워드를 수시로 찾아서 적용하자.
2. 대표 섬네일과 상세 페이지의 완성도를 고객 타깃에 맞게 높이자.
3. 스토어 브랜드를 꾸준하게 알리고 고정 고객을 추가로 확보하자.

---

2 | 패션잡화 – 제품 기획력과 유행 키워드를 잡자

패션잡화에는 많은 세부 카테고리가 존재한다. 신발부터 가방, 지갑, 시계, 주얼리 등 많은 분류가 있는 만큼 딱 이렇게 해야 한다고 정의내리기 어렵다.

하지만 크게 보면 패션의류와 비슷한 면이 많으므로 패션의류 카테고리와 유사하게 성장시켜야 한다. 신발이나 가방, 주얼리는 여성 타깃이 많은 비중을 차지하고 있고, 계절성 제품들도 있지만 사계절 제품들도 존재한다.

차이점이라면 유행하는 키워드가 다른 카테고리보다는 많이 존재한다는 점이다. 해당 키워드를 잘 조사하여 적용한다면 손쉽게 매출을 확보할 수 있다. 예를 들어 '가죽머니클립'이라는 제품을 판매한다고 하자. 하나의 상세 페이지에 복수의 여러 제품을 소개한다면 구매 확률을 높일 수 있다. 이를 통해 상위로 노출될 가능성도 커진다.

| 체크 포인트 |

1. 전문몰로 구성하여 같은 분류의 다양한 제품을 나열하여 운영하자.

2. 디자인만 살짝 다른 제품들은 하나의 페이지로 구성하여 구매 전환율을 높이자.

3. 브랜드 홍보를 통해 다양한 제품이 있다는 것을 소비자에게 알리자.

4. 관련 키워드와 유행 키워드를 항상 찾아서 반영하자.

3 | 화장품/미용 – 먼저 마케팅을 해야 한다

화장품은 동일한 기업의 제품들을 대부분 가격 비교로 묶어서 최저가 경쟁을 하는 영역이다. 직접 제조를 하자니 소비자에게 마케팅을 해야 하는 큰 부담도 있다.

신규 상품 브랜드는 언제나 힘들다. 직접 써 본 소비자가 많거나 SNS 유명한 사람이 좋다고 하는 제품으로 쏠림현상이 크기 때문이다. 화장품은 반드시 마케팅을 수반하면서 진행이 되어야 한다. 전혀 알지 못하는 브랜드에 소비자는 쉽게 구매를 하지 않는다. 인지도가 있는 사람을 통한 SNS 홍보와 블로그 포스팅, 오프라인을 통한 입소문, 홈쇼핑 런칭 등 다양한 마케팅을 동반해야 성장이 가능하다. 그만큼 시장이 넓기 때문에 공략할 수 있는 방법도 많다.

| 체크 포인트 |

1. 브랜드와 상품에 대한 인지도를 높이기 위해 다양한 마케팅 활동을 수반하자.
2. 소비 형태, 유행 원재료, 트렌드 등을 잘 분석하여 본인의 스토어 상품에 반영하자.
3. 직접 제조하는 경우 브랜드 인지도가 높아지면 매출을 쉽게 올릴 수 있다.

4 | 디지털/가전 - 틈새시장을 공략하자

유명 대형 메이커가 진출해 있는 분야에 진출하기는 쉽지 않다. 하지만 의외로 틈새시장들이 많다. 유입 가능한 키워드를 발굴한다면 판매가 이루어질 가능성도 높은 분야다. 독특한 아이템이라면 SNS, 블로그 포스팅으로 유입을 쉽게 시킬 수 있는 장점도 존재한다. 폭발적인 매출을 만들어낼 수 있는 카테고리인 디지털 분야는 소비자의 호응도만 만들어낼 수 있다면 재미있는 판매 전략을 만들어 매출을 확보할 수 있다. 하지만 직접 제조를 하지 않는 이상 중국의 유사 제품들이 언제 쫓아올지 모르기 때문에 항상 유의해야 한다.

| 체크 포인트 |

1. 제품의 특장점을 최대한 부각하여 마케팅 전략을 세우고 실천하자.
2. 틈새시장을 파악하고 대기업의 영향에 들어있지 않는 제품군들로 운영하자.
3. 지속해서 재구매가 이루어지는 소비성 제품들을 운영하면 안정적인 매출을 만들어낼 수 있다.

5 | 가구/인테리어 – 계절 상품 공략이 좀 더 쉽다

조금은 딱딱하고 유행에 덜 민감한 카테고리 중 하나다. 많은 키워드를 분석하고 반영하여야 하며, 상세 페이지가 많은 영향을 주는 영역이다. 계절적인 영향을 미치는 서브 카테고리가 많기 때문에 다양한 전략도 필요하다.

가구 카테고리는 디테일한 상세 페이지 구성이 필요하고 제조사나 수입사라고 한다면 네이버쇼핑 파트너를 항시 확인하고 제안을 해서 메인 노출을 노리는 전략이 효과적이다. 럭키투데이도 쉬지 말고 진행하는 것이 좋다.

인테리어 카테고리의 경우 계절을 타는 제품군들이라면 남들보다 한 템포 빨리 상품을 판매하는 전략이 필요하다. 사계절 제품군이라면 외부 마케팅을 통한 유입 전략이 주요하다. 키워드의 중요성도 무시할 수 없다. 이 제품이 어디에 쓰일지 소비자의 입장에서 분석하다 보면 의외로 많은 키워드들이 존재하므로 다양한 전략을 펼쳐보기 바란다.

| 체크 포인트 |

1. 다양한 형태로 키워드 검색과 분석 적용으로 유입 통로를 확보한다.
2. 계절성 제품들은 해당 계절보다 조금 빠르게 런칭한다.
3. 외부 마케팅을 통한 고객 유입 통로를 확보한다.
4. 디테일한 상세 페이지를 구성한다.

---

6 | 출산/육아 – 엄마 마케팅이 관건이다

가장 민감하고 유행도 타는 카테고리다. 제품 선정에도 자세한 검토가 필요하다. 많은 제품에서 대형 업체들이 장악하고 있으며, 처음 시작하는 셀러들이 유·아동 의류나 유·아동 잡화 쪽에 많이 포진되어 있다는 특징이 있다.

본인의 상품 브랜드를 런칭한다면 우선 엄마들의 마음을 잡는 것이 성공 포인트다. 의류 쪽은 브랜드, 비브랜드가 공존하는 곳이므로 제품력이 관건이다. 안전하고 선택의 폭이 넓은 제품이라면 분명 판매율을 높일 수 있으니 도전해 보기 바란다.

| 체크 포인트 |

1. 엄마들에게 마케팅하는 것이 우선이다.
2. 키워드를 찾고 경쟁이 적은 키워드를 공략해서 인지도를 올리자.
3. 민감한 카테고리이므로 최대한 고객과 원활히 소통하자.

7 | 식품 – 단골 확보가 최우선이다

생각보다 낮은 경쟁률의 카테고리다. 반면 의류와는 달리 개인 취향이 뚜렷하지 않아 상위 노출이 없다면 매출이 일어나기도 어렵다.

최근 산지 직송 또는 직접 제조를 통한 식품들이 주목을 받고 있으며 간편식, 도시락 등도 인기가 높아지고 있다. '스토어 브랜드'에 대한 치우침이 큰 카테고리이기도 하다. 마트와 같이 처음부터 원하는 스토어에 들어가서 구매할 수 있는 가능성이 높지만 믿을 수 있는 안전한 브랜드로 단골을 확보할 수 있다면 해볼 만하다.

| 체크 포인트 |

1. 스토어 브랜드 마케팅을 통해 단골을 확보한다.
2. 안전함, 신선함, 수제, 맛을 강조하는 제품 홍보와 상세 페이지가 필요하다.
3. 후기도 매우 중요한 요소 중의 하나이므로 고객 관리를 철저히 하자.

8 | 스포츠/레저 – 처음 시작하는 셀러들에게는 추천하지 않는다

이 카테고리는 직접 제조 또는 수입을 하지 않는 소매 셀러에게는 매우 힘든 영역이다. 웬만한 업체들은 직접 수입해서 직접 판매하기 때문이다. 그럼에도 소매로 하겠다면 키워드 분석이 최우선 과제다. 소비자가 검색하는 키워드들을 잘 분석한다면 판매를 높일 수 있는 틈새 영역들이 존재한다.

| 체크 포인트 |

1. 키워드 분석을 잘 적용한다면 매출을 만들어낼 수 있다.

2. 상세 페이지를 차별화되게 꾸며서 남들과 다른 경쟁력을 만들자.

9 | 생활/건강 – 매출 만들기는 제일 쉽다

세부 카테고리가 다양한 영역이다. 키워드도 많고 제품도 많으므로 다양한 시도를 할 수 있다. 가장 쉽게 매출을 만들어낼 수 있어서 아이템이 정해지지 않은 초보 셀러들에게 강력히 추천하는 카테고리이다.

제품을 공급하는 B2B 사이트들도 많기 때문에 처음에 가벼운 사업 자금으로도 시작이 가능하다. 처음 시작하는 사람이라면 연습 삼아 시작하기에도 좋은 영역이다.

| 체크 포인트 |

1. 처음 시작하는 사람들이나 투잡으로 시작하는 사람들에게 추천한다.

2. 다양한 제품들과 키워드들이 있기 때문에 매출 전환이 생각보다 쉽다.

3. 유행 트렌드, 유행 제품들이 있다면 폭발적인 매출도 가능하다.

3 고객의 목소리에 답이 있다

쇼핑몰을 오픈했으면 물건을 준비해야 한다. 이제 막 쇼핑몰을 시작하려는 사람이라면 아이템을 찾고 있을 것이고 기존에 사업을 하는 사람이라면 기존에 판매하는 카테고리에서 새로운 제품을 고민하게 될 것이다. 어떤 경우도 이익의 원천은 고객에게 있다.

지금 잠깐 화장실 세면대로 이동해서 본인이나 남편 혹은 아버지의 면도기를 살펴보라. 면도날이 몇 개인가? 내 것은 다섯 개나 된다. 당신 손에 있는 면도기의 날 역시 하나는 아닐 것이다. 언제부터인가 날이 하나인 면도기는 시장에서 외면받기 시작했다. 질레트가 1971년 트랙 2(trac 2)라는 면도기를 세상에 내놓은 그 때부터 말이다.

당시만 해도 질레트 역시 지금처럼 면도날이 대여섯 개나 되는 면도기가 만들어지게 되리라고는 꿈에도 생각하지 못했을 것이다. 그러나 그로부터 25년 후 경쟁사인 쉬크에서 독창적인 다중 면도날을 가진 신형 면도기를 출시하자 질레트는 1998년에 3중 면도날을 가진 '마하3'라는 제품을 세상에 내놓는다. 그 후로부터 사람들은 하나의 면도날을 가진 면도기는 위험하게 여기게 되었다. 질레트가 집중한 것은 바로 '안전한 면도'였다.

면도기의 변천 과정

면도기의 변천 과정을 보면 소비자의 마음을 사로잡는 과정이 연애의 밀고 당기기와 비슷한 면이 있다. 상대방의 마음에 들기 위해 한 걸음씩 나아가고는 고민하고 머뭇거리다가 또 한 걸음 나아가는 것이다. 아이템을 구상하거나 선택할 때도 고객의 욕구를 직·간접적으로 파악하는 것이 중요하다.

4 | 판매 상품 선정하기

도대체 무엇을 팔아야 할지 모르겠다고 걱정하지 않아도 된다. 새로 이 시장에 뛰어드는 사람 중 약 5%만이 무엇을 팔아야 할지 알고 뛰어든다. 나머지 95%는 아직 무엇을 팔아야 할지 모르고 있다. 마켓 플레이스에서 판매하기 위해서는 유통 단계를 최소화하는 것이 기본이다. 만약 여러분이 도매 시장에서 물건을 공급받고자 한다면 쇼핑과 관련해 이미 출간된 수많은 책에서 '도매 시장 현황' 부분을 들춰보면 된다. 그러나 문제는 수없이 많은 도매 시장 현황부터 들여다 보고 있으면 무엇을 팔아야 할지 오히려 더 모르게 된다는 데 있다. 반드시 내가 무엇을 팔지를 결정한 후에 해당 물품의 도매 시장들을 알아보도록 하자.

1 | 내가 '끌리는' 분야는 무엇인가

우선 네이버 스마트스토어에 들어가 보자. 초기 화면의 맨 윗부분을 카테고리들이 차지하고 있다. 패션의류부터 면세점 카테고리까지 모두 11개의 카테고리 대분류가 여러분의 눈앞에 있다. 출력을 할 수 있으면 더욱 좋다. 컴퓨터 앞을 잠시 떠나 전체 대분류 카테고리를 출력한 종이를 펼쳐 놓고 며칠 동안 뚫어지게 들여다 보는 것이 할 일의 시작이다. 고등학교 시절로 돌아가 보자. 국어, 영어,

수학, 사회, 국사, 세계사, 물리, 생물, 지구과학, 화학, 윤리 등 수많은 과목들이 떠오를 것이다. 어떤 과목은 지금도 흐뭇한 미소를 짓게 만들고, 어떤 과목은 떠올리는 것만으로도 치가 떨릴 것이다. 책상 앞에 앉았을 때 다른 과목보다 보기 싫은 교과서가 있다면 점수를 얻기 어려운 과목일 가능성이 높다.

똑같이 해보자. 정말 나와 거리가 먼 듯한, 영 마음에 내키지 않는 카테고리부터 하나씩 지워가 보자. 마음에 내키지 않는 데는 다 그만한 이유가 있는 것이다. 이런 카테고리는 뛰어들어도 절대 진도가 나가지 않는다. 우리 모두 해봐서 안다. 빨간 줄로 아예 그어 버리자. 하나씩 하나씩 지워보자. 몇 개의 대분류 카테고리가 남았는가? 3개? 4개? 사실은 하나만 남아 있어도 충분하다.

지금 남아 있는 대분류 카테고리의 하위에 어떤 카테고리들이 들어가 있을지 너무너무 궁금해서 당장 PC 앞으로 뛰어가 확인해 보고 싶은 충동이 일어난다면 절반은 성공이다. 예를 들어, 남아 있는 카테고리 중 자동차용품 카테고리가 가장 끌린다면 이제 PC 앞으로 돌아가 클릭해 보자. 카 오디오부터 안전·편의용품에 이르는 15개의 중분류 카테고리가 다시 눈앞에 펼쳐질 것이다. 이것을 출력해 놓고 다시 똑같은 방식으로 해보자. '이건 뭔지 모르겠고…….', '이건 내가 좀 잘 알지.' 하는 식으로 해가면 된다.

자, 이제 중분류 혹은 소분류를 기준으로 몇 개가 남아 있는가? 답은 나왔다. 마지막 순간에 여러분의 눈앞에 남아 있는 것이 여러분이 팔아야 하는 상품군이다. 내가 이 물건을 어디에서 공급받고 얼마를 들여 구매해서 얼마를 남길지는 일단 잊자. 이 카테고리에서 기다리고 있는 수많은 적도 지금은 잊자. 사서 걱정한다고 상황이 나아지는 법은 결코 없다.

2 | 내게 '전문성이 있는' 분야는 무엇인가

온라인 쇼핑몰은 수많은 경쟁자가 몰려 있는 싸움터다. 따라서 내가 강점이 있는 분야에서 나만의 노하우를 바탕으로 판매할 서비스나 제품을 선택하는 것은 절대적으로 유리하다. 자신의 대학 전공과 관련된 분야에서 제품을 찾아보는 것도 좋고 여태 종사했던 직업에서 틈새를 찾아보는 것도 좋다. 한 분야에서 오랜 경험을 갖고 있다면 전문성이나 성숙도가 이미 상당한 경지에 도달해 있어, 그것이 고객의 신뢰를 얻는 데 절대적인 도움을 주기 때문이다. 예컨대 군에서 오래 근무했다면 군 관련 물품에 대한 지식이 아주 풍부할 것이고, 군과 관련된 추억의 물품을 취급할 경우에 이것이 경쟁력이 된다.

취미를 살려 판매 활동을 하는 것도 좋다. 취미 활동을 하면서 돈도 벌 수 있다면 금상첨화 아닌가. 스킨스쿠버가 취미인 사람은 레저 용품, 낚시가 취미인 사람은 낚시 관련 용품, 골프면 골프 관련 용품 식으로 말이다. 자신이 특정 분야에서 '마니아'의 경지에 올랐다고 생각되는 경우 그 분야를 적극적으로 고려해 봐야 한다.

오디오 마니아라면 오디오에 관한 한 전문가의 반열에 올랐을 테니 상품 설명을 남보다 상세하게 만들 수 있고, 이것이 곧 고객에게 어필하는 자신만의 차별화 요소가 된다. 밋밋한 조립 컴퓨터에 식상한 고객과, 튀는 개성을 앞세우고 싶어 하는 신세대 마니아들 사이에서 선풍적 인기를 끌고 있는 컴퓨터 튜닝과 자동차 튜닝. 이 분야도 마니아들로부터 출발한 시장이다. 게다가 본인이 취미와 관련된 커뮤니티 활동을 활발하게 하고 있다면 그 후광을 입을 수도 있다. 온라인 쇼핑몰에서 판매에 관한 한 많이 아는 것은 절대로 병이 아니다.

온라인 쇼핑몰에서는 유명한 브랜드 제품만 잘 팔리는 것이 아니다. 중소기업 제품도, 아이디어 상품도, 개인이 집에서 만든 반찬거리도, 어린 시절 우리를 놀라게 만들던 골목의 뻥튀기도 엄청나게 팔린다. 잘 팔리는 상품의 기본적인 조건은 다음 세 가지로 요약할 수 있다.

1. 저렴한 가격: 비슷한 품질과 서비스가 경쟁하고 있을 때 저렴한 가격은 최고의 무기다.
2. 차별적 편익: 고객은 물건만 사는 것이 아니라 '파는 사람과의 관계'도 함께 산다. 같은 자전거를 팔아도 나에게 완벽한 애프터서비스 능력이 있다면 그것은 고객에게 '차별적 편익'이 된다.
3. 희소성: 오프라인에서 흔하게 구할 수 없는 제품, 특정한 나라에서만 쉽게 구할 수 있는 브랜드 상품 등이 '희소성' 측면에서 가치를 지니는 상품이다.

이 세 가지 가운데 하나만 확실해도 성공 가능성이 그만큼 커진다. 내가 팔고자 하는 상품이 위 세 가지 조건 중 두 가지를 충족하고 있다면 성공의 문은 더 빠르고 쉽게 열릴 것이다.

온라인 쇼핑몰에서 팔리는 상품을 찾아내기까지의 과정은 아래 표와 같다. 물론, 여기에 어느 정도의 운과 적절한 타이밍까지 결합하면 말할 나위 없이 좋다. 이 장의 맨 앞에서 여러분이 좁혀 나갔던 카테고리는 최소한 내가 잘 알고 있거나 나의 관심을 끄는 것일 확률이 높다. 이제부터는 뛰어야 한다.

선정 방법	내용
손품	인터넷, SNS 등을 통해 해당 상품의 동향을 끊임없이 연구하는 것을 기본으로 한다. 모든 종합 쇼핑몰과 독립 쇼핑몰을 뒤져 해당 상품이 어떤 방식으로 어떤 가격에 얼마나 거래되고 있는지를 확인하는 것도 여기에 해당한다.
발품	관심 있는 분야의 오프라인 시장(도매상가 등)을 돌아다니는 것으로 시작한다. 오프라인 시장을 눈으로 보고 몸으로 느껴보는 것이 매우 중요하다.
벤치마킹	이미 시장에 뛰어들어 있는 경쟁자의 숫자와 그들의 판매 전략을 세세히 파악하는 것이다.

쇼핑몰 운영 시 유의사항

내가 좋아하는 상품이면 반드시 대박일까?

중국 춘추전국시대 노나라에 한 부부가 있었다. 남편은 삼실로 신을 잘 만들고, 아내는 흰 비단을 잘 뽑았다. 그들이 월나라로 이사를 가려고 하자 어떤 사람이 이렇게 말렸다.

"신은 발에 신는 것인데 월나라 사람은 맨발로 다니고, 흰 비단은 관(冠)을 만드는 것인데 월나라 사람들은 머리카락을 풀어헤치며 살아가오. 월나라로 가면 당신의 뛰어난 기술은 아무 쓸모가 없을 겁니다."

「한비자(韓非子)」에 나오는 이야기다. 기본적으로 자신이 좋아하는 일을 하는 것은 좋지만 내가 잘 아는 제품의 시장 규모를 과대평가하는 착각은 곤란하다. 자신이 개량 한복을 즐겨 입는다는 이유로 시장 조사 없이 고가의 개량 한복을 떼어다 판매하려는 경우도 마찬가지다. 고무신을 좋아한다고 덜컥 고무신 매장을 오픈하는 경우는 또 어떤가! 시장의 수요에 대한 예측은 보통 사람들의 눈높이에 맞추어야 한다.

강남, 특히 압구정이나 청담동에서 요즘 이런 게 뜨고 있다는 이유로 그 물건을 대량으로 사들이는 경우가 있다. 서울의 신규 판매자들에게서 흔히 발견하게 되는 실수다. 그렇게 사들인 물건을 전국 상권인 인터넷을 통해 팔려고 시도한다.

다행히 그 유행이 전국으로 번지면 대박이 터지겠지만, 서울 강남에서 유행하는 것의 아주 일부만 전국적인 유행이 된다는 데 문제가 있다. 게다가 '이게 서울 강남에서 유행입니다'라고 홍보하는 순간 강남의 유행이 바뀌어 있는 경우가 다반사다. 이렇게 되면 서울 고객은 물론이고 전국 고객으로부터도 외면당하게 된다. 자기가 사는 지역의 유행을 전국적인 것이라고 착각해서는 안 된다.

'무슨 풍', '누구 스타일'도 조심하라. 유명 패션 디자이너의 의류, 유명 연예인이 입고 나온 옷들은 바로 온라인에서 '무슨 풍', '누구 스타일' 하는 식으로 등장해 대부분 히트 상품이 된다. 하지만 주의해야 할 점이 있다. 디자인을 카피하는 것, 그 자체를 법적으로 문제 삼기는 다소 까다롭다. 하지만 '~ 풍', '~ 스타일'이라는 표현에 브랜드명이나 디자이너의 실명, 연예인의 실명을 표기하는 것은 저작권을 위반할 소지가 있으니 조심하자.

매출을 늘리고 비용을 줄이는 디테일을 알아보자

최대한 단순한 계산을 한번 해보자. 디지털 카메라, 컴퓨터, 프린터 등의 기초 장비를 이미 가지고 있고 사업장도 집에서 시작하자. 아무리 줄이고 줄여도 반드시 들어가야 하는 비용은 다음과 같다.

> 1. 판매 수수료: 약 6%로 가정
> 2. 부가가치세: 10%
> 3. 인건비: 급여, 아르바이트 비용
> 4. 운영비: 임대료, 배송비, 통신비

여러분의 전체 거래 금액을 5천500만 원으로 놓고 마진율을 25%로 가정하면 다음과 같이 간단한 표를 만들어 볼 수 있다.

■ 세전 이익		
매출액		5,500
매출원가		4,125
비용	수수료	330
	인건비	500
	운영비	300
세전 이익		245

■ 세후 이익(단위: 만원)		
매출액		5,500
매출원가		4,125
비용	수수료	330
	인건비	500
	운영비	300
세전 이익		245
환급액(30+412)		442
세후 이익		687

복잡해 보이지만 일종의 가계부라고 생각하면 어렵지 않다. 수입을 늘리고 지출은 줄이는 게 가계부를 쓰는 목적인 것처럼 매출액을 최대한 끌어올리고, 매출원가, 수수료, 세금, 유지비 등 모든 비용 항목은 최대한 낮추면 된다.

5천500만 원어치나 팔았는데 240만 원 남는다면 못해 먹겠다고 생각할 수 있다. 세금을 고려하면 생각이 바뀔 것이다. 공급업자로부터 물품을 사들일 때 세금계산서를 주고받았다면 그 매입세액만큼은 공제받게 된다. 팔기 위해 사입한 물품 대금의 총액이 부가세를 포함하여 4천125만 원이라고 가정해 보자. 물품 대금의 10%인 412만 원은 공제 대상, 쉽게 말해 내지 않는 돈이다. 게다가 온라인 쇼핑몰에 지급한 수수료 330만 원에도 매입세액 약 30만 원이 포함되어 있다. 이 돈 역시 공제 대상이다. 따라서 최종적으로 돌려받는 세금이 442만 원이 된다. 따라서 남는 돈은 687만 원이 된다.

│ 제 9 장 │

제품 가격 결정하기

1 가격을 어떻게 정하지?

가격은 마케팅 믹스의 중요한 요소로 제품 판매 수량뿐 아니라 한 개를 팔았을 때 얼마의 이익을 얻을지 결정한다. 가격은 매출이나 이익에 직결되는 중요한 변수이다. 일반적으로 가격은 원가, 수요, 경쟁의 3가지 요인을 토대로 설정한다. 고객의 실제 구매 행태를 통해 가격에 대한 태도를 추측할 수 있을 것이다. 또한 현장에서 가장 많이 사용되고 있는 방법으로 잠재 고객에게 가격에 대해 직접 질문하는 방법도 있다. 다양한 가격 책정 방법을 살펴보자.

1 │ 손해 보지 않기 위한 원가 가산법

다양한 가격 설정 방법 가운데 기본 중의 기본이 원가 가산법이다. 여기서는 매출이 생산, 마케팅, 판매에 투입된 전체 비용보다 많아야 하는, 즉 어떤 상황에서든지 이익을 내야 하는 것이 조건이다. 여기서 이익은 매우 단순하게 계산된다.

> **이익 = 매출액 − 총비용**

이 식의 양변을 판매량으로 나누면 제품 1단위당 이익이 산출된다.

> **제품 1단위당 이익 = 제품 1단위당 가격 − 제품 1단위당 평균 비용**

평균 비용은 총비용을 판매량으로 나눈 것이다. 이 식에서 가격이 좌변에 오도록 자리를 바꾼다.

> **제품 1단위당 가격 = 제품 1단위당 평균 비용 + 제품 1단위당 이익**

여기까지는 어떤 경우에도 성립하는 수식이다. 그리고 평균 비용에서 일정한 비율의 이익을 확보한다고 가정하면 공식은 다음과 같다.

> **가격 = 평균 비용 × (1 + 원가 가산율)**

원가 가산율(Markup rate)이란 평균 비용에 가격을 어느 정도 붙여야 이익을 낼 수 있을지를 나타내는 비율[1]이다. 자사의 비용은 파악이 가능하기 때문에 실질적으로 이 원가 가산율로 가격을 정하는 기업이 적지 않다.

비용은 팔리는 개수에 따라 변하는 부분과 변하지 않는 부분으로 나뉜다. 물

---

1   이와 같은 가격 설정을 경제학에서는 풀코스트 가격 원리(full-cost principle)라고 한다.

건 사입비, 포장비와 같이 물건을 팔 때마다 변하는 부분을 변동비, 인건비나 임대료와 같이 일정 기간 동안 변하지 않는 부분을 고정비라고 부른다. 변동비와 고정비를 합해서 평균 비용이라고 부른다. 평균 비용은 물건이 많이 팔릴수록 낮아진다. 평균 비용이 낮아진다면 가격도 낮게 설정할 수 있다. 판매량이 증가해서 평균 비용이 제품 1단위당의 변동비에 가까워지면 가격 기복이 없어지는 것이다. 실제로 돈을 버는 쇼핑몰은 이런 방식으로 가격을 조정한다.

1. 아이템을 남들보다 일찍 들여와서 원가 가산법에 따른 정상 가격으로 판매한다.
2. 인기를 끌면서 시장에 동일한 아이템을 판매하는 경쟁자들이 늘어난다.
3. 평균 비용을 제품 1단위당 변동비 혹은 그 이하로 낮춰서 경쟁자들을 밀어낸다.

2 | 고객의 반응을 고려한 수요 가격 설정

경제학에서 수요 곡선은 오른쪽 아래로 기울어진다고 설명한다. 좌표에서 세로는 가격이고 가로는 판매량이다. 가격을 올리면 덜 팔리고 내리면 더 팔린다는 단순한 상식을 그림으로 표현한 것뿐이다.

우측의 '매출 곡선'은 독특하게 생겼지만 역시 상식적인 그림이다. 공짜(0원) 물건이라면 아무리 많이 팔아도 매출액은 0원이고 터무니없이 비싸면 아무도 구매하지 않아서 매출액이 0원이다. 그래서 양 끝의 매출액을 0으로 그리다 보니 포물선이 된 것이다. 포물선 중간의 어느 지점에 매출액이 최대가 되는 가격이 존재한다는 것 역시 어렵지 않게 추측할 수 있다. 최대의 매출액은 바로 이 지점의 '판매량'에서 발생한다.

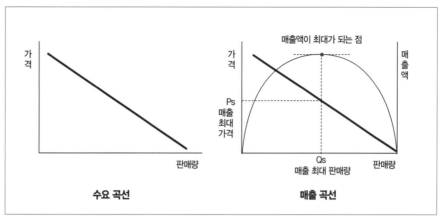

수요 곡선

매출 곡선

매출액이 최대가 되는 가격과 판매량

　매출액이 최대가 되는 판매량을 좌측의 '수요 곡선'에 적용하면 매출액이 가장 높아지는 '가격'을 구할 수 있다. 직접 제품을 제작하거나 인건비 중심의 서비스업인 경우는 이런 방식으로 가격을 책정하여 마케팅을 진행한다. 그런데 쇼핑몰을 하는 사람들 대부분은 공장이나 도매처에서 물건을 떼어다 팔게 된다. 물건을 떼 오는 비용은 빼줘야 이익이 남는다. 이런 경우는 수요 곡선이 아니라 '이익 곡선'을 사용한다. 다음 페이지의 '이익 곡선'을 보면 이익이 발생하는 판매량이 따로 있음을 알 수 있다. 공장에서 100원에 사온 물건이라면 적어도 100원 이상으로 팔아야 남는 것처럼 사온 비용 이상으로 팔아야 이문이 남는다는 뜻이다. '이익 곡선'에 오른쪽 아래로 기울어지는 수요 곡선을 그리면 우측의 그림처럼 만나는 점이 생긴다. 이 점(Pp)이 바로 소매업자의 가격이 된다. 100원에 물건을 떼어와 얼마에 팔면 가장 이익이 많이 남는가를 알려주는 가격이다.

　실제로 경쟁업체의 판매 가격과 매입처에서 구매할 수 있는 금액을 조사해 보면 위와 같은 '이익 곡선'을 어렵지 않게 그릴 수 있다. 문제는 이 수요 곡선을 정

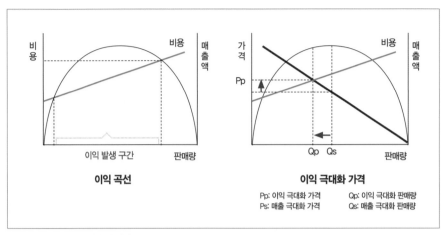

이익이 최대가 되는 가격과 판매량

확하게 알기 어렵다는 것이다.

3 | 경쟁사의 반응을 고려한 경쟁 가격 설정

가격 설정에서 또 하나 고려해야 하는 요소가 경쟁사이다. 경쟁 브랜드와 완전하게 차별화되고 서로의 가격이 상대의 매출에 거의 영향력을 미치지 않는다면 상관없지만, 그렇지 않다면 경쟁사의 가격이 어떻게 변하는지 살펴볼 필요가 있다.

경쟁 브랜드끼리 전혀 차별화가 되지 않는 경우는 가격 경쟁이 정말 극심하다. 이때 경쟁사보다 100원이라도 가격을 높이면 안 팔린다. 반대로 경쟁사보다 100원이라도 저렴하게 판매를 할 수만 있다면 그 가격대로 몰려오는 모든 고객을 흡수할 수 있다.

경쟁사와 동일한 가격이라면 해당 가격대의 고객을 경쟁사와 일정한 비율로 나누게 된다. 그러면 경쟁은 어떤 결말로 흘러갈까? 매출 또는 이익을 증가시키기 위해 경쟁사보다 가격을 내리려는 유혹에 빠져들게 될 것이다. 쿠팡은 가격 비교 사이트를 일일이 찾아다니면서 해당 제품을 최저가로 밀어내는 것으로 유명하다. 4조 매출에 1조 적자[2]라는 쿠팡의 재무제표는 혼자 시장을 독식할 때까지 경쟁자를 밀어내겠다는 전략으로 보인다. 손해를 보면서까지 물건을 팔고 싶어 하는 기업은 없다. 그러나 일단 누군가가 가격을 내리기 시작하면 자신도 가격을 내리지 않고는 살아남을 수 없다. 온라인 가격 비교 사이트를 참고해서 고객이 조금이라도 저렴한 브랜드로 이동할 수 있기 때문에 순식간에 가격 경쟁에 빠진다. 거기서 빠져나오기 위해서는 브랜드 차별화를 고려할 수밖에 없다.

2 일물일가의 법칙을 뛰어 넘자

1 | 지급 의사 금액을 바탕으로 수요 곡선 도출

지금까지 수요 곡선은 오른쪽 아래로 내려간다고 설명했다. 가격이 오르면 수요가 감소하는 것을 수요의 법칙이라고 하고, 실제 그렇게 되는 것이 일반적이다. 그런데 왜 그렇게 되는지를 깊이 생각하면 새로운 가격 전략을 도출해낼 수 있다.

왜 수요 곡선이 오른쪽 아래로 감소하는가에 대해 경제학 원론에 서술된 것과는 조금 다른 관점에서 보도록 하자. 고객은 일정량의 제품에 지급해도 좋다고 생각하는 최대의 금액을 가지고 있다. 이를 지급 의사 금액(Willing To Pay, WTP)이라 한다.

---

2   "쿠팡, 지난해 매출 4.4조원 `역대 최대`" 매일경제, 2019.4.15.
    (https://www.mk.co.kr/news/business/view/2019/04/230787)

경제학에서는 시장을 교환 장소로 정의한다. 제품을 구매하기 위한 지급 의사 금액은 고객마다 다르다고 본다. 제품의 잠재 고객이 지급하고자 하는 지급 의사 금액을 순서대로 나열하면 다음과 같다. 실제 지급 의사 금액은 불규칙한 형태를 보일지 모르지만 여기서는 쉽게 설명하기 위해 직선으로 낮아진다고 보자.

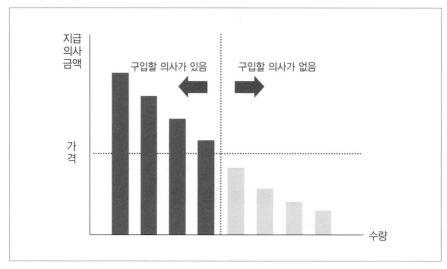

지급 의사 금액

세로 점선을 기준으로 좌측에 보이는 것처럼 지급 의사 금액이 가격보다 높은 고객은 이 제품을 구매한다. 지급 의사 금액이 가격과 일치하는 곳이 구매할지 말지를 결정하는 분기점이 된다. 이 분기점보다 오른쪽에 있는 고객은 이 제품을 구매하지 않는다. 이 그림에서 고객별 지급 의사 금액을 연결하는 곡선이 하나의 가격 수준에 대해 구매자 수가 몇 명이 될지를 가르쳐 주는 수요 곡선이 된다.

지급 의사 금액은 그 가격 이하라면 구매하겠다는 가격이다. 지급 의사 금액 이하의 가격으로 구매할 수 있으면 고객으로서는 이득인 셈이다.

2 | 일물일가의 법칙은 어디까지 통용되는가?

일물일가(一物一價, Law of one price)의 법칙이란 하나의 물건은 하나의 가격으로 거래된다는 뜻이다. 동일한 제품에 다른 가격을 정하면 가장 저렴한 것만 팔리게 될 것이다. 고객이 가격 정보를 충분히 가지고 있다면 그렇게 된다.

동일한 제품이 더 저렴하게 판매되고 있다는 것을 고객이 모른다면 어떻게 될까? 그래도 일물일가의 법칙은 성립된다. 경제 메커니즘 때문에 최저 가격으로 제품을 사들이고 높은 지급 의사 금액을 가지는 고객에게 판매하는 판매업자가 출현할 것이기 때문이다. 저렴하게 구매해서 비싸게 판매해 그 차액으로 이익을 보는 거래는 가격 차이가 있는 한 끊임없이 발생한다. 그것이 반복되면 언젠가 가격 차이는 없어지고 일물일가가 실현된다.

동일한 제품이 지역에 따라 다른 가격으로 판매되는 경우가 있다. 휘발유가 대표적이다. 고객이 저렴한 지역까지 휘발유를 사러가거나 판매업자가 차익거래를 반복하게 되면 가격 차이가 없어져야 하는데 실제로는 그렇지 않다. 다른 지역으로의 이동 비용이 가격 차이를 만들었다고 볼 수 있다.

3 | 지급에 대한 정당성을 만들어야

미국의 델타항공이 온라인으로 항공권을 구매하지 않을 때 항공료에 2달러를 추가하겠다고 발표한 적이 있다. 오프라인으로 항공권을 구매하는 고객은 수수료 2달러의 '벌금'을 지급하는 셈이다. 인터넷에 접속하기 어려운 상황에 있거나 장애를 가진 사람들은 즉각 반발했다. 델타항공을 상대로 차별을 철회하라고 요청한 것이다.

오프라인에서 항공권을 구매하는 사람에게 벌금을 매기듯 추가 수수료를 물릴 게 아니라 온라인에서 항공권을 구매하는 사람에게 할인 혜택을 주는 방식이었다면 어땠을까? 덕분에 현재 대부분의 비행기나 고속버스는 온라인으로 예약하는 사람에게 할인 혜택을 주는 방법을 선택하고 있다. 돈과 관련될 때 차별받는 느낌을 훨씬 더 많이 받을 수 있음을 보여주는 사례다.

가격 차별화와 제품 차별화는 의미가 전혀 다르다. 우리말로는 '차별화'라는 단어가 동일하게 사용되지만, 영어는 그렇지 않다. 가격 차별화는 'price discrimination'이라고 표기하고 제품 차별화는 'product differentiation'으로 표기한다. 가격 차별화는 고객에 따라 대응을 달리하는 것이기 때문에 '차별'이라는 단어의 원래 느낌에 가깝다. 제품 차별화는 물건의 품질이나 디자인들을 다르게 만드는 것이므로 '차별'이라기 보다는 '다른'의 느낌에 더 가깝다. 소비자가 생산자보다 많은 정보를 가지고 있는 인터넷에서 고객이 가격 '차별'을 인식하지 못하도록 하기는 쉽지 않다. 고객이 자신에게 제시된 거래 조건을 소셜미디어에 올리면 그 정보는 순식간에 확산된다.

4 | 시간에 따른 가격 차별화: 초기 고가격 설정

그러면 가격 차별화는 어떤 경우에 고객에게 받아들여지기 쉬울까? 가장 성공한 예가 신제품 도입 때에 가격을 높게 설정하고 시간과 함께 낮춰가는 초기 고가격 설정(skimming pricing)이다. 이는 시간에 따른 가격 차별화라고 해석할 수 있다.

패션이나 가전 제품 분야에서 자주 볼 수 있는 방법이다. 아이폰의 새 버전이 출시되면 언론에 나오고 전날 밤부터 줄을 서가면서 첫 제품을 손에 쥔다. 그러나 시간이 지나고 새 버전이 나오면 이전 버전은 공짜폰으로 풀린다. 지급 의사 금액이 높은 고객에서 낮은 고객으로 타깃을 바꾸는 대표적인 사례다.

최초의 타깃은 빨리 신제품을 갖기 위해 높은 가격을 지급할 의사가 있는 얼리어댑터들로 지급 의사 금액이 높은 고객이다. 다음으로 그보다 지급 의사 금액이 낮은 고객이 타깃이 되고 처음보다 낮은 가격으로 판매된다.

초기 구매자는 시간이 지나간 다음 저가로 구매하는 다른 고객보다 하루빨리 구매하는 것을 우선시하므로 '새롭다'는 것을 명시하면 구매자를 납득시킬 수 있다.

5 | 위험에 따른 가격 차별화: 저가격 침투법

초기 가격 설정의 정반대 전략으로 신제품 도입 때 가격을 낮게 설정하고 시간과 함께 올리는 침투가격 설정(penetration pricing)이 있다. 시간에 따른 가격 차별화와는 약간 다르다. 처음에 낮은 가격으로 설정하면 지급 의사 금액이 높은 고객까지 구매해버려 가격 차별화가 되지 않기 때문이다.

침투가격 설정은 신제품을 사용하는 데에 따른 위험부담이라고 설명할 수 있다. 가격이 저렴하지 않은 신제품은 구매 후 기대에 미치지 못할 수 있다는 위험부담을 동반한다. 그러한 위험부담이 높을수록 지급 의사 금액이 낮아지므로 그만큼 가격을 낮게 설정할 필요가 있다.

제품이 어느 정도 보급되고 소비자들의 후기를 통해 위험이 해소되고 충성도가 높아지므로 재구매할 때는 지급 의사 금액이 상승할 가능성이 있다. 미구매자의 지급 의사 금액도 제품에 대한 입소문 덕분에 상승할지도 모른다. 이렇게 되면 가격을 올릴 기회가 생긴다.

그렇다 해도 한 번 저가로 판매한 제품의 가격을 인상하는 것은 고객의 반발을 초래할 우려가 있다. 가격 인상을 납득시키려면 최초로 설정된 낮은 가격이 기간 한정의 특별 가격이며, 그 후 정상가로 되돌렸다는 스토리를 준비해 두는 것이 좋다.

고객이 최초로 느끼는 위험을 완화하기 위해 고객의 지급 과정을 나누는 방법도 있다. 게임기 엑스박스나 닌텐도 스위치는 본체의 가격을 낮게 설정하고 게임팩을 판매함으로써 이익을 얻는다. 이것은 초기 구매 가격을 내리고 그 후에 게임을 즐기는 종류에 따라 지급 가격이 증가하는 일종의 침투가격 설정이라고 볼 수 있다.

이 방법이 성공하기 위해서는 자사의 게임팩 외에는 구매하지 못하는 구조가 필요하다. 실제로 타사의 게임기로 교체하면 기존 게임팩을 사용할 수 없게 되거나 새로운 사용법을 알아야 한다. 이는 고객의 충성도를 유지하는 가장 일반적인 방법이다.

6 │ 소비량에 의한 가격 차별화: 용량과 맴버십

식음료는 용량을 증가시키면서 가격을 올리는 경우가 있다. 예를 들어 350mL에 1,300원짜리 캔콜라 제품이 있는데 500mL에 1,500원짜리 플라스틱 보틀 제품을 추가했다고 하자. 그러면 제품의 가격은 상승하지만 1mL당 가격은 내려가게 된다.

들고 다니기 귀찮아서 한 번에 마시고 싶은 소비자는 기존의 가격이 저렴한 제품을 선호할 것이다. 틈틈이 목이 마를 때 마시고 싶은 소비자라면 뚜껑을 여닫을 수 있는 500mL 플라스틱 보틀 제품을 선호할지도 모른다.

이 경우는 지급 의사 금액이 다른 소비자들을 타깃으로 한 가격 차별화라고 볼 수 있다. 단위당 가격이 낮아지므로 소비자들은 제품 당 가격이 높아진 것에 큰 불만을 갖지 않을 것이다.

소비량을 토대로 하는 가격 차별화는 최근에 온라인 쇼핑몰에서 많이 사용하는 방법이다. 쿠팡이 최근 도입한 정기구매 프로그램 로켓와우클럽은 일용품이나 화장품을 일정 기간 정기적으로 구매하는 계약을 맺으면 제품 한 개당 가격이 대폭 할인되는 구조다. 이는 동일한 제품을 지속해서 구매하는 고객에게는 이득이다. 따라서 이것은 구매량에 따른 가격 차별화의 일종이라고 할 수 있다.

구매량이 적은 고객은 이용하지 않을 것이고 구매량이 많아도 원하는 브랜드가 할인 품목에 없는 고객은 이 프로그램을 이용하지 않을 것이다. 이 프로그램에 가입한 사람만 받는 부당한 대우를 받는다고 여기지 않는다.

3 이제 제품 가격을 결정해 보자

지금까지 가격 결정의 원리를 살펴보았다. 제품에 대한 가치를 고객이 어떻게 생각하고 있는지 제품이 출시되기 전에 미리 알아내고 그 가격을 산정하면 예상 판매 수량을 알 수 있다. 판매 수량을 예측할 수 있다면 판매 수익도 알 수 있어 계획적이고 안정적으로 쇼핑몰을 운영할 수 있다.

카페 회원을 통한 가격 확정하기

셀러마케팅캠퍼스 회원이라면 카페 회원들에게 제품에 대한 가격을 물어볼 수 있다. 커뮤니티 회원의 특징은 관심사를 가지고 있다는 것과 활동하는 회원 간의 신뢰가 쌓여 있다는 점이다. 이를 활용하여 제품을 내놓기 전에 미리 판매 제품의 인기도나 가격 선을 조사해 볼 수 있다. 신규 사업자들에게는 실패율을 줄여 주는 역할을 한다.

카페와 같은 커뮤니티를 이용한 가격 결정 방법에는 일반적으로 설문 조사와 투표에 의한 방법이 사용된다.

1 | 설문 조사에 의한 가격 결정하기

카페 게시판에 제품의 장단점을 설명하고 판매 예상 가격도 공개한다. 카페가 활성화되어 있거나 카페 회원의 단톡방에 참여하고 있다면 많은 회원이 댓글이나 카톡으로 자신의 생각을 제시하게 된다. 이 결과를 가지고 판매 가격을 결정하면 현실적인 가격 책정을 할 수 있다.

다음 예는 홍콩에서 명품 화장품을 들여오는 것에 대한 시장성에 대해 카페 회원들의 단톡방에서 조사를 한 것이다. 가격은 시중 가격의 60%로 공급할 계획이며, 판매 예정자는 판매가 많이 이루어질 것으로 예측하고 회원들의 반응을 물어보았다.

실제로 판매 예정자는 판매가 많이 이루어질 것으로 예측했지만, 단톡방 회원들의 반응은 온라인 병행수입 제품의 한계와 정식 통관 절차에 대한 확인이 우선이라는 조언을 했다. 만약에 판매자가 제품의 질이 좋고 가격 경쟁력이 있다고 생각하여 시장 조사를 하지 않고 판매했다면 아마도 크게 실패할 수도 있는 제품이었다. 다행히도 판매자는 미리 의견을 물어 쇼핑몰에 해당 제품을 판매하지 않기로 결정했다.

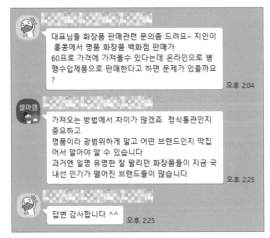

제품에 대한 의견을 묻는 단체 카톡방

이렇게 활성화된 카페를 활용하면 회원들의 반응을 통해서 시장을 예측해 보고 판매 실패의 확률을 줄일 수 있다는 장점이 있다.

도매매에서 상품을 가지고 오려고 하는데요!! 질문이 있어요. | 스마트스토어 질문   전체공개 2019.05.13. 17:52 | 보관 | 수정 | 삭제

화분(snac****) 정회원

https://cafe.never.com/secretsfarm/4587 주소복사

도매매에서 상품을 가지고 오려고 하는데.. 가격을 어떻게 해야할지 모르겠습니다. 같은 상품인데 스마트스토어에서 어떤 사람은 최저가로 거의 마진도 없이 파는거갈던데 그렇게 팔면 남지가 않을거갈아서요. 어떻게 해야 괜찮을까요?

이 작성자의 게시글 더보기

댓글 3 | 등록순 ▾ | 조회수 4 | 좋아요 ▾ | ♡ 0

셀마캠 아이언맨 2019. 05. 13. 18:04 ↳ 답글   신고
안녕하세요~ 가격같은 경우는 저의 경우 도매매 이용할 때, 네이버 쇼핑과 쿠팡을 분석해서, 가격대가 완전히 무너진(예를 들면 도매가가 1000원인데 소매가가 800원인경우, 도매가가 1000원인데 소매가가 1100원인경우. 후자는 소매가가 더 많긴 하나 결과적으로 수수료 등을 생각할 때 남지 않음) 상품은 취급하지 않는 편이고, 정상적인 제품이라면 도매가 ×1.3배를 해서 소매가를 정하는 편입니다.

셀마캠지기 2019. 05. 13. 18:07 ↳ 답글   신고
네 저도 아이언맨님 의견에 동의합니다~ ^^ 아예 팔지 못할만한 제품은 포기해야죠.

산과들 2019. 05. 13. 18:09 ↳ 답글   신고
도매매로 판매는 저도 해봤는데.. 그런 제품은 과감히 포기하고 하시는게 좋아요. 가격대 무너지지 않은 상품도 엄청 많은데 왜 굳이?

등록

😀 스티커   📷 사진

제품에 대한 회원 반응을 알아보기 위해 만든 콘텐츠

2 | 투표에 의한 가격 확정하기

어떤 판매 제품을 선정해야 할지 막막할 때 활용하면 효과가 있다. 판매 제품은 어떤 것으로 정해야 할지, 가격은 얼마로 해야 할지, 주 타깃 시장은 어디로 정해야 할지 등에 대해서 미리 카페 회원을 상대로 투표를 통해서 알아보는 방법이다.

다음 예는 의류 쇼핑몰에서 판매할 의류 신상품을 선정하기 위해서 어떤 스타일 제품을 선택할 것인지, 가격대는 중저가를 선호하는지 고가를 선호하는지 등에 대해서 투표를 한 내용이다.

투표에 의한 가격 설정

쇼핑몰 운영자 입장에서는 이러한 데이터를 토대로 판매 제품을 선택하고 가격을 정한다면 제품 선정의 실수를 최소화할 수 있다.

경쟁사의 판매 가격 기준에 의해 가격 결정하기

경쟁 쇼핑몰의 판매 가격에 기초해서 제품의 가격을 책정하는 방식이다. 제품에 대한 제작 원가나 고객의 가치는 큰 비중을 두지 않는다.

현재 시장에 주류로 형성되어 있는 가격에 맞추기 때문에 고객이 제품 가격에 대한 심리적 장벽이 없다는 장점은 있지만 시장을 선도하는 쇼핑몰의 가격 정책에 따라 가격이 변동되기 때문에 이에 따라가는 쇼핑몰 운영자는 가격에 대한 결정권이 없어서 매출과 수익에 대한 예측이 종속적으로 될 수밖에 없다.

경쟁 쇼핑몰의 판매 가격은 네이버쇼핑이나 다나와닷컴, 에누리닷컴 등의 가격 비교 사이트를 활용하는 것을 권장한다. 가격 비교 사이트는 최저 가격과 최고 가격을 산정하고 판매 조건을 확인하는 데 편리하여 시장에서 가격을 어떻게 정할 것인지를 결정할 수 있다. 다음은 LG전자의 '쿼드비트 4'라는 이어폰 제품을 네이버쇼핑에서 찾아 경쟁 쇼핑몰의 판매 가격을 조사하고 이를 표로 작성한 것이다.

쇼핑몰	가격	부가 조건	특징
메트릭스 클럽	28,900원	쿠폰 적용 최저가	쿠폰 없이는 3만원
G마켓	29,620원	음원 쿠폰 제공, 오늘만 해당 가격에 제공	해당일이 지나면 3만원으로 가격 상승
옥션	29,230원	없음	

가격 비교의 조건 검색 내용

조사한 가격을 살펴보면 28,900원에서 최고 29,620원까지 책정되어 있다. 부가 조건은 예외 상황이므로 이를 제외한다면 정상적으로 구매할 수 있는 가격은 3만 원으로 생각할 수 있다. 또한 '쿼드비트 4'를 구매하는 고객의 경우 줄을 보관하기 위해서 '이어폰 줄감개'를 반드시 구매하는 경우가 많다. 따라서 부가 조건에는 큰 이익이 남지 않는 이어폰 줄감개를 무료로 제공하고 이어폰 줄감개 서비스 항목을 추가한 상대로 3만 원이라는 가격을 책정하면 다른 경쟁 쇼핑몰과 비교했을 때 경쟁력 있는 가격을 정할 수 있다. 이처럼 쇼핑몰 간의 가격 및 조건과 특징을 분석한 뒤 자신이 제공하는 판매 제품의 가격 가치가 고객에게 어느 정도 어필될 수 있을지 판단하여 가격을 책정하는 것이 중요하다.

4 경쟁사 분석표를 만들어 보자

시장 규모를 파악하고 경쟁 제품에 대한 조사가 끝났다면, 이제 자신이 판매할 제품의 경쟁력을 파악하기 위해 경쟁사 분석표를 작성해야 한다.

경쟁사 분석표 항목

경쟁사 분석표를 작성할 때에는 제품의 특성에 따라 항목이 달라질 수 있다. 일반적으로 제품 컨셉, 경쟁력, 가격, 홍보 방법 등의 항목을 다루는 것이 효과적이다.

1 | 제품 컨셉

제품 컨셉이란 그 제품이 무엇인지를 설명하는 짧은 문장이다. 현대자동차의 대형 SUV인 '팰리세이드(PALISADE)'의 컨셉은 '당신만의 영역'이다. 공간을 중요시 하는 현대인의 트렌드를 반영하는 것이다. 제품명 '팰리세이드(PALISADE)'는 나만의 공간을 의미하는 '케렌시아(Querencia, 투우장에서 투우사가 쉬는 공간이라는 뜻으로 스트레스와 피로를 풀며 안정을 취할 수 있는 곳)'라는 단어에서 모티브를 얻었다. 현대자동차의 설명에 따르면 팰리세이드는 신차 기획과 설계, 평가 단계에서부터 고객의 라이프스타일을 연구하고 반영해 공간으로써 자동차의 가치를 극대화했다고 한다. 이처럼 같은 제품이라도 컨셉에 따라 고객에게 다르게 다가갈 수 있다.

제품의 품질이나 판매에서 어떤 부분을 가장 중요하게 생각하고 있는지 정리한다. 해당 제품을 판매하는 쇼핑몰의 제품 소개나 해당 제품의 공식 사이트에서 소개하는 제품 관련 콘텐츠를 정리하여 비교해 보면 된다.

화력을 강조하는 솥뚜껑 불판　　　제조 공정을 강조하는 솥뚜껑 불판

2 | 경쟁력

제품 경쟁력이란 차별화 포인트다. 고객에게 유용할 수 있는 기능 중심으로 정리하는 것이 좋다. 다른 제품에는 없는 경쟁력이라면 좋겠지만 동일한 제품군이라도 제품 제조사나 성능에 따라 고유의 특징이 있으니 이 중에서 강조점을 정리하여 비교해 본다.

3 | 가격

1년을 기준으로 평균 가격을 조사하여 비교한다. 쇼핑몰별로 이벤트 가격, 행사 가격을 따로 분류하여 비교하는 것도 중요하다. 의류와 같은 계절 상품인 경우는 봄(3월~5월)/여름(6월~8월)/가을(9월~11월)/겨울(12월~2월) 등 계절에 따라 취급하는 주요 의류의 가격대를 조사하여 비교하는 것이 좋다. 또한 계절 막바지의 할인 행사나 신제품 입하 때 시행하는 이벤트 등 특수한 경우를 고려한 가격과 횟수를 조사하여 비교해 본다.

4 | 홍보 방법

홍보 방법은 포털 사이트의 검색 노출도를 중심으로 조사하는 것이 좋다. 자세하게 조사하기는 쉽지 않겠지만 마케팅의 방향성은 체크할 수 있다.

예를 들어, 다이어트 용품 쇼핑몰의 홍보 방법을 비교한다면 우선 각 포털 사이트의 유료 광고에서 자주 등장하는 쇼핑몰을 정리하고, 그 쇼핑몰의 커뮤니티 활성화 정도를 평가한다. 평가 항목은 회원 게시판의 게시글 수, 게시판 글에 달린 회원 댓글 수, 그리고 전문 콘텐츠 수 등을 자신의 쇼핑몰과 비교하면 홍보 방법에 대한 객관화된 자료를 만들 수 있다.

경쟁사 분석표 작성하기

자료 조사와 분석이 끝났으면 표를 작성한다. 경쟁사 분석표는 시장의 흐름에 따라 지속적으로 비교 분석해서 작성하자.

항목	경쟁사	내 쇼핑몰	개선 방향
제품 경쟁력	다양한 피트니스 제품 입점	다이어트 쉐이크와 헬스 보충 중심의 구성	다양한 상품 보유 필요
가격	• 일반 가격대로 형성 • 중국산 수입품 위주	평균 시세보다 약간 높은 가격에 형성	품질과 디자인의 우수성을 통한 부가가치 창출
홍보 방법	• 검색어 광고 • 배너 교환	• 키워드 최적화 • 블로그/카페 홍보 • 입소문 홍보	세부 검색어 공략 준비
기타	관련 사이트별로 고객을 유도하는 마케팅 효과	저비용 고효율의 마케팅 효과	커뮤니티 마케팅을 통한 신규 고객 발굴

경쟁사 분석표 예시

5 판매 가격 노출도 요령이 필요하다

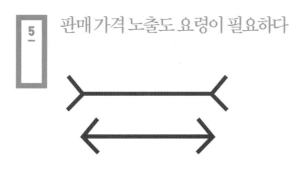

위 두 선의 길이는 똑같지만 똑같아 보이지 않는다. 착시 현상 때문이다. 제품에도 이런 효과를 주어 가격을 책정하면 실제로는 비싸지만 싸게 보일 수 있다.

큰 그릇이라도 적게 채우면 적게 느껴지고 작은 그릇이라도 가득 채우면 많게 느껴진다. 이 원리를 가격 책정에 사용하면 저렴하게 보일 수 있다. 가격을 10,000원으로 책정하면 채워졌다는 느낌을 받는다. 그러나 9,990원이라고 하면 조금 덜 차 보인다. 자릿수가 다르고 신경을 더 쓴 느낌이 들기 때문이다. 물건을 살 때 보면 이와 같이 덜 채운 느낌으로 가격을 표시하여 고객에게 비싸지 않다고 인식할 수 있도록 하는 경우를 어렵지 않게 볼 수 있다.

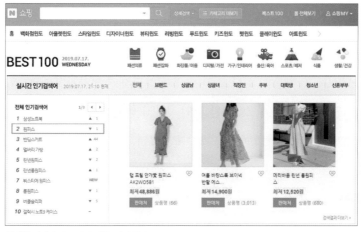

최대한 저렴하게 보이기 위한 가격 책정

네이버쇼핑 'BEST100' 제품의 가격을 살펴보자. 28,900원, 16,800원, 19,900원 등 약간씩 모자라는 가격으로 책정하여 고객에게 최저가, 혹은 최대한 저렴한 가격을 책정했다는 인상을 주고 있다.

6 나눌수록 돌아온다

네이버쇼핑 목록에서 보면 포인트에 대한 부분이나 할인금액, 추가 할인, 무료배송 등의 혜택들이 보인다. 네이버는 같은 카테고리에서 비슷하거나 동일한 상품을 파는 판매자의 경우 구매자에게 혜택을 더 많이 주는 판매자를 우대한다. 구매자에게 유리하다고 판단하는 것이다.

구매자에게 주는 혜택은 판매자에게는 가산점이 된다. 가산점은 곧 검색 시 상위 노출과 연결된다. 판매자가 구매자에게 주는 혜택을 항목별로 자세히 알아보자.

1 | 복수구매할인

판매가에 적용되는 기본적인 할인가 외에 추가적인 할인 혜택을 말한다. 예를 들어 하나에 123,000원인 제품이 있다고 하자. 2개 선택하면 정가가 246,000원일 경우, '200,000원 이상 구매 시 2,000원 할인'이라고 하면 복수구매할인이 적용된다. 고객이 결제하는 금액은 '246,000 - 2,000'인 244,000원이 된다.

2 | 무이자 할부

고객에게 주는 혜택 중에 가장 큰 혜택이다. 3개월, 6개월, 9개월, 12개월 단위로 설정할 수 있다. 무이자 할부 혜택 개월 수가 높을수록 네이버가 주는 가산점이 크다. 판매자가 부담하는 이자가 더 커지기 때문이다. 판매자가 부담하는 이자는 무이자 할부를 선택한 구매자의 경우에만 적용된다.

7 옵션으로 가격을 차별화하라

고객에게 가격이 저렴하다는 인식을 주는 방법 중에는 제품의 품질에 따라 등급을 나누고 가격을 차등 적용하는 방법도 있다. 등급별 제품 중에서 가장 낮은 금액으로 표시한 뒤 구매 단계에서는 제품의 질에 따라서 상(5,000원), 중(4,500원), 하(4,000원) 등과 같이 고객이 품질 대비 가격대를 선택할 수 있도록 하는 것이다.

실제로 35,900원이라고 쓰인 쇼핑몰의 운동화 광고를 보고 클릭한 적이 있다. 판매 페이지로 이동해 보니 해당 제품은 품절이고 가장 저렴한 제품이 51,600원이었다. 살펴보니 맘에 드는 제품이 많아서 적당한 제품을 찾아 구매했다. 사은품도 받았다. 처음부터 51,600원의 가격을 보여주었으면 나와 같이 저렴한 가격의 신발을 찾는 사람이 클릭할 가능성은 없었을 것이다.

다만 이런 상황이 반복되면 미끼처럼 보여 소비자 입장에서는 불쾌할 수 있기에 네이버쇼핑에서는 가격 폭 조정에 대한 가이드라인을 제시하고 있다.

판매가	옵션가 추가금액 제한
2,000원 미만	0 ~ +100%
2,000원~10,000원 미만	−50% ~ +100%
10,000원 이상	−50% ~ +50%

가격은 크게 판매가, 할인가, 옵션가로 나누어진다. 옵션을 활용하면 다양한 가격을 만들어 클릭을 유도하는 데 도움을 받을 수 있다.

다음의 예시를 통해 7가지 상품을 하나의 옵션으로 등록하는 방법을 알아보자.

상품번호	최종 소비자가	판매가	할인가	옵션가
1	35,000	35,000	25,000	10,000
2	45,000	35,000	25,000	20,000
3	50,000	35,000	25,000	25,000
4	25,000	35,000	25,000	0
5	35,000	35,000	25,000	11,000
6	20,000	35,000	25,000	−5,000
7	5,000	35,000	25,000	−20,000

제품의 가격과 옵션

소비자가 최종적으로 결제하는 금액은 다음과 같다.

> **최종 소비자가 = 할인가 + 옵션가**

우선 판매가를 35,000원으로 설정했을 때 가격이 10,000원 이상인 경우에 판매가(할인가 아님)를 기준으로 옵션 가격을 '-50%~+50%'까지 붙일 수 있다. 그렇다면 판매가 35,000원에 함께 등록이 가능한 옵션 가격은 -17,500원부터 +17,500원이다. 2, 3번 상품의 경우 옵션가가 20,000원, 25,000원으로 17,500원을 넘어선 가격이기 때문에 옵션을 함께 등록하기 어렵다. 7번 상품의 경우도 옵션가가 -20,000원으로 -17,500원을 넘어선 가격이므로 역시 등록할 수 없다. 옵션가를 지나치게 높거나 낮게 설정하여 소비자들을 오해할만한 행위를 하는 일은 지양하는 것이 좋겠다.

온라인 채널을 가능하게 하는
롱테일 비즈니스 모델

미국의 IT 전문잡지 '와이어드(WIRED)'의 편집자 크리스 앤더슨(Chris Anderson)은 온라인 채널에 오프라인과 경쟁하지 않는 영역을 발견했다. 온라인 채널에서 취급하는 품목을 매출 순으로 나열하면 오른쪽으로 길게 이어지는 꼬리형 모양(롱테일 분포)이 만들어진다. 이 그래프에서 매출 순위가 상위에 있는 몇몇 아이템은 매출 수량이 상당히 많지만, 매출 순위가 하위인 다수의 아이템은 고만고만하게 팔리는 적은 매출의 아이템이다.

가로축에 수량을 세로축에 아이템 수를 놓고 그림을 그리면 우하향하는 곡선이 된다. 앤더슨이 발견한 것은 꼬리 쪽에 있는 다수의 비주류 아이템은 오프라인 채널에서는 채산이 맞지 않는, 즉 온라인 채널에서만 취급할 수 있는 물건이라는 것이다.

반면 좌측의 머리 부분에 있는 주류 아이템은 어느 채널에서나 취급할 수 있다. 이는 도서 유통을 보면 이해가 쉽다. 오프라인 서점은 아무리 대형서점이라 해도 재고 공간에 제약이 있어 베스트셀러가 아닌 비주류 도서를 갖추기에는 한계가 있다. 공무원 수험도서를 사려면 교보문고보다는 노량진이 유리한 것과 마찬가지다. 한편 예스24나 알라딘 같은 온라인 서점은 대규모 유통센터와 네트워크를 가지고 있어 큰 부담 없이 비주류 도서를 가져다 둘 수 있다.

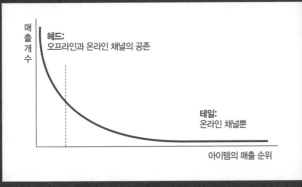

매출의 롱테일 분포

엔더슨의 주장은 각 아이템으로 보면 개별 수익은 미미하지만, 비주류 제품을 전부 합산하면 어느 정도의 수익이 될 수 있다는 말이다. 비주류와 주류의 양쪽을 갖추면 비록 작은 쇼핑몰이라도 균형 잡힌 수익구조를 낼 수 있을 것이다.

● 비주류 아이템에도 관심을 가져보자

쇼핑몰에서 가장 많이 활용되는 것이 리뷰나 후기를 활용하는 추천 시스템이다. 많이 사면 좋을 거라는 막연한 인식을 이용하여 선호가 비슷한 다른 고객이 이미 구매한 아이템을 추천하는 것이다. 이런 경향을 고객 간의 유사성이라고 부를 수 있다. 주류 아이템을 좋아하는 고객[3]은 주류 아이템만 찾는다. 결국 비주류 아이템을 찾는 것은 마니아 층[4] 이 되고 그들은 서로 끼리끼리 뭉치고 정보를 교환한다.

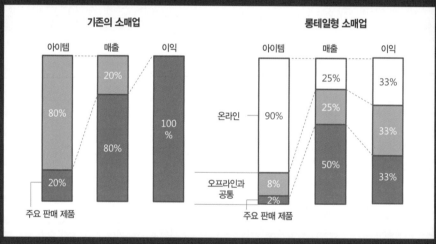

롱테일의 수익 구조

고객 간의 유사성은 과거 구매 이력에서 찾는 것이 일반적이다. 지금까지 비슷한 것을 구매한 두 사람은 다른 제품에 대해서도 기호가 비슷할 것이라고 추정할 수 있다. 화장품의 경우 본인의 특성(성별, 연령, 피부 타입 등)도 추천의 근거가 된다.

3 　이런 현상을 밴드왜건 효과(bandwagon effect)라고 부른다. 밴드왜건 효과는 편승 효과라고도 하며 어떤 선택이 대중적으로 유행하고 있다는 정보가 그 선택에 더욱 힘을 실어주는 효과를 말한다.

4 　이런 현상을 스놉 효과(snob effect)라고 부른다. 스놉 효과는 속물 효과라고도 하며 특정 제품에 대한 소비가 증가하게 되면 오히려 그 제품의 수요가 줄어드는 현상을 말한다.

● 콘텐츠 간의 유사성을 고려하자

또 다른 원리는 콘텐츠 간의 유사성이다. 고객의 구매 이력과 아이템의 속성과의 관계를 통해 그 고객이 어떤 속성을 중시하고 구매하는지를 추정해 그에 맞는 속성을 지닌 아이템을 추천한다.

콘텐츠 간의 유사성에서는 추천이 가능하고 고객 간의 유사성에서는 추천이 불가능한 것이 있는데, 누구도 아직 구매한 적이 없는 아이템이 이에 해당한다. 즉, 고객 간의 유사성에는 맞지 않는 제품이다.

이들 두 원리를 혼합하거나 별도의 로직을 사용하는 등 다양한 방법을 통해 매출분포의 비주류에 있는 아이템을 추천한다면 롱테일형 비즈니스 모델은 더욱 성공할 것이다.

카메라 장비에 관심이 많은 A씨의 예를 들어보자. 렌즈 교환형 카메라를 사용하는 그가 필요한 렌즈 보관용 가방은 대형 백화점 쇼핑몰에서는 취급하지 않는다. 비주류 아이템은 해당 제품 카테고리에 조예가 깊고 자신의 특별한 니즈를 갖는 사람에게 필요하기 때문이다. 이익이 작다는 이유로 그러한 아이템을 취급하지 않으면 이 쇼핑몰은 우량고객을 놓칠 우려가 있다.

반대의 경우도 생각해볼 수 있다. B씨는 1년에 두 번 정도 우리 쇼핑몰에서 비주류 제품인 유리막 코팅제만 구매한다. 구매 금액 자체도 크지 않다. B씨는 아마 '자동차 LED 안전 삼각대'가 필요할 것이다. 또한 '자동차 리무버'나 성능 좋은 와이퍼가 필요할 수도 있다. 그가 선호하는 전문 제품을 우리 몰에서 함께 취급한다면 우량고객이 될 잠재력을 가지고 있다.

이와 같이 온라인 쇼핑몰에서 전체적으로 구매 금액이 큰 우량고객을 유지하는 데 비주류 제품으로 구색을 갖추는 것이 무기가 될 가능성이 있다.

제 4 부

광고비를 아끼는
스마트한 마케팅 전략

쇼핑몰을 운영하는 사장님들의 가장 큰 불만 중 하나가 키워드 광고에 대한 비용 부담이다. 네이버 좋은 일만 시키다 끝난다는 것이다. 광고를 안 하면 방문자가 들어올 마땅한 창구가 없고 광고에만 기대자니 수익성이 열악해진다.

결론부터 말하면 쇼핑몰 시작 단계에서 광고에 의존하면 수익성이 너무 떨어지므로 바람직하지 않다. 쇼핑몰 초기 3~6개월은 광고 없이 매출을 일으킬 수 있는 자생력을 갖춰야 한다. 그래야 나중에 광고를 하더라도 그 이상의 매출 효과를 얻을 수 있다.

돈 들이지 않는 마케팅 방법으로 대표적인 것이 '바이럴 마케팅', 즉 '입소문 마케팅'이다. 바이럴 마케팅을 진행하다 보면 아무래도 블로그 상위 노출에 집중할 수밖에 없다. 그러나 더 중요한 것은 자발적으로 어필될 수 있는 콘텐츠 개발이다. 필요한 키워드에 정확히 내 정보가 노출될 수 있으면 된다는 말이다. 아무리 상위 노출을 잘 시키더라도 그 안에 알맹이가 없다면 매출과 연결시키기는 어렵다. 반면 조회수는 별거 없지만 검색하는 사람들에게 꼭 필요한 정보를 제공한다면 매출 효과는 극대화될 수 있다. 이는 맛있는 붕어빵의 비밀이 앙꼬에 있는 것과 같은 이치다.

적은 비용으로 성과를 낼 수 있는 바이럴 마케팅은 과연 어떻게 하면 좋을까? 바이럴 마케팅으로 성과를 올리는 사람들은 자신의 능력과 존재를 성과로 연결시키기 위해 끊임없이 노력한다는 공통점이 있다. 이를 실행 능력이라 부른다. 실행 능력은 하나의 습관이다. 즉 습관적인 능력들의 집합이 실행 능력이다. 실행 능력은 지속적으로 배워야 가능하지만 목표를 정해 놓고 꾸준히 한다면 누구나 성과를 낼 수 있다. 4부에서는 돈 들이지 않고 할 수 있는 마케팅 방법에 대해 우선 알아본다. 그러나 광고 없이 매출을 끌어올리는 데에는 한계가 있다. 따라서 광고의 필요성과 쇼핑몰 운영에 필요한 광고에 대해서도 살펴볼 것이다.

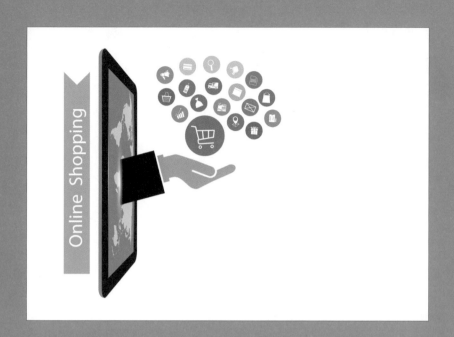

제 10 장

쇼핑몰 마케팅의 기본기

1 누구와 싸우고 누구를 경계해야 하는가

사업 초기 흔히 하는 또 다른 실수는 제품 판매 목표를 크게 잡는 것이다. 자신이 판매하려는 제품에 대한 시장 규모를 조사하고 근접 시장을 개척하고 싶어 한다. 시장 규모는 개인이 움직일 수 있는 요소가 아니기 때문에 시장 규모를 잘못 파악하면 아무리 노력해도 수익이 별로 발생하지 않는다. 자신이 파악할 수 있는 작은 단위부터 시장 조사를 정확히 하고, 수천만 가지 제품 중 본인이 취급하려고 하는 제품은 과연 어떤 경쟁 상대를 가졌는지를 파악하고 조사하는 것이 필요하다. 그래야 비교 우위에 설 수 있다.

A라는 제품에 대해서 온라인에서 가장 유사한 제품들은 얼마나 판매가 되고 있는지, 대표적인 키워드로 소비자가 얼마나 검색을 하고 있는지를 검토하고, 본인이 취급하고 있는 제품의 장점과 가격 경쟁력을 도출해서 경쟁력 있는 제품으로 구성해야 한다. 이렇게 경쟁력을 갖춘 다음에 시장 규모에 맞춰 마케팅에 투

자할 수 있는 여력을 만드는 것이 중요하다. 시장 규모를 파악하는 요소로는 시장의 성장세와 쇼핑몰 업체 수가 있다.

1 | 시장의 규모 및 성장세

매출 규모는 자신이 쇼핑몰에서 이룰 수 있는 수익과 매출을 파악하는 데 중요한 지표다. 최근 5년 이내의 자료를 통해서 매출 규모를 파악한 뒤 해당 시장의 규모가 성장하고 있는지 아니면 후퇴하고 있는지를 알아볼 필요가 있다. 시장 규모를 파악할 때는 객관적인 자료를 수집하는 것이 중요하다.

국내 시장 규모는 국내 생산량에서 수출 물량을 차감하고 수입량을 가산하면

사이트	설명
국가통계포털 (www.kosis.kr)	통계청에서 운영하는 사이트로 주제별 통계와 시장 규모, 경쟁 업체 수 등을 확인할 수 있다. 종합몰 운영자라면 큰 카테고리 중심으로 통계 자료를 제시하므로 도움되는 통계가 많다. 선호하는 아이템을 선택하고 전략 마련을 위한 마케팅 자료로 활용하기 좋다.
무역진흥공사 상품DB (news.kotra.or.kr)	무역진흥공사(KOTRA)에서 운영하는 사이트로 전 세계 국가의 산업별 수출입 동향을 파악할 수 있다. 각종 보고서도 무료로 다운받을 수 있다. 자신이 운영하는 분야의 전체 규모나 향후 성장세를 전망하는 분석 자료로 사용하는 데에 효과적이다.
무역협회 무역통계 (stat.kita.net)	수출입 관련 통계를 찾아볼 수 있는 사이트다. 회원가입만 하면 각종 자료를 무료로 볼 수 있다. 시계열통계, 매트릭스통계, 기간비교통계, 순위통계, 추이통계, 다중비교통계 등은 아쉽게도 유료가입 회원사에게만 제공한다.
한국갤럽조사연구소 (www.gallup.co.kr)	대표적인 여론조사 기관으로 수준 높은 자료가 많다. 일반적으로는 유료 서비스지만 '조사자료실'의 갤럽 리포트, 갤럽 칼럼 등 무료 자료만 검토해도 트렌드에 대한 유용한 정보를 얻을 수 있다.
트렌드인사이트 (www.trendinsight.biz)	사회, 경제, 문화 현상과 사례를 기반으로 비즈니스 기회가 될만한 인사이트를 소개하고 있다. 미래를 변화시키는 것은 작은 트렌드이므로 관심 있는 카테고리가 있다면 많은 도움을 받을 수 있는 사이트다.
버즈스모 (www.buzzsumo.com)	버즈스모는 소셜의 입소문 점유율을 보여주는 사이트다. 관심 있는 키워드를 입력하면 원하는 기간을 필터링하여 SNS별, 나라별, 언어별 다양한 옵션으로 한 눈에 보여준다.

객관적으로 산출할 수 있다. 수출입 물량은 국가통계포털, 무역진흥공사, 무역협회의 통계 자료를 활용할 수가 있다.

관련 제품에 대한 국가 통계, 연구기관 또는 관련 협회의 자료가 있으면 가장 좋다. 부족하다면 산업의 제품 통계를 이용할 수도 있다. 예를 들어 '자동차 부품'을 취급하는 쇼핑몰이라면 완성차 생산 통계를 활용하여 완성차 소요량을 적용하여 부품에 대한 시장 규모를 추정할 수 있을 것이다. 매출 규모가 10% 이상 증가한다면 성장세에 있다고 판단할 수 있다.

2 | 쇼핑몰 수

현재 시장에 존재하는 쇼핑몰의 수를 말한다. 일반적으로 쇼핑몰이 많을수록 경쟁이 치열함을 의미한다. 하지만 쇼핑몰 수가 너무 적다면 해당 분야의 시장성이 작아 성공하기 어렵다는 것을 의미하기도 한다. 해마다 해당 분야에서 쇼핑몰 수가 10% 이상 증가한다면 성장세에 있다고 판단할 수 있다.

2 쇼핑몰 운영의 꽃, 마케팅

4P의 마지막에 살펴본 판촉 활동 중에서 가장 중요한 것이 마케팅이다. 지금부터 쇼핑몰에서는 어떻게 마케팅을 하고 있는지 살펴보자.

소셜미디어 이용 리포트(중앙일보, 오픈서베이)

채널을 활용하라

강남역, 신사동 가로수길, 명동 등의 특징은 유동 인구가 많다는 것이다. 그런 곳에는 매장이 집중되어 있다. 쇼핑몰 마케팅에서도 마찬가지로 사용자가 많은 공간에 매장을 오픈하려는 경향이 있다. 사람들이 가장 많이 왕래하는 곳을 중심으로 마케팅을 하는 것은 정석 중의 정석이다. 그런 공간이 바로 채널이다.

채널 마케팅을 위한 광고 기법

포털 사이트, 소셜미디어, 커뮤니케이션 서비스의 주요 수익 모델은 광고다. 채널을 활용하는 쇼핑몰 마케팅은 광고 기법이 주류를 이루고 있는 이유다. 채널을 활용한 마케팅은 비용이 수반되는 광고와 비용이 들지 않는 마케팅으로 구분할 필요가 있다. 아래의 1~4는 비용이 드는 광고이고 5는 비용이 들지 않는 마케팅이다.

1 | 클릭 당 과금(CPC: Cost Per Click) 광고

검색 결과에 노출되는 광고 링크를 통해 쇼핑몰을 방문했을 때만 광고비가 지출되는 방식이다. 네이버에는 파워링크나 네이버쇼핑, 클릭초이스 등의 검색 광고 등이 있고 구글은 에드워즈(Ad words)라는 검색 광고가 있다. 보통 대표 검색어 1~5위에 올라가기 위해서는 클릭당 70~40,000원이 책정되는데 검색량에 따라 하루에 몇십만 원에서 몇백만 원까지 광고비가 지출될 수 있다. 따라서 유료 광고는 제품의 수익률이 높은 경우에 진행하는 것이 바람직하다. 소규모 자영업자라면 클릭당 단가가 낮으면서도 효과가 있는 세부 검색어를 발굴하는 전략이 중요하다.

2 | 월 고정 지출(CPM: Cost Per Million) 광고

Cost Per Million이란 1,000번 노출을 하나의 단위로 정해서 광고 비용을 산정하는 방식을 말한다. 대개는 입찰에 참여하여 1주일 혹은 1개월의 기간 동안 광고를 게재하는 방식으로 진행이 된다. 포털 사이트의 원조 야후!(Yahoo!)가 검색 결과에 배너 광고를 시작하면서 정착시킨 방식이다.

3 | 배너 혹은 디스플레이 광고

인터넷 초창기부터 함께한 광고 방식으로 특정한 지면에 이미지를 노출하는 광고이다. 광고 과금 형태는 CPM 광고와 유사하지만 검색 결과 화면보다 포털 사이트의 메인 화면이나 뉴스 홈, 로그인 화면 등 고객에게 많이 노출되는 웹페이지에 위치한다는 점에서 차이가 있다. 비용이 많이 들어서 주로 이미지가 필요한 영화 광고나 정치 광고 혹은 중견 기업 이상의 대규모 기업에서 사용하는 광고 방식이다.

4 | 오픈마켓 광고

오픈마켓 광고는 옵션에 의존하는 방법을 주로 사용한다. 페이지별 스페셜 광고란에 등록할 때나 제품 등록 시 제품을 부각하기 위한 옵션을 추가할 때 비용을 지급하는 것이다. 오픈마켓은 같은 물건을 판매 가격이 낮은 순으로 보여주기 때문에 가격이 저렴한 것 위주로 많이 판매되는 것이 특징이다. 또한 경쟁이 치열하기 때문에 매출이 올라가더라도 수익을 내기는 쉽지 않다. 따라서 오픈마켓 광고에서의 성패는 자신만의 독보적인 상품을 발굴하여 등록하는 데에 달려 있다.

5 | 비용을 들이지 않는 마케팅

포털 사이트에서의 제품 광고를 보고 물건을 구매하는 사람도 많지만 검색을 통해 구매 정보를 얻고 싶어 하는 사람이 더 많다. 이런 정보는 포털 사이트에서 제공하는 연관 검색어, 지식iN, 블로그, 카페 등에 퍼져 있다. 이런 사람들에게 정보를 제공하면서 매출로 유도하는 것이 바로 비용을 들이지 않는 마케팅이다. 비용이 적게 드는 대신 많은 시간과 정성을 들여야만 한다. 각각의 특징과 그에 대한 마케팅 효과를 정리하면 다음과 같다.

서비스	마케팅 방법
연관 검색어	SNS에 글을 올리거나 카페나 블로그에 글을 작성할 때 연관 검색어를 참고하면 쇼핑몰의 제품을 알리는 데 효과적이다. 특정 검색어를 통한 유입이 높다면 CPC 광고 계획에 대한 팁을 얻을 수도 있다.
지식iN	투자한다는 생각으로 단순 쇼핑몰 홍보가 아닌 전문적인 답변을 제공하자. 관심 있는 사람들에게 신뢰감을 쌓을 수 있고 장기적으로 브랜드 인지도와 쇼핑몰 유입 채널이 될 수 있다.
블로그	전문적인 글을 꾸준히 남기면 검색에 잘 잡히기 때문에 향후 매출 고객에게 간접 홍보를 할 수 있다. 그러기 위해서는 하나의 포스팅을 작성하더라도 풍부한 지식을 바탕으로 구성하여야 한다.
카페	카페의 특성상 유대감이 형성되기 때문에 신뢰를 쌓을 수 있다. 이들을 중심으로 타깃 마케팅을 하면 실제 고객으로 전환하기가 용이하다.
페이스북	지인 중심의 네트워크 서비스로 세계에서 가장 많은 사용자를 보유하고 있는 소셜미디어다. 상업적인 내용은 광고비를 집행해야만 전파가 가능하다는 단점이 있으나 정교한 타깃팅이 가능하고 소액으로 광고를 할 수 있다는 장점이 있다.
인스타그램	태그를 기반으로 한 관심사를 이미지 중심으로 공유하는 소셜미디어다. 페이스북과 광고 플랫폼을 공유하여 사용하기 편리하다. 페이스북에 비해 젊은 사용자가 많다.
유튜브	동영상 플랫폼으로 TV 광고와 동일한 광고를 송출할 수 있다는 장점이 있다. 광고는 물론 콘텐츠를 활용한 마케팅까지 가능한 전천후 마케팅 채널이다.

3 이길 수 있는 조건을 만들고 싸우라

광고 대행사 대홍기획 시절 '한 칼'이라는 별명의 선배가 있었다. 경쟁 PT에 나가면 항상 이겼기 때문에 붙여진 별명이다. 언젠가 선배에게 승리의 비결에 대해 물은 적이 있다. 선배는 웃으며 이렇게 말했다.

"대부분 사람들은 하나의 컨셉을 정한 다음에 논리를 세워. 컨셉이 광고주 마음에 들면 성공하겠지만 반대로 마음에 안 들면 실패하는 거지. 모 아니면 도라고나 할까? 반대로 나는 배경 설명에 공을 많이 들이면서 컨셉이 도출되는 과정을 상세하게 설명해. 그러면 컨셉이 광고주 마음에 안 들어도 컨셉을 만드는 과정에서 이미 설득당하게 되어 있어."

"그게 다예요? 사람들은 선배가 컨셉을 뽑아내는 능력이 뛰어나다고들 하던데요?"

"사람들이 내가 한 칼로 내리치는 모습만 보고 판단해서 그래. 하지만 칼을 날카롭게 가는 숨은 과정이 훨씬 중요하다고 생각해. 말하자면 이길 수 있는 조건을 만들어 놓고 싸우는 거지. 날이 무디면 아무리 세게 내리쳐도 절대로 한 번에 베어지지는 않거든."

마케팅을 하면서 나는 선배의 그 말을 단 한 순간도 잊은 적이 없다. 승리하려면 '이길 수 있는 조건'을 만들어야 한다. 이를 위해서 먼저 전쟁터인 시장과 경쟁자, 구매자, 공급자를 면밀히 파악해야 한다. 즉, 냉정한 시선으로 쇼핑몰의 역량을 평가하면서 자신에게 부족한 점이 무엇인지 파악해야 한다. 다음에 소개하는 항목과 쇼핑몰 자기 분석 체크 리스트로 역량을 체크해 보기 바란다.

1 | 보유 자원과 역량의 진단

대기업을 운영하든 작은 가게를 운영하든 전체를 경영하는 사장의 입장이라면 내부 역량을 진단하여 전략 수립에 반영하는 것이 매우 중요하다. 경영 성과에 영향을 미칠 수 있는 자원 역량으로서는 기업가 역량, 기술 역량, 생산 역량, 마케팅 역량, 재무 역량, 외부자원 활용 역량으로 구분할 수 있으며 구체적 검토 사항은 아래와 같다.[1]

분류	항목
CEO의 기업가 역량	동업계 경력, 기업경영 기간, 제품에 대한 전문지식, 조직관리 역량, 카리스마적 리더십, 사업에 대한 성취 욕구, 사업기회 포착 능력, 위험감수 능력, 공식적 네트워크, 개인적 네트워크
기술 역량	기술자원 인력 확보, 기술적인 문제의 자체 해결 능력, 기술 획득 및 제휴 능력, 연구개발 실험장비 보유 수준, 지적 재산의 효율적 관리, 완성도 높은 기술의 보유
생산 역량	대량 생산 설비의 보유, 최신 자동화 설비 보유, 생산직 기술자 및 숙련공 보유, 생산직 직원의 장기 근속, 원재료 투입 대비 산출물의 효율성, 원재 및 부자재의 안정적 확보
마케팅 역량	고객의 수요 변화 추세에 대한 예측, 고객 및 경쟁자에 대한 지식 확보, 영업 직원 훈련, 고객 욕구에 맞는 다양한 제품 출시, 유통네트워크 확보 및 관리, 고객 불만 대응과 후속 조치 능력
재무 역량	담보·신용보증 활용 차입 능력, 양호한 조건의 외부자금 조달, 자금 조달 다양성, 영업 이익에 의한 운전 자금 조달, 주주의 증자 능력, 낮은 차입 비율 유지
외부자원 활용 역량	타 기관과의 공동연구를 위한 제휴, 다양한 정보 입수를 위한 협회 가입, 정부 지원 자금 또는 벤처 캐피탈의 이용, 생산 등 주요 업무의 아웃 소싱, 타사와의 전략적 제휴, 외부 전문가 컨설팅 활용

내부 역량

---

1   고세훈 (2011), "중소벤처기업의 경쟁전략과 경영성과 간의 구조적 관계에 관한 실증연구," 박사학위 논문

2 | 경영 철학 평가하기

사업을 오랫동안 운영해온 사장님일수록 경영 철학이 뭐냐고 묻는 질문에 그런 건 몰라도 된다며 시큰둥하게 답한다. 경영 철학은 한마디로 말하면 고객에 대한 태도를 결정하는 마음가짐이다. 사람들은 물건을 사면서 '가치'도 함께 산다. 우리가 흔히 말하는 '살만한 가치가 있다'라는 말을 판매자의 입장에서 바꾸어 보면 '내가 고객에게 전달하고 싶은 경영 철학이 있다'와 같다. 쇼핑몰 운영에 관한 철학, 제품 소싱에 관한 기준, 고객을 대하는 마음가짐 등이 있다면 반드시 쇼핑몰 회사 소개에 적어두자. 경영 철학이 문장으로 소비자에게 분명히 전달되어야 여러분도 그것을 지키려고 더 열심히 하게 될 것이다.

항목	내용(예시)
쇼핑몰 운영과 관련된 철학이 있는가?	신뢰와 고객 서비스에 최선을 다한다.
제품 선정과 관련된 기준이 있는가?	내가 쓴다는 생각으로 엄격하게 선정한다.
고객을 대하는 태도는 무엇인가?	불만을 최소화한다. 작은 목소리에 귀 기울인다.
거래처를 대하는 자세는 무엇인가?	함께 성장하고 싶다.
직원을 대하는 마음가짐은 무엇인가?	가족과 같은 회사를 만들고 싶다.

3 | 경쟁력 평가하기

제품의 특징을 얼마나 부각시키고 있는지, 경쟁사와의 차별화 요소는 무엇인지 등을 찾아내야 한다. 판매하는 제품이 마케팅 전략과 비교해 봤을 때 적정한 가격대로 형성되어 있는지도 점검한다. 경쟁 쇼핑몰의 가격 변화에 맞추어서 가격 대응을 하기 위해 공급 업체도 꾸준히 발굴해야 한다. 네이버쇼핑이나 다나와, 에누리닷컴 등의 가격 비교 사이트를 통해 경쟁력 확보 방안을 꾸준히 업데이트하는 것도 중요하다.

항목	내용(예시)
구매자의 재구매 주기가 얼마인가?	일주일, 한 달, 분기, 반기 등
상품의 공급은 쉬운가?	지리적 요인, 안정성, 가격 경쟁력 등
창업자가 잘 아는 제품인가?	제품에 대한 전문성 여부
아이템은 세분화된 것인가?	틈새 상품일수록 유리함
경쟁 쇼핑몰의 수는 얼마나 되는가?	이익이 적거나 대체 가능하면 판매가 되지 않음
제품 배송 시 파손 등의 위험 부담은 없는가?	배송비 증가 위험
반품의 확률이 낮은 제품인가? 높은 제품인가?	표준화 여부, 아이템 특성 파악 필요
가격 경쟁력이 있는가?	네이버 스마트스토어 기준 상위권
유사 경쟁업체와 차별화가 가능한가?	차별화 자체가 불가능할 경우 사업이 어려움
유행에 민감한 제품인가?	단기적인 유행 제품인지 여부
계절에 따라 수요가 달라지지는 않는가?	지속적 영업이 가능한지 여부
법적으로 문제는 없는가?	주세법, 청소년 보호법 등
시장 수요가 있는 제품인가?	재고관리 차원에서 세심하게 접근
수익률이 높은가? 또는 낮은가?	세금, 수수료, 재고비 등을 감안

제 11 장

최강의 쇼핑몰이 되기 위한
온라인 마케팅

1. 소셜미디어 시대, 더 강력한 바이럴 마케팅

바이럴 마케팅의 효과는 영화 '어벤져스 : 엔드게임'이나 '평창 롱패딩'과 같은 경우에서 확인할 수 있다. '어벤져스 : 엔드게임'을 보고 스포일러에 대한 후기가 여기저기 올라오자 궁금증이 꼬리에 꼬리를 물고 안 본 사람들도 "그렇게 재미있다면서?"라며 관람하고 싶어 한다. 오히려 지나친 스포일러 때문에 검색하기가 겁난다는 불평을 하는 사람도 많았다. 그러다 보니 이 영화는 성년식을 치르듯 꼭 봐야 하는 영화가 되어버렸다.

평창 동계올림픽으로 선풍적인 인기를 끌었던 '롱패딩'은 어떤가! 평창 롱패딩은 평창 올림픽 위원회에서 만든 제품이 아니다. 평창 올림픽 공식 후원사인 롯데백화점에서 모 업체에 의뢰해서 올림픽 위원회에 제공한 것이다. 다만 올림픽 기간동안 관람객들에게 팔려고 조금 넉넉한 수량을 제작했다. 그런데 이게 의외로 초대박이 나버렸다.

롱패딩이 인기를 끌자 평창 소가죽 스니커즈라는 제품도 등장했다. 품귀 문제를 막기 위해 사전 예약을 진행했으며 20만 건이 접수되었다. 이처럼 소비자들의 입소문이나 네티즌들의 메신저, 이메일, 블로그 등을 통해서 자발적으로 기업이나 상품을 홍보하게 만드는 기법으로, 내용을 공유하고 확산하며 퍼뜨리게 하는 행위를 '바이럴 마케팅' 또는 '컴퓨터 바이러스'와 비슷하다 해서 '바이러스 마케팅'이라고 부른다.

의도적으로 바이럴 효과를 노린 기업의 광고도 있다. 마이클럽의 '선영아 사랑해'부터 청정원의 '정원아, 나랑 결혼해 주겠니?' 캠페인이 대표적이다. 소비자들에게 호기심과 정보를 제공하여 자발적으로 퍼져 나가도록 하는 것이 이런 광고의 매력 포인트였다.

최근의 의도적인 바이럴 마케팅은 다른 포인트를 핵심으로 내세우고 있다. SNS에서 시선을 끌었던 콘텐츠를 기업이 제품으로 탄생시키는 것이 대표적이다. 얼마전 '궁금했던 레시피 결국 전남친한테 물어봄'이라는 제목으로 게시물이 올라왔다[2]. 한 여성이 전 남자친구의 대화목록을 공개한 것이다. 글쓴이는 전 남자친구에게 "이걸 구실로 어떻게 다시 해보려는 거 아니니까 진짜 레시피만 알려주라."라며 예전에 전 남자친구가 해줬던 토스트 레시피를 물어본다. 이 게시물에 대한 네티즌들의 반응은 뜨거웠다. 글은 토스트 레시피를 통한 유머로 퍼졌고 사람들은 의도치 않은 솔직함에 많은 관심을 보였다.

게시판에는 실제로 자신이 만들어 본 '전남친 토스트'가 올라오기 시작했다. 콘텐츠가 2차로 확산한 것이다. 편의점 업체인 GS25는 이런 콘텐츠를 기반으로 '남자친구 샌드위치'를 출시했다. 주목을 이끌만한 이름과 저렴한 가격, 퀄리티

2   https://www.facebook.com/cybeauty123/posts/1822261377866562

높은 맛으로 사람들의 2차 인증 콘텐츠가 퍼졌다. GS25의 '남자친구 샌드위치'가 네티즌의 관심에 기댄 이슈성 상품이라면 팔도라면에서 네티즌의 눈높이에 맞춘 제품을 전략적으로 개발한 사례도 있다. 이름하여 '팔도 네넴띤'.

'띵작'이라는 단어가 있다. 얼핏 보면 '명작'이라고 읽히는 점에 착안해 이렇게 부르는 것이 유행이란다. 팔도가 출시한 신제품의 이름은 '팔도 네넴띤'. 팔도 비빔면의 포장지를 얼핏 보면 이 단어로 보인다는 착시 효과를 '띵작'의 사례에 편승해 만든 제품명이다. 온라인을 통해 선보인 '팔도 네넴띤'은 1차 2차 판매에서

팔도비빔면의 35주년 기념 한정판 제품 '팔도 네넴띤'

16만개가 순식간에 매진되었다. 또한 오프라인 판매 2주 만에 봉지라면 상위 10위권에 진입했다.

이처럼 콘텐츠가 제품이 된 사례는 무수히 많다. 사람들의 첫 집중도를 끌고, 여기에 제품까지 소비자의 만족을 충족시키면 그 마케팅은 성공하는 것이다. 모든 것이 콘텐츠가 되어 흐르는 현 사회에서 이러한 콘텐츠의 재생산은 큰 매력이 아닐 수 없다.

2 입소문은 고객끼리 상호작용한 결과이다

콘텐츠의 재생산은 고객끼리 만들어내는 자발적인 입소문으로 가능하다. 자발적인 입소문이 상호작용하여 반응하는 형태는 크게 세 가지 계층으로 이루어져 있다.

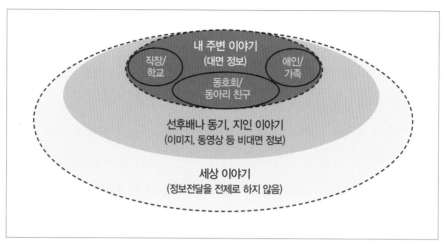

내 주변 이야기
(대면 정보)

직장/
학교

애인/
가족

동호회/
동아리 친구

선후배나 동기, 지인 이야기
(이미지, 동영상 등 비대면 정보)

세상 이야기
(정보전달을 전제로 하지 않음)

사회적 상호작용의 종류

제일 위층은 주변 사람과의 면대면으로 정보가 확산되는 단계다. 그 다음에는 약한 관계의 이웃이나 팔로워들의 후기나 리뷰로 정보가 확산된다. 맨 아래층에는 정보 전파를 필수 전제로 하지 않는 실시간 검색이나 이슈에 반응하는 네티즌의 상호작용이 있다.

이때 정보 확산이 용이하고 영향력이 강력한 것은 뭐니뭐니 해도 시각 정보다. 앞서 말한 영화는 배우들의 이미지가 주는 시각이 자극적이고, 평창 롱패딩은 선수들이 대회 때 입고 다니던 분위기 때문에 보급이 더욱 촉진되었을 수 있다.

이런 상호작용을 연구한 결과가 있다. 마케팅 연구자 샤 양(Sha Yang)과 그레그 앨런비(Greg M. Allenby)는 누군가 외제 차를 구매하면 그 주변 이웃도 따라서 외제 차를 구매하는 경향이 높아진다는 것을 실험했다[3]. 이웃의 자랑을 듣고 차를 갖

3 S. Yang & G. M. Allenby, "Modeling Interdependent Consumer Preferences", Journal of Marketing Research, 40(August, 2003), pp. 282~294.

고 싶어졌다면 입소문 효과, 이웃의 자동차를 보고 갖고 싶어졌다면 바이럴 효과이다.

이런 정보를 고객들이 자발적으로 퍼 나르기 위해서는 연결되는 네트워크가 필요하다. 이를 네트워크 효과라 부른다. 네트워크 효과는 어느 고객의 행동이 다른 고객의 이익에 영향을 미치는 것이다. 예쁘게 찍는 카메라 앱을 다운로드하는 상황을 떠올려 보자. 검색 결과에 나타나는 수많은 앱 중에 대다수는 다운로드 수가 많은 앱을 선택하게 된다. 다운로드 수가 그 앱의 가치에 영향을 미치는 것이 바로 이런 맥락이다.

심지어 그 연결이 돌고 돌아 자신에게도 이익을 가져다 준다고 하면 가치는 더욱 상승하게 될 것이다. 쉬운 예로 요즘 많이 사용하는 내비게이션 앱은 다른 사용자의 주행 정보를 모아 내비게이션에 활용하는 기능이 장착되어 있다. 이 제품의 사용자가 증가할수록 내비게이션의 정확도가 올라가고 가치가 높아지게 된다. 이때 사용자 간에 정보가 흐르지만 각 사용자는 그것을 의식하지 않는다.

이처럼 네트워크 효과는 작은 차이라도 누적되면 큰 차이를 만들어내는 어마어마한 잠재력을 가지고 있다.

3 심리를 이용하는 밴드왜건 효과

다운로드 수가 높은 앱이나 구매평이 많은 스마트스토어의 제품에 신뢰를 갖는 것을 밴드왜건 효과(bandwagon effect)라고 한다. 특정 제품의 사용자가 많을수록 선호도가 높다고 느끼는 것이다. 이는 다른 사람을 모방·동조하는 심리적 메커니즘에 의해 발생한다. 또 구체적인 이익이 있기 때문에 일어나는 경우도 있다.

모방 심리는 무의식중에 발생하는 경우가 많다. 심리학자인 차트란드와 바그 (Chartrand & Bargh)는 누군가 한 사람이 다리를 떨거나 코를 만지거나 하면 다른 참 가자도 동일한 행동을 하는 경향이 있다는 것을 발견했다. 더구나 그들은 자신들 이 다른 사람에게 영향을 받는다는 것을 모른다[4]. 동아리 방을 떠올려 보자. 누구 한 명이 흥얼거리면 나도 몰래 따라서 흥얼거리는 것도 밴드왜건 효과인 셈이다.

복잡 네트워크의 연구자인 매튜 살가닉(Matthew salganik), 피터 도즈(Peter S. Dodds), 던컨 와츠(D. J. watts)는 구매 행동이 다른 사람의 영향을 받기 쉽다는 것을 대규모 실험을 통해 보여 주었다[5]. 그들은 가상의 음악 다운로드 사이트를 만들 고 참가자들에게 사이트에 들어와 음악을 청취하게 한 후 마음에 드는 곡을 다운 로드하는 실험을 했다[6].

실험 참가자들을 몇 개의 그룹으로 나누어 각기 다른 사이트에 배정됐고 참가 자들은 이 사실을 모른다. 각 사이트에는 곡마다 네티즌의 다운로드 횟수가 다 르게 표시되어 있다. 시간이 지남에 따라 각 사이트 사이트마다 과거의 다운로드 횟수가 높은 곡이 계속 다운로드되는 현상이 목격되었다. 타인의 움직임이 사람 들의 선호도를 예상하지 못한 방향으로 이동시키는 것이다. 마케터들이 블로그 상위 노출에 목을 매는 이유 역시 이런 밴드왜건 효과에 기인한다고 볼 수 있다.

4   T. L. Chartrand & J. A. Bargh, "The Chameleon Effect: The Perception-Behavior Link and Social Interaction", Journal of Personality and Social Psychology, 76(1999) pp.893~910.

5   〈상식의 배반〉던컨 J. 와츠 / 정지인 옮김 / 생각연구소, p. 131

6   M. J. Salganik, P. S. Dodds & D. J. Watts, "Experimental Study Of Inequality and Unpredictability in an Artificial Cultural Market", science, 311, 10(Feb, 2006), PP.854~856

소셜미디어를 통해 고객과 소통하라

1 | 소셜미디어란 무엇인가?

소셜미디어는 블로그, 페이스북, 인스타그램이 대표적이다. 2019년에 실시한 오픈서베이의 조사에 의하면 10대 이상의 사용자 중에서 가장 많은 사람이 사용하는 소셜미디어는 인스타그램으로 나타났다. SNS 사용자의 대부분은 다른 소셜미디어도 함께 이용하고 있다.

소셜미디어의 공통된 특징 중 첫 번째는 사용자가 스스로 콘텐츠를 생성한다는 것이다. 이를 UGC(User-Generated Contents)나 CGM(Consumer-Generated Media)이라고 부른다. 두 번째 특징은 사용자들끼리 양방향 커뮤니케이션을 한다는 점이다.

따라서 쇼핑몰 마케팅의 관점에서 소셜미디어를 이용한다면 일방적으로 정보를 보내는 것이 아니라 고객과 양방향으로 커뮤니케이션하는 것을 목적으로 하는 것이 효과적이다. 그 점이 매스미디어 광고같은 전통적 마케팅 커뮤니케이션

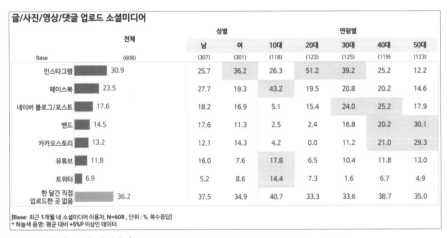

글/사진/영상/댓글 업로드 소셜미디어	전체	성별		연령별					
		남	여	10대	20대	30대	40대	50대	
Base	(608)	(307)	(301)	(118)	(123)	(125)	(119)	(123)	
인스타그램	30.9	25.7	36.2	26.3	51.2	39.2	25.2	12.2	
페이스북	23.5	27.7	19.3	43.2	19.5	20.8	20.2	14.6	
네이버 블로그/포스트	17.6	18.2	16.9	5.1	15.4	24.0	25.2	17.9	
밴드	14.5	17.6	11.3	2.5	2.4	16.8	20.2	30.1	
카카오스토리	13.2	12.1	14.3	4.2	0.0	11.2	21.0	29.3	
유튜브	11.8	16.0	7.6	17.8	6.5	10.4	11.8	13.0	
트위터	6.9	5.2	8.6	14.4	7.3	1.6	6.7	4.9	
한 달간 직접 업로드한 곳 없음	36.2	37.5	34.9	40.7	33.3	33.6	38.7	35.0	

[Base: 최근 1개월 내 소셜미디어 이용자, N=608 , 단위 : %, 복수응답]
* 하늘색 음영: 평균 대비 +5%P 이상인 데이터

소셜미디어 이용 행태(오픈서베이)

과의 차이점이다.

고객과 직접 대화를 나누는 일은 이전부터 오프라인에서 고객상담으로 실시해 왔던 작업이다. 이제 소셜미디어가 그 일을 대신 하게 되면서 판매자와 구매자가 나눈 대화가 제3자에게도 공개된다. 이는 고객을 기분 좋게 하든지 화나게 하든지 그것이 주변에 전파된다는 의미다.

2 | 커뮤니티의 복합체, 소셜미디어

인터넷이 등장하기 전 컴퓨터 통신 시대부터 관심이나 기호, 주장이 비슷한 사람들끼리 모이는 포럼이라고 하는 장이 존재했다. 인터넷이 등장하자 전자게시판, SNS 등이 이를 대신하고 거기에서 커뮤니티나 카페라고 불리는 사용자 모임이 형성되었다.

그리고 자신만의 개성을 표현하는 개인 홈페이지가 유행을 했다. 개인이 자기만의 콘텐츠를 게시하는 장으로 개인 홈페이지가 블로그로 진화했다. 또한 인기 있는 블로그에는 항시적으로 글을 남기는 팬이 모이고, 기호나 주장이 유사한 블로그는 상호 링크를 자유롭게 걸 수 있어서 구성원을 고정하지 않는 유연한 커뮤니티가 생성된다.

페이스북이나 인스타그램, 트위터 등의 SNS에서는 팔로우, 팔로잉으로 네트워크가 형성된다. 네트워크가 밀집된 부분에서는 커뮤니티가 생성되었을 가능성이 높다. 이 지점에 마케팅의 기회가 발생한다.

마케터가 특히 신경 쓰는 부분은 자사의 제품 구매에 강력한 영향력을 미치는 커뮤니티일 것이다. 자사 브랜드를 사랑하는 고객들의 커뮤니티에 대해서는 그들의 충성도를 유지하는 것과 함께 의견을 수렴하는 것이 중요하다.

기업이 자체적으로 커뮤니티를 운영하는 경우는 이제 흔한 일이다. 많은 업체들이 본인의 사업과 연관된 테마를 설정해 고객들 간의 정보 교환을 촉진하는 커뮤니티 사이트를 설치해 두고 있다. 최근에는 페이스북에 자사 페이지를 설치해 고객과 직접 대화하기도 한다.

5 페이스북을 통한 고객과의 커뮤니케이션

세계 최대 규모의 SNS가 된 페이스북은 실명 등록을 요구한다. 그래서인지 페이스북에는 사용자의 실제 인간 관계가 그대로 전이되는 경우가 많아 사용자 간의 분쟁이 발생할 확률이 낮다.

페이스북에 의하면 1인당 친구 숫자는 평균 190명이고 평균 거리는 4.7로서 어느 사용자나 평균 4명을 거치면 연결된다. 또한 친구가 많은 사용자일수록 친구가 많은 사용자를 친구로 두고 있는 경향을 나타낸다.

따라서 페이스북에서는 최초의 전파자를 찾아 타깃으로 하는 것보다 많은 커뮤니티를 대상으로 하는 마케팅이 훨씬 효과적이다. 이러한 SNS의 세계에 판매자나 쇼핑몰 운영자도 자신의 페이지를 설치해서 참가하고 있다. 이 경우 사용자는 운영자의 승인을 기다리지 않고 열람할 수 있다. 운영자는 블로그나 페이스북을 통해 넓게 한 방향으로

셀러마케팅캠퍼스 페이지

정보를 전달하지만 댓글 기능을 통해 고객과 대화할 수 있다. 또한 사진이나 동영상을 공유함으로써 대규모로 정보를 확산시키는 것이 가능하다. 페이스북은 실제 인간 관계를 반영하는 소셜미디어다. 그러한 미디어 또한 기업이 고객과 일상적으로 대화하는 창구로 사용할 수 있다. 그리고 매우 드물기는 하지만 그곳에는 거대한 정보 확산이 일어날 가능성이 잠재되어 있다.

오바마 미국 대통령이 재선거 직후에 부인과 포옹하는 사진은 60만 명의 사용자에게 공유되었다. 유명인뿐 아니라 노르웨이의 한 젊은이가 투고한 사진에 전 세계에서 대량의 '좋아요!'가 붙은 적도 있다. 그 사진에는 "100만의 '좋아요!'를 모으면 여자 친구가 자신과 동침하겠다고 한다."라는 내용의 보드를 든 본인과 그의 여자 친구가 있었다. 그야말로 페이스북의 알고리즘을 잘 활용한 사례라 할

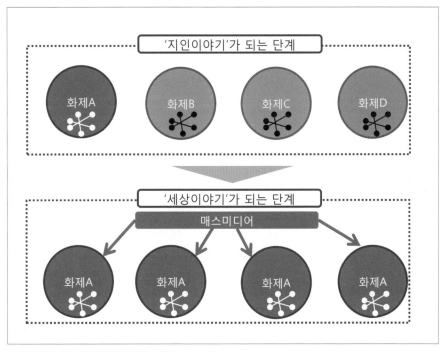

지인 이야기가 세상 이야기로 만들어지는 단계

수 있다. 페이스북은 흥미 있는 글은 빠르게 확산시키는 엣지랭크(edge rank)라는 알고리즘을 가지고 있다. 엣지랭크는 친밀성, 가중치, 호응도에 의해 결정된다. 친밀성은 얼마나 자주 댓글과 '좋아요'를 눌러 공유하느냐의 정도이고, 가중치는 콘텐츠가 텍스트인지 이미지인지 동영상인지에 따라 주어진다. 호응도는 글을 올리고 얼마나 빠른 시간 안에 반응을 하느냐이다. 이 세 가지 요소를 종합한 합계 점수가 높을수록, 즉 엣지랭크가 높을수록 그 사람의 글이 뉴스피드 상단에 올라오게 된다. 따라서 페이스북에 글을 쓸 때는 호응을 얻어낼 수 있는 글을 써야 한다.

그렇다면 반드시 호응을 얻어낼 수 있는 글을 작성해야 마케팅이 가능할까? 게시물 조회 수가 올라가면 페이스북으로부터 '홍보하시겠느냐?'는 안내 문구를 받게 될 것이다. 그 클릭을 따라가면 결제를 하라고 나온다. 페이지를 운영해 본 사람은 알겠지만 페이스북은 오가닉 노출이라는 방식으로 인해 자연적인 콘텐츠의 확산을 인위적으로 제한한다. 그리고 추가적인 노출에 비용을 지급하도록 유도한다. 따라서 호응을 얻어낼 수 없는 글이라도 마케팅은 가능하다. 일반 배너 광고 노출보다 타깃에 최적화된 매체라는 장점도 가지고 있다. 맨 처음 살펴본 사회적 상호작용이라는 그림을 떠올려 보자. 상호작용에서 두 번째 계층인 '지인 이야기'를 세 번째 계층인 '세상 이야기'로 퍼뜨리기 위해서는 앞의 그림[7]에서 보는 바와 같이 인위적인 매스미디어 마케팅이 동반되어야 한다.

6 기업의 소셜미디어 활용은 '경청'에서부터

포레스터 리서치의 쉘린 리와 조시 버노프가 지은 「그라운드스웰, 네티즌을 친구로 만드는 기업들」[8]에는 기업에서 활용할 만한 유용한 전략들이 소개되고 있는데 그 전략은 다음의 5단계로 나누어져 있다.

① 고객의 이야기를 듣는 '경청'
② 고객과의 '대화'
③ 자사 브랜드의 충성 고객 '활성화'
④ 고객끼리 돕는 '지원'
⑤ 이 모든 것의 '통합'

소셜미디어에는 고객이 일상 생활에서 느끼는 자연스러운 기분이 드러난다. 고객의 성향을 파악하는 마케팅 리서치의 한 방법으로 수집해서 분석해 볼 수 있는 열린 창구인 셈이다. 물론 소셜미디어에서 나온 이야기가 잠재 고객 대다수를 대표하는 것은 아닐 수 있다. 그러나 소수자의 의견이라도 유용한 정보라면 귀담아 들을 필요가 있다. 소셜미디어를 통해 사회 전체 의식의 흐름을 가늠해 볼 수도 있기 때문이다. 데이비드 고즈(David Godes)와 디나 메이즐린(Dina Mayzlin)은 소셜미디어에 나타난 입소문을 통해 TV 프로그램의 시청률을 예측하는 연구를 했다[9]. 연구 결과 프로그램에 관한 입소문의 '총량(예: 댓글 수)'이 아니라 커뮤니티를 초월한 입소문의 '확산(예: 좋아요나 리트윗 수)'이 시청률의 선행 지표가 된다는 것을 밝혀냈다.

---

7   〈소셜마케터 미사키〉이케타 노리유키 저 / 최희승 역 / 위즈덤하우스
8   〈그라운드스웰, 네티즌을 친구로 만든 기업들〉쉘린 리, 조시 버노프 저 / 이주만 역 / 지식노마드
9   D. Godes & D. Mayzlin, "Using online conversations to study Word-of-mouth Communication", Marketing Science, Vol. 23, No. 4(2004), pp.545~560.

미디어 삼총사와 인바운드 마케팅

「그라운드 스웰, 네티즌을 친구로 만드는 기업들」에서 제시한 5단계는 소셜미디어의 활용을 전제로 한다. 소셜미디어의 활용도가 높아지자 미디어를 세 가지로 분류하는 기준이 생겼다. 페이드 미디어, 온드 미디어, 언드 미디어가 그것이다.

영어라서 용어가 복잡하지만 개념은 쉽다. '나의 메시지'를 내보낼 때 돈을 내면 페이드(paid), 돈을 안 내면 온드(owned), 방문자가 많은 유명 매체가 자발적으로 실어 주면 언드(earned)라는 뜻이다.

페이드 미디어(paid media, 구매 매체)는 돈을 지급해서 구매하는 미디어로 매스미디어에서 인터넷까지 광고는 전부 여기에 포함된다. 네이버에 키워드나 배너 광고를 하거나 구글 네트워크에 광고하는 것도 여기에 해당한다.

온드 미디어(owned media, 소유 매체)는 자사가 소유하는 미디어로 블로그나 카페 등을 들 수 있고, 최근에는 페이스북 페이지나 인스타그램도 포함된다. 콘텐츠의 정보성과 유용함에 따라 방문자가 좌우될 수 있고 고객들과의 친밀도도 끌어올릴 수 있다는 측면에서 미디어로 불릴 만하다.

언드 미디어(earned media, 도움 매체)는 구매도 소유도 할 수 없는 외부의 일반 미디어로 언론 매체가 대표적이다. 전통적인 PR에서는 매스미디어를 언드 미디어로써 활용해 왔지만, 지금은 블로그나 카페 등의 소셜미디어의 역할이 더 중요시되고 있다. 이 세 가지를 모두 아울러 미디어 삼총사(triple media)라고 부른다.

이들 미디어 삼총사를 어떻게 통합적으로 활용할 것인가가 현대 마케팅 커뮤니케이션의 핵심 과제다. 특히 온드 미디어로 인해 최근 주목받게 된 아이디어 가운데 하나가 인바운드 마케팅이다. 고객과 전화로 접촉하는 콜센터 업계에서는 고객이 기업에 거는 전화를 인바운드(inbound), 판매 등의 이유로 기업이 고객에게 거는 전화를 아웃바운드(outbound)라고 부른다. 이것을 마케팅 커뮤니케이션으로 적용한 개념이 인바운드 마케팅이다.

전통적인 4대 매체 광고는 기업이 고객에게 일방적으로 정보를 보낸다는 점에서 아웃바운드의 형식이다. 그에 반해 인바운드는 온드 미디어에 콘텐츠를 충실하게 준비해 놓고 정보를 수집하는 잠재 고객이 방문하기를 기다린다. 인바운드 마케팅의 핵심 키워드는 '검색'이다.

자사의 사이트 방문자가 찾는 정보는 방문자에 따라 다양하다. 그들을 단번에 고객으로 만드는 것이 아니라 각각의 정보 욕구에 대응하면서 고객으로 양성하기 위해 다단계의 시스템을 준비한다. 인바운드 마케팅은 어디까지나 철저하게 고객이 주인이다.

이와 같은 단계를 거쳐 고객이 된 사람들은 자신의 SNS를 통해 호의적인 입소문을 내고, 그러면 또 다시 온드 미디어에 신규 방문자가 증가할 것이다. 이러한 사이클이 돌아가면서 고객 기반의 바이럴 마케팅이 확대될 것이라 기대할 수 있다.

제 12 장

나도 한번 해보자!
스마트한 SNS 마케팅

1   SNS 마케팅 채널별로 넘나들며 확산시켜라

쇼핑몰의 온라인 마케팅은 블로그와 함께 카페와 지식iN, SNS 마케팅도 함께 연동하여 활용하는 것이 일반적이다. 예를 들어 헬스 보충제 관련 제품에 대한 글을 블로그에 올렸다고 하자. 상위 노출로 블로그 방문자 수가 3천 명이라고 해도 해당 포스팅을 보는 사람은 100명이 채 안 되는 경우가 많다.

반면 똑같은 글을 헬스 동호회 카페에 올렸다고 하자. 상위 노출도 되지 않고, 그저 특정 계층이 많이 있는 카페에 글을 하나 썼는데 무려 2천 명이나 보는 경우가 비일비재하다. 상위 노출이 잘 되어도 100명도 안 보는 블로그 게시글보다 운동하는 사람들이 많은 카페에 자연스럽게 글을 올려 몇천 명이 본 게시글이 훨씬 값진 경우다.

인스타그램은 어떤가? 강력한 태그 기능을 활용하여 #헬스보충제에 관한 콘텐츠를 꾸준히 올린다면 팔로워수가 늘어나고 '좋아요'가 순식간에 최소 100개는 늘린다. 이들이 모두 고객은 아니겠지만 최소한 자사몰의 제품에 관심을 가진 잠재 고객이라고는 볼 수 있다.

이런 잠재 고객에게 접근하기 위해서는 채널 분석이 필요하다. 네이버 스마트스토어의 '노출서비스 관리' 화면에서 'SNS 설정'을 클릭해 보자.

노출서비스 관리 〉 SNS 설정

홍보하고자 하는 제품의 특성을 먼저 파악한 뒤 '어떤 식으로 스토리텔링'을 할지 고민한다. 이때 콘텐츠의 중심은 검색을 통해 접근이 용이한 블로그로 둔다.

그리고 '페이스북', '인스타그램' 등과 같은 채널별로 콘텐츠를 확산시킨다. 블로그에 양질의 콘텐츠가 만들어지면 적당한 카페를 돌아다니며 하나씩 정보를 노출하고 댓글 작업도 한다.

쇼핑몰 초기라면 비용을 들이는 마케팅 방법보다 이와 같은 손품, 발품으로 바이러스를 전파하듯 마케팅 활동을 해보자. '양질의 전파자'를 확보하고 가능한 '넓고 빠르게' 입소문을 전파시키는 것이 바이럴 마케팅 성공의 핵심 요소이다.

2　온라인 마케팅에 날개 달기

　지금부터 실전에 활용할 수 있는 온라인 마케팅 방법을 살펴보자. 온라인 마케팅은 '긍정적 정보 생성'과 '온라인 이슈화'가 독수리의 날개처럼 균형을 이루며 진행된다.

온라인 마케팅에 날개 달기

　좌측 날개는 열성전파자 양성을 통한 긍정적 정보 생성이다. 대표적인 채널이 블로그다. 웹사이트보다 상위 노출에 용이한 블로그를 대표 웹사이트로 활용하는 업체가 늘어나는 것도 검색 결과에 잘 노출되기 때문이다. 블로그에서 생성된 콘텐츠는 인스타그램 또는 페이스북에 2차로 가공된 콘텐츠를 올린다. 동일한 블로그 콘텐츠를 다른 블로그에 등록하면 저품에 걸려 노출이 제한된다. 따라서 저품의 개념이 없는 인스타그램이나 페이스북에 맞게 재가공해서 올리고, '좋아요'를 확보하면 콘텐츠 확산에 유리하다. 평소에 인스타그램의 팔로워를 많이 늘려놓아서 신제품을 홍보할 때 관련 소비자들에서 확산시킬 수 있도록 한다. 최근 페이스북은 광고 매체로의 활용도가 더 높아지고 있다. 지인들의 타임라인은 물론 정확한 타깃팅을 기반으로 광고가 노출되기 때문이다. 페이스북 마케팅은 14장에서 자세히 다룰 것이다.

우측 날개는 온라인 이슈화이다. 대표적인 채널이 카페다. 카페 체험단을 모집하여 타깃 그룹에게 전파시키는 방법이 가장 효과적인 이슈화 작업이다. 체험단 활동이 활발해지면 네이버의 검색창 점유율을 높여 소비자의 신뢰를 얻을 수 있다. 또한 유튜브 크리에이터 등의 인플루언서를 대상으로 콜라보 영상을 제작할 수도 있고 유튜브 채널을 직접 운영하는 것도 검토할 수 있다.

'긍정적 정보 생성'과 '온라인 이슈화'는 독수리의 날개처럼 함께 펼쳐서 진행할 때 상승효과를 얻을 수 있다.

3 블로그 마케팅, 상위 노출 로직에 맞는 글을 써라

블로그를 마케팅에 활용하기 위해서는 상위 노출에 대한 이해가 필요하다. 최근 네이버 검색은 C-Rank와 D.I.A 로직으로 상위 노출 여부를 결정한다. C-Rank는 출처에 대한 신뢰도 지수이고 D.I.A 로직은 콘텐츠에 대한 신뢰도 지수다. 양질의 콘텐츠만 작성하면 상위에 노출해 주겠다는 의미다.

이때 핵심은 조회수가 적은 키워드일수록 고객으로 유입될 가능성이 높다는 것이다. 조회수가 적으면 경쟁 문서가 적으므로 단순한 글을 작성해도 상단에 노출된다. 이런 글일수록 글을 읽는 사람에게 도움이 되도록 작성하면 구매로 이어질 가능성이 높다. 많은 사람이 상위 노출에만 관심을 갖다 보니 본인이 쓴 단순한 글이 상단에만 노출되면 광고 마케팅의 목적을 모두 달성한 것으로 착각하는 것 같다.

검색 결과 상단에 노출된 글에 대한 사람들의 만족도가 떨어지면 네이버에서는 곧 검색 결과 상단에서 제외해 버린다. 이렇게 홍보에 이용된 블로그는 네이버 시스템에 의해 쉽게 제재를 받게 되고 저품질에 빠진다. 소규모 사업자의 입장에서는 한두 개의 블로그를 정성 들여 키워 계속 유지해 가면서 끊임없이 안정적으로 방문자가 유입되는 구조를 만들어야 한다. 바이럴 마케팅은 여기서부터 시작된다. 상위 노출의 선순환 구조를 만들기 위해 유의할 사항을 좀 더 구체적으로 살펴보자.

1 | 신뢰도: C-Rank에 최적화된 게시글을 작성하자

블로그 마케팅은 진화하고 있다. 이에 따라 검색 랭킹의 정확도를 높이기 위한 네이버의 노력도 계속되고 있다. 네이버는 '문서 자체'보다는 해당 문서의 출처 블로그의 '신뢰도'를 평가하는 알고리즘을 사용하여 상위 노출 여부를 결정한다. 네이버에서는 이를 'C-Rank'라고 부른다. 여기서 '신뢰도'의 기준은 연결 수이다. 'C-Rank'는 구글이 검색된 웹페이지의 표시 순위를 결정하기 위해 사용한 페이지 랭크(Page Rank)의 개념과 비슷하다고 보면 이해가 쉽다.

구글 페이지 랭크의 값은 상호의존적으로 정해진다. 이 값은 페이지 랭크가 높은 페이지에서 링크를 확장할수록 높아진다. 링크 확장은 게시물의 체류 기간이나 사람들의 댓글 반응 등 여러 가지 변수로 측정된다. 서로 이웃 맺기나 이웃 추가도 링크 확장의 한 수단이 될 수 있다. 한편 더 많은 페이지로 링크를 확장하면 개개의 링크에 부여되는 페이지 랭크의 값은 분할되어 작아진다.

사람에 비유하면 많은 사람이 좋아할수록 인기가 높고, 그 인기가 높은 사람이 좋아하는 사람일수록 인기가 함께 높아지는 것과 같은 이치다. 단, 아무리 인기가 높은 사람이라도 그 사람이 좋아하는 상대가 많으면 그 사람의 인기는 분산된다. 반면 좋아하는 상대가 적으면 인기가 본인에게 집중된다. 이와 같은 구글 페이지 랭크의 원리를 검색 결과에 도입한 것이 바로 C-Rank이다.

물론 네트워크에서 중요한 개인의 집중도를 나타내는 지표가 '링크' 하나만은 아닐 것이다. 다만 알 수 있는 정보 안에서 최적화의 결과를 뽑는 게 관건이다. 한정된 정보로 가장 간단하게 계산할 수 있는 방법이 바로 '연결 수'다. 누가 누구와 연결되어 있는지는 중요하지 않다. 몇 명에게 연결되어 있는지가 중요하다. 이런 연결을 '약한 연결'이라고 부른다. 바이럴 마케팅에서는 이런 '약한 연결'이 중요한 가치를 지닌다. 약한 연결은 뒤의 '4. 전염병 확산 모델로 입소문 이해하기'에서 자세히 다룬다.

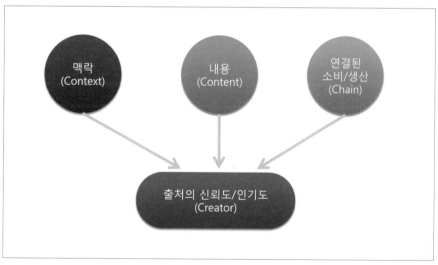

네이버의 C-Rank 알고리즘

과거 네이버 검색이 새로워지기 전에는 꾸준한 일상의 글을 매일 한 개씩 올리면 45일 후에 최적화되었다. 단기적인 유입 효과와 매출을 올리는 데 급급해서 상단 노출을 노리고 인기 키워드를 너무 무리하게 끼워 넣는 방식도 2015년 이전에나 통했던 고전적인 방법이다. C-Rank가 도입된 이후 이런 방식의 상위 노출은 해당 블로그의 품질을 떨어뜨릴 뿐이므로 주의를 요구한다.

2 | 콘텐츠: D.I.A. 로직을 유념하여 작성하자

출처의 신뢰도를 검색 결과 랭킹에 반영하는 C-Rank를 보완하기 위하여 네이버에서는 'D.I.A.(다이아, Deep Intent Analysis)' 로직을 활용한다. D.I.A. 로직이란 네이버의 빅데이터를 기반으로 키워드별로 사용자들이 선호하는 문서들에 대한 점수를 랭킹에 반영하는 방식이다. 같은 정보성 글이라면 검색하는 사람에게 '더' 직접적인 도움을 주는 글에 높은 점수를 준다. 대표적인 것이 '직접 가본 여행지', '먹어본 식당 음식', '직접 써본 제품' 등의 개인적인 경험이 담긴 글이다.

쉽게 말해 블로거의 신뢰도 지수인 C-Rank가 높지 않은 블로그의 글도 D.I.A.로직에 맞게 작성되었다면 상위에 노출될 수 있는 것이다. 최근에 저품질 블로그가 상단에 노출되어 많은 사람이 놀랐다. 이게 바로 D.I.A. 로직이 적용된 이후에 발생한 현상이다. 블로그를 새로 시작하려는 사람에게는 희소식이 아닐 수 없다.

C-Rank와 D.I.A.는 랭킹에서 상호 보완적인 역할을 한다. 네이버 발표 자료에 따르면 C-Rank가 높은 블로거의 글이 대체로 D.I.A. 점수가 높았다고 한다.

경험상, 자신만의 경험을 담은 글이고 체류 시간이 긴 글이라면 네이버는 좋은 정보로 판단하고 상위에 노출시킨다. 포스팅 내용이 충실하면 1위는 아니더라도 1페이지에는 올라갈 수 있다는 말이다.

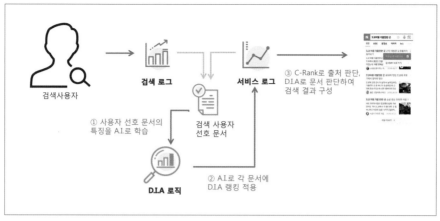

네이버의 D.I.A. 로직 프로세스

3 | 포스팅 축적 효과를 노려라

포스팅을 애써 상단 노출해 놓는다고 하더라도 금방 뒤로 밀리거나 블로그가 저품질에 빠지면 그 포스팅의 효과는 계속 이어지지 못한다. 새로운 포스팅을 지속해서 올리고, 그 포스팅들도 계속 상단 노출이 될 경우 노출 효과가 계속 누적되면서 신뢰도가 쌓인다. 이른바 '포스팅 축적 효과'라는 것이다. 포스팅 축적 효과를 얻기 위해서는 상단 노출이 되더라도 금방 뒤로 밀릴 수 있는 주요 키워드보다는 한 번 노출되면 상단에 좀 더 오랫동안 머물 수 있는 세부 키워드로 꾸준히 포스팅하는 것이 좋다.

예를 들어 영화나 드라마같이 검색량이 많은 키워드를 사용하여 글을 쓰면 방문자를 많이 유입시킬 수 있다. 그러나 게시글 또한 많이 올라오기 때문에 10일 이상 상위에 유지되기 어렵다. 꾸준한 방문자를 만들기 위해서는 검색량이 적지만 매출과 연관이 있는 키워드를 찾아 포스팅하는 것이 효과적이다. 이 경우 블로그 방문자 수는 기복 없이 꾸준히 유지될 것이고, 유입된 방문자들은 실제 고객으로 만들어질 확률이 높아진다. 구매율이 높은 키워드는 하나만 존재하는 것이 아니다. 다양한 키워드를 활용하여 자신이 판매하려는 제품에 관련된 깊이 있는 정보를 얼마나 제공하는가가 바이럴 마케팅의 핵심이라는 사실을 놓치지 말자.

또한 그 상품과 관련된 키워드를 골고루 번갈아가며 한 번씩 사용해 포스팅하면 상단 노출과 포스팅 축적 효과를 얻는 데 도움이 된다. 블로그 마케팅은 상품의 종류가 많을수록 유리하다.

새로운 제품을 홍보하겠다고 수년 전에 방치하던 블로그에 어쩌다 하나의 포스팅을 올리고 그것이 상위에 노출되었다고 좋아하는 사람이 있다. 이것은 마케팅적으로 아무 의미 없다. 그런 포스팅 하나를 보고 제품을 구매하는 사람은 더더군다나 없다. 만약 포스팅을 하기로 마음을 먹었다면 계획을 잡고 카테고리를 하나 만들어서 해당 정보를 꾸준히 작성하자.

4 전염병 확산 모델로 입소문 이해하기

이 세 가지 유의사항을 지키면서 안정적으로 포스팅이 되면 입소문으로 정보가 전달되는 단계에 이르게 된다. 입소문 전달 과정은 마치 인플루엔자 (influenza)같은 전염성 질환이 퍼지는 것과 비슷하다.

입소문은 최초 전파자로부터 시작된다. 그는 특정 기간에 w명에게 입소문을 전파한다. w명도 입소문을 내기 때문에 그 다음 기간에 각자가 또 w명에게 전파한다. w는 한 사람이 입소문을 전달할 수 있는 인원수이다. 이것을 '확산율'이라고 부를 수 있다. 이 과정이 무한히 계속되면 입소문의 도달은 이론적으로 $1/(1-w)$ 명이 된다[10].

최초의 전파자가 힘을 발휘하게 되는 것이 바로 전염[11]을 통해서다. 만약 사회적 전염을 촉발하는 데 가장 적합한 영향력 행사자를 최초의 전파자로 삼는다면 그런 사람 몇 만 있어도 400만 명에서 영향을 미치는 것은 어렵지 않을 것이다. 그런 사람 몇 명을 찾아내 영향력을 행사하는 것은 100만 명을 찾아내 영향을 미치는 것보다 훨씬 효율적이다.

입소문 마케팅의 성패를 결정하는 것은 '확산율'이다. 신종플루나 메르스 사태와 같은 강력하면서 긴급한 사회적 메시지는 확산율이 매우 높다. 그러나 기업이 퍼뜨리고 싶어 하는 제품의 경우는 확산율이 그다지 높지 않다.

따라서 입소문을 마케팅 커뮤니케이션으로 활용하려면 '양질의 전파자'를 확보하고 가능한 '넓고 빠르게' 입소문을 전파시키는 것이 성공의 핵심 요소다. 바이럴 마케팅의 성공 요인은 최초의 전파자를 어떻게 발견하고 어떻게 입소문을 내도록 할 것인가에 달렸다.

다만 최초의 전파자에 전적으로 의존하는 것은 위험하다. 던컨 J. 와츠에 따르면 어떤 전염 과정을 통해 영향이 퍼질 때는 그 결과가 촉발한 개인의 속성보다 네트워크의 전반적인 구조에 더 많이 좌우된다고 한다.

산불이 걷잡을 수 없이 번져 넓은 땅이 타버렸다고 하자. 이때 어디서 불이 났는가보다 더 중요한 요인은 바람, 온도, 건조함, 가연성 연료의 복합 작용이다. 마

10　대상 수열의 첫째항이 a이고 공비가 r일 때, 무한히 반복되는 수를 나타내는 무한등비급수 $\frac{a}{1-r}$ 식을 활용한 공식이다.

11　이때 W가 1보다 크면 도달은 무한대로 확대된다. 그러나 현실에서 인구는 제한적이므로 w는 1보다 작은 어느 지점에서 정해진다. 실제 입소문 마케팅에서는 최초 전파자를 여러 명 준비하는 것이 일반적이다. 최초 전파자의 수를 a라고 하면 입소문 도달은 a/(1-w)이 된다. a=100, w=0.5라면 도달하는 사람의 수는 200명이다. 전염병 확산 모델은 매우 단순한 모델이지만 이렇듯 입소문 마케팅의 효과를 대략적으로 산출해낼 수 있다.

찬가지로 사회적 전염도 영향력의 네트워크가 적절한 조건을 만족시켜야 퍼질 수 있다. 와츠는 '확산율'이 영향력이 있는 개인과 무관하다는 사실을 발견했다. 오히려 스스로 쉽게 영향을 받으며 동시에 영향을 잘 받는 사람에게도 영향을 미치는 사람이 여러 명 존재할 때 확산될 수 있었다.

조건만 갖춰져 있다면 작은 불씨 하나만 있어도 큰 산불이 일어나는 것과 마찬가지다. 반대로 그러한 전염 환경이 존재하지 않는다면 대단히 영향력이 큰 개인도 아주 작은 물결 이상은 촉발하지 못했다. 결국 특정 개인이 전체 네트워크에서 어디에 들어맞는지 알 수 없으면, 그 사람에 관해 무언가를 '측정'할 수는 있어도 그가 어느 정도의 영향력을 발휘하는지는 '단언'할 수 없다. 그래서 중요한 개념이 '약한 연결'이다.

약한 연결이란 단순히 아는 정도의 접촉 빈도가 낮은 관계를 가리킨다. 사회학자 마크 그라노베터(Mark Granovetter)는 이직자들을 대상으로 조사한 결과 약한 연결 네트워크를 통해 이직에 성공한 사람이 많다는 것을 알아냈다[9]. 생각해 보라. 페이스북에 한마디 올릴 때마다 전세계인의 이목을 집중시키는 유명 정치인과 같은 인플루언서와 안면을 트고 지내는 사람이 얼마나 되겠는가? 그러나 수많은 팔로워들이 그의 글에 영향을 받는다. 이런 것이 약한 연결의 힘이다.

가족이나 친구와 같이 감정적 유대감이 있는 경우가 서로 영향을 받기 쉬울 것 같지만 나이대나 생활 환경이 달라서 직접적인 도움을 주기는 어렵다. 오히려 이직과 같은 중요한 의사 결정을 할 때는 멀게 이어진 엉뚱한 사람의 약한 연결에 도움을 받는 경우가 적지 않다. 한우리열린교육 시절 월 천만 원 이상의 마케팅 비용을 들여 블로그를 상위 노출시킨 적이 있다. 돈을 투자한 만큼 원하는 키워드

---

9 〈일자리 구하기〉 마크 그라노베터 저 / 유홍준,정태인 역 / 아카넷

에서 상위 노출이 많이 이루어졌다. 하지만 '댓글'과 '공감'은 아무도 달지 않았다. 소비자들에게 진실성을 끌어내지 못하는 것이다. 상위 노출은 잘 시키고 있지만 실제 소비자를 끌어오지 못하는, 말 그대로 '효과 없는 마케팅'을 했던 셈이다.

사람들이 '왜 검색을 했을까?'에 대해서 고민을 하고 '소비자의 입장과 눈높이에서 쓴 게시글'을 상위 노출시킨다면 소비자들에게 더 솔직하게 다가가면서도 소비자의 입소문과 반응이 오는 효율적인 마케팅 수단이 될 수 있을 것이다.

5 성공적인 마케팅을 위한 스토리텔링 구성법

스토리텔링은 어떻게 만들어야 할까? 생각보다 어렵지 않다. 이슈가 되는 사건이나 상품에 약간의 아이디어와 정보를 섞으면 된다. 간단한 예를 통해 어떻게 스토리텔링을 만드는지 알아보자.

스토리텔링의 예

제목 : 살을 빼는 가장 빠른 방법

안녕하세요. 홍길녀입니다. 이제 여름인데 여전히 살이 쪄 있습니다. 먹는 것도 별로 없는데 살은 왜 이리도 찌는 건지 알 수가 없습니다. 검색을 해서 좋다는 건 다 해보 았지만 막상 해보려고 하면 '이러다 위장이 상하는 건 아닐까?', '삼시 세끼는 꼬박 먹 어야 건강하다는데…….' 하며 몸에 탈이 날지도 모른다는 걱정이 앞섭니다. 반면 팔 뚝 살이 날씬한 사람들만 보면 여자인 제가 봐도 만져 보고 싶어진답니다. 제 팔이 너무 두껍기 때문이지요.

가장 좋은 방법은 정상적으로 먹어 가며 운동으로 빼는 것이죠. 그런데 올 초에 만난 남자와 덜컥 결혼 날짜가 잡혀버렸네요. 평생에 한 번인 결혼식에 좋은 모습을 보이기 위한 초스피드 살 빼기 방법은 어떤 것이 있을까요? 폭풍 검색을 해봤습니다.

| 살을 빨리 빼는 방법 |

1. 관절에 무리가 가지 않는 유산소 운동을 30분 이상 규칙적으로 한다.

2. 매일 1리터의 물을 꾸준히 마신다.

3. 저녁 6시 이후에는 아무것도 먹지 않는다.

4. 식사 시에는 칼로리 조절 앱을 사용한다.

하지만 최근에는 시간적 여유가 없기 때문에 좀 더 빠른 방법이 필요했습니다. 방송에서 보니 찻잎에서 추출한 카테킨이나 가르시니아라는 성분이 임산부들에게 인기라고 하더군요. 찾아보니 가르시니아 성분을 사용하는 제품보다 카테킨 성분을 사용하는 제품이 더 효과가 빠르다네요. 카테킨으로 찾아보니 하드코어 버닝티라는 제품이 있더군요. 카테킨은 녹차에서 추출한 성분인데 입맛을 떨어뜨리는 기능을 한답니다. 남자와 데이트할 때 맛있는 식사를 참는 게 고통이었는데 하루에 두 번 마시면 식욕을 억제한다고 하니 속는 셈 치고 한 번 사봤어요.

'이비핏 커팅 버닝티' 오와~ 제목부터 '쎄다'는 느낌이 오네요. 녹차나 커피를 마시듯 식사하면서 살을 빼는 제품이라 굶을 필요가 없어 좋네요. 평생 한 번인 결혼식을 위해 오늘부터 고고씽합니다.

위와 같은 예문처럼 '정보'와 '스토리텔링'을 더해 주는 것이 훨씬 더 효율적으로 소비자의 반응을 이끌어 낼 수 있다. 포스팅 안에 어떤 내용으로 고객의 설득을 끌어낼지에 대해 고민하면 상위 노출은 따라 온다는 사실을 명심하자.

스토리텔링의 요건

1 | 제품 분석

좋은 글을 쓰기 위해서는 자신의 제품을 먼저 분석해야 한다.

"산수유. 남자한테 참 좋은데……. 남자한테 정말 좋은데, 어떻게 표현할 방법이 없네."

공전의 히트를 기록한 천호식품 김영식 회장의 광고다. 15초의 미학인 TV 광고에서는 효과적인 전달 방법이다. 그러나 바이럴 마케팅에서 표현할 방법을 찾지 못한다면 사람들도 알 수 없다. 어떤 차이점이 있는지 고민하고 또 고민해 보라. 아무리 생각해도 나은 방법이 없다면 중언부언 똑같은 말을 하는 것은 아닌가 생각해 보고 남들과 똑같은 특징을 버려라. 고객에게 우리 제품을 사야 할 이유를 전달할 수 있다면 이미 여러분의 마케팅은 성공할 잠재력이 있는 셈이다.

2 | 배포 채널 선택

해당 제품에 관심 있어 하는 타깃이 좋아하는 콘텐츠나 최근 트렌드를 찾아보자. 그리고 그들이 자주 가는 커뮤니티는 어디인지, 어디에 많이 모여 있는지도 분석한다. 그들이 모여 있는 '카페' 또는 '커뮤니티'를 찾아라. 만약 블로그 포스팅을 한다면 '그들이 많이 검색하는', '관심 있어 하는 소재'에 자신의 제품을 스토리로 잘 포장하여 작성한다.

이런 식으로 배포 리스트에서 배포 대상까지 계획적인 마케팅을 수행해야 한다.

간혹 소비자인 척하면서 자신의 제품에 대한 사용 후기를 올리는 경우가 있다. 이런 것이 마케팅 효과가 있을까? 수십, 수백 개의 아이디로 다양한 후기를 쏟아내면 모를까 한두 개의 게시글은 거의 효과가 없다. 심지어 의견이 다른 사람의 댓글로 역풍을 받기도 한다. 따라서 얼마간의 비용이 들더라고 운영자에게 문의하여 공식적으로 진행하는 것이 좋다. 카페 규모에 따라 차이가 있지만 배너 광고는 2주에 50만원 내외의 비용이 들고 후기 이벤트도 비슷한 비용이 든다. 사용자들의 의견을 경청하고 후기를 모은다는 측면에서 후기 이벤트가 좀 더 효과적이다.

솔직함이 돋보이는 스토리텔링

예능 프로에서 꾸준히 사랑을 받는 출연자의 공통점은 솔직함이 아닐까 싶다.

자신을 솔직하게 드러냄으로써 시청자들의 공감을 끌어내는 것이다.

　다음 페이지 그림은 셀러마케팅캠퍼스가 재능 기부 특강을 시작하게 된 이유를 설명한 포스팅이다. 반응이 좋아서 스마트스토어의 상세 페이지에도 그대로 사용되었다. 이런 진정성 있는 글로 카페 회원도 많이 늘었고 지금의 멤버십 프로그램이 만들어졌다. 단순한 광고성 글과 달리 실패를 스토리로 풀었다. 이렇게 검색자의 키워드에 따라 그 목적을 염두에 두고 그에 맞는 글과 사진을 조합한 스토리가 있는 콘텐츠를 작성하여 상위 노출을 시킨다면 지금의 상위 노출보다 훨씬 더 좋은 효과를 거둘 수 있을 것이다.

셀러마케팅캠퍼스의 재능 기부 특강 소개 페이지

사실 '스토리텔링'이라는 것은 '아이디어'와 '약간의 스토리'를 더해서 '재미'와 '신선함'을 만들어내고, 이를 바이럴 마케팅을 통해서 홍보해 자발적으로 퍼지게 만드는 요소라 할 수 있다. 따라서 단순한 '포스팅'을 하기 보다는 이 포스팅을 통해서 '소비자가 어떤 호기심과 재미를 가질 수 있을까?'에 대해서 고민할 필요가 있다.

6 똑똑해지는 소비자들을 위한 블로그 글쓰기

네이버는 상업적인 글을 싫어할까? 답변은 '아니오'다. 네이버가 싫어하는 글은 상업적인 글이 아니라 사용자를 불편하게 하는 노골적인 상업성 글이다. 반면 비상업적인 글이라도 성의가 없거나 읽을 가치가 없다면 검색에 노출되지 않을 것이다. 아무리 광고성 글이라 하더라도 소비자들이 '이 포스팅은 스크랩할 가치가 있는 정보'라고 생각한다면 필요에 의해서라도 자발적으로 스크랩하고 소통이 이루어진다.

정보의 가치는 제목에서 만들어진다. 인터넷 '뉴스'를 보면 자극적이면서 호기심 넘치는 제목으로 사용자들의 '클릭'을 유도한다. 이것이 바로 '제목'이 가진 힘이다. 제목은 블로그로 입장하는 일종의 '관문'이다. 검색하는 사용자가 어떤 글을 먼저 읽을지 고민을 하게 만드는 요소 중에 하나다. 상위 노출의 '경쟁'이다. 그 경쟁 속에서 '나의 글'을 보도록 하는 것, 그것이 바로 제목이다. 소비자들은 분명히 '분당 카페 베스트'라는 제목 때문에 그 글을 읽게 된다. 물론 소개되는 카페는 '진짜 카페'로 진실성이 있는 정보처럼 보인다. 하지만 여기서 반은 맞고 반은 틀리다고 볼 수 있다.

| 분당 카페 베스트 5 |

1. 분당 유명 카페 A

2. 분당 유명 카페 B

3. 분당 홍보하고 싶은 맛집*

4. 분당 유명 카페 C

5. 분당 유명 카페 D

즉, '분당 카페 베스트 5'라는 주제로 카페를 소개하되, 4개는 유명한 카페를 이야기하면서 중간에 내가 홍보하고자 하는 '카페'를 소개하는 방식이다. 네 군데의 카페를 보고 "아! 내가 가본 유명한 곳들은 다 있네." 하며 평가하는 순간 홍보하고자 하는 카페도 유명 카페의 반열에 올라가게 된다. '어린이날 선물 베스트 5', '어버이날 선물 베스트 5', '건강식품 추천'과 같은 글도 비슷하다. 또 이런 방법의 홍보글들은 SNS를 통해서 쉽게 접할 수 있다.

| 예시 |

'대통령이 휴가철에 들고 간 책 리스트'

'죽기 전에 가 봐야 할 강원도 맛집 베스트 10'

'바르셀로나에 가면 꼭 들러야 할 레스토랑 5'

'대구 가면 꼭 먹어야 할 3대 짬뽕집'

평소 머리 아프고 고민하던 질문을 한 번에 해결해 주면서 다양한 정보를 확인할 수 있는 호기심 넘치는 제목을 통해 정보는 물론 자신의 제품이나 브랜드를 어필할 수 있다. 기껏 블로그로 잠재 고객을 100명, 1,000명 모은들 카페나 쇼핑몰로 1명도 유입되지 않는다면 아무런 소용이 없다. 쇼핑몰을 홍보하는 블로그를 보면 포스팅 끝에 쇼핑몰 배너를 배치하는 방식으로 유입을 시도하는 경우가 일반적이다. 제품이 좋고 사진도 잘 찍고 상단 노출에 성공해서 충성도 있는 잠재 고객을 많이 끌어 모을 수 있다. 하지만 쇼핑몰로의 유입률 측면에서는 결코 효율적인 방법이라고 할 수 없다. 방문자들이 포스팅을 끝까지 꼼꼼하게 보지 않는 경우가 많을 뿐 아니라, 끝까지 보더라도 이미 포스팅을 다 보고 난 시점에는 방문자의 관심이 그 배너로 쏠리기 힘들기 때문이다. 특히 배너가 포스팅 내용과 그리 큰 연관성이 없는 경우 더욱 관심을 끌기 어렵다.

포스팅 끝에 쇼핑몰 배너를 달아 놓으면 방문자들에게 홍보성 블로그로 인식을 줄 수 있다. 이럴 경우 충성 고객층이 아닌 이상 그 블로그와 이웃을 맺고 소통하려고 하지 않는다는 문제가 생길 수 있다. 그렇기 때문에 애써 블로그로 방문자를 끌어 모아도 그것이 제대로 매출로 이어지지 않는 것이다.

블로그를 찾아오는 잠재 고객들은 항상 정보에 목말라 있다. 그들에게 정보를 슬쩍 던져 주면 자연스럽게 그 정보를 따라오게 되어 있다. 블로그 포스팅에서는 그 정보에 대해 간단한 언급만 해놓고, 좀 더 자세한 정보는 링크를 클릭해야만 볼 수 있도록 해놓는 것이다. 한마디로 '정보성 콘텐츠'라는 미끼를 잠재 고객들에게 던져서 자연스럽게 실제 콘텐츠가 있는 곳으로 쫓아오도록 만드는 방법이다. 잠재 고객들에게 '진짜로 필요한' 정보를 던져줄수록 유입률이 높아진다. 다음의 예시를 살펴보자.

안녕하세요? 핫딜녀입니다! 칡뿌리는 예로부터 흙속의 진주라고 불리는데요. 오늘은 이

칡을 착즙해 만든 즙인 칡즙의 효능에 관해서 이야기해 볼까 합니다.^^ 시작해 볼까요?

칡즙의 효능

한의학에서 '갈근'이라고 하는 약재는 칡의 뿌리를 뜻합니다. 예로부터 갈근은 발열, 설사 및 구토를 완화시키는 데 효과적으로 사용되었다고 전해지는데요. 갈근은 지금 미국, 영국, 호주 등에서 보조제로 가공해 판매할 정도로 전 세계적인 인기를 누리고 있습니다.

추천 상품 | https://smartstore.naver.com/hotdealgirl/products/4450032300

특히나 저 핫딜녀가 칡즙에 대해 정보를 정리한 이유는 여성들에게 매우 좋은 음식이라고 알려져 있기 때문인데요. 특히 갱년기 여성에게 좋기 때문에 친정 어머니의 건강을 위해서 칡즙을 구매하는 여성들이 많다고 하네요. 물론 아들들도 많이 구매하겠죠?^^

칡즙 먹는 방법

위가 약하시거나 위장 장애가 있는 분들은 식후에 먹어 주면 좋습니다. 칡즙은 본래 공복에 먹어도, 식후에 먹어도 무관하지만, 위가 약한 분들이라면 다릅니다. 건강한 분들은 체내 흡수율을 높이기 위해서 공복 상태에서 드셔도 무관하나 위장이 약하다거나 위장 질환을 앓는 분들이라면 공복에 드시는 것은 되도록 피하시는 게 좋습니다.

칡즙 부작용

간혹 한의원에 가면 이런 분들은 칡즙을 먹으면 안 된다고 이야기하기도 하는데요. 칡즙에도 부작용이 있기 때문입니다. 체질에 대해서 잘 모르신다면 칡즙을 일주일 가량 드셔보시면서 칡즙 부작용이 있는지 보는 방법이 있습니다. 또 칡즙이 잘 맞는 사람이라고 하더라도 장기간 복용은 피합니다. 2~3개월 정도 복용해 주고 쉬어 주었다가 복용하시면 좋습니다.

쓰지 않은 칡즙은 어떤 칡즙일까?

칡즙의 단점이자 특징이라고 한다면 역시나 쓸쓸한 맛인데요. 이 맛 때문에 칡에 들어있는 영양분과 효능을 포기하고 먹지 않는 분들도 아주 많습니다.

제가 꾸준하게 복용하고 있는 OO 식품 칡즙이 바로 그런 칡즙인데요. 강원도 치악산에서 채취한 생 암 칡즙을 사용하고, 착즙 방식으로 칡즙을 만듭니다.

칡즙을 먹다가 OO 식품 대표님과 우연히 연이 닿아 현재 핫딜녀 스토어에서도 저렴한 가격에 판매하고 있으니 한 번 구매해서 맛보시면, 두 번 세 번 주문하게 되실 거라고 생각합니다. 마성의 맛이거든요! ^^ 톡톡친구와 스토어찜을 해주시면 추가 할인 혜택이 있습니다!

상품 구매 링크 | https://smartstore.naver.com/hotdealgirl/products/4450032300

~~~~~~

이 사례에서는 포스팅 중간과 마지막에 링크가 배치되어 있다. 그리고 방문자가 이 링크를 클릭하면 쇼핑몰에 마련된 콘텐츠 페이지로 곧바로 이동하게 된다. 즉, 포스팅을 하기 전에 미리 쇼핑몰에 정보성 콘텐츠를 올려둔 후 이를 미끼로 이용해서 방문자를 유입시키는 방식이다.

7 인스타그램 마케팅, 이벤트에 적합하다

경남 양산에 출장갔을 때의 일이다. 해당 지역 담당자와 대화를 나누면서 자연스럽게 양산의 유명한 명소인 통도사 주변 맛집과 카페로 주제가 좁혀졌다.

"양산에 오셨으면 토곡요 카페를 꼭 가보셔야 합니다. 삼정메밀소바에서 식사를 하고 토곡요 가시는 것이 이 동네 베스트 코스입니다."

말이 떨어지기가 무섭게 스마트폰으로 검색을 했더니 다음과 같은 화면이 나왔다.

토곡요 검색 결과

어떻게 생긴 곳인가 궁금해서 홈페이지를 찾아보니 주소가 인스타그램이었다. 새삼 인스타그램이 대세임을 느낀 순간이었다. 홈페이지 주소로 인스타그램 계정을 소개하고 있는 경우는 경남 양산 뿐 아니라 서울을 비롯한 전국 거의 모든 곳에서 공통적으로 발견할 수 있는 현상이다. 서점, 카페뿐만 아니라 요즘 '힙하다'고 소문 좀 난 곳 거의가 그렇다. 한동안 홈페이지가 차지하던 이 공간을 몇 년 전에는 네이버 블로그가 차지했고, 얼마 전까지는 페이스북 페이지가 보였었다. 그러나 지금은 '인스타그램'이 그 자리를 차지하고 있다. 네이버에서 검색해 보면 대표 채널로 '인스타그램'을 등록해 놓은 곳이 압도적으로 많다.

이들이 '인스타그램'을 홈페이지 주소로 택한 이유는 무엇일까. 결코 긴 글이 아니어도 이미지 하나면 충분한 공간, 5분 안에 간단하게 포스팅할 수 있는 공간, 그럼에도 콘텐츠가 성의 없다고 고객이 생각하지 않을 수 있는 공간, 그 공간이 바로 인스타그램이기 때문이다. 생산자에게 최적화된 마케팅툴인 인스타그램을 사용하면 최대한 간단하고 심플하게, 별 기술 없이도 꽤 괜찮은 콘텐츠를 꾸준히 관리할 수 있다.

반면 페이스북은 오히려 콘텐츠를 '있어보이게' 만들기 위해 다양한 포맷을 만들게 되면서 사용자들을 혼란스럽게 만들고 있다. '특별한' 콘텐츠를 만들어 눈에 띄는 페이지도 생겨났다. 하지만 쇼핑몰 운영자는 그렇게까지 특별하게 콘텐츠를 만들 여유가 없다. 그러다보니 특별하게 신경 쓴 대기업의 콘텐츠와 자연스럽게 비교가 된다. 수박 옆에 놓인 호박처럼 그 자체로 봐줄만하지만 비교하니 '못난 콘텐츠'가 되어 버리는 것이다.

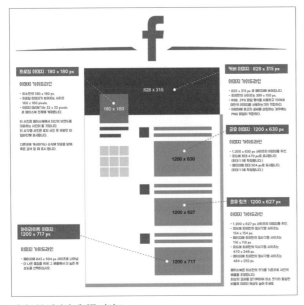

페이스북 페이지 게시글 가이드

이런 비교가 불가능한 것이 인스타그램이다. 사진 한 장, 또는 이미지 하나 올려도 그 나름의 콘텐츠로서 가치를 인정받는다. 오히려 '힙해' 보인다. 페이스북처럼 예뻐 보이기 위해서는 어떤 사이즈로 콘텐츠를 제작해야 하는지 가이드가 돌아다니지도 않는다. 인스타그램이 많은 사랑을 받을 수 있는 건 제작에 공을 들이지 않아도 누구나 쉽게 콘텐츠를 생산할 수 있기 때문이 아닐까 싶다. 이렇게 사용자들이 압도적으로 모여들고 있는 인스타그램의 매력과 마케팅에 활용할 수 있는 방법을 지금부터 차근차근 살펴보자.

인스타그램의 매력, 타일형 피드

'타일형 피드'의 직관적 매력

맛집이나 여행지를 찾을 때 검색은 기본이다. 검색 결과에 나오는 카페를 찾아보고 블로그 후기를 읽으면서 그곳에 대한 개략적인 정보를 얻는다. 텍스트를 자세히 보기도 하지만 누군가의 '첫인상'을 보는 것처럼 이미지가 먼저 눈에 들어온다. 그곳에 대한 '느낌'을 우선적으로 보고 싶기 때문이다.

인스타그램은 타일형 피드로 나열되어 있다. 동시에 여러 가게의 이미지를 비교해서 살필 수 있다. 갈 만한 곳인지 아닌지, 원하는 제품인지 아닌지를 단 몇 초 사이에 판단하는 것이다. 사장도 사진 몇 장으로 제품의 느낌을 전달할 수 있어야 한다.

블로그는 각 글을 클릭해서 읽어봐야 정확한 정보를 얻을 수 있다. 페이스북은 타임라인을 아래로 내려봐야 제품에 대한 정보를 알 수 있다. 블로그는 게시판 구조이고 페이스북 페이지는 타임라인 구조다 보니 단 몇 초 사이에 이곳에 대한 개략적인 정보를 얻기는 어렵다. 따라서 블로그와 인스타그램을 병행하여 활용하면 효과적이다.

패션모델 변정수의 인스타그램 @hoyatoya

따라서 쇼핑몰 마케팅에 가장 적합한 SNS는 페이스북보다는 인스타그램이다. 인스타그램을 통해 매출을 올리는 유명인들의 사례는 이제 더 이상 새롭지 않다. 다음은 모델 변정수의 인스타그램의 한 장면이다. 25만 명이 넘는 팔로워는 이미 상호 신뢰를 바탕으로 하고 있기 때문에 그녀의 추천 제품을 믿고 구매할 수 있다. 더구나 그녀의 바잉파워로 저렴하게 구매할 수 있는 제품이라면 더할 나위 없을 것이다.

프로필 영역과 해시태그가 갖는 '모아보기'의 힘

쇼핑몰에는 늘 공지사항이 생기게 마련이다. 고객을 상대로 이벤트가 진행될 수도 있고 배송에 대한 이슈가 생길 때도 있다. 제품 입고가 늦어졌다는 이야기가 필요할 때가 있다. 인스타그램은 프로필 영역과 해시태그라는 기능으로 이런 판매자의 니즈를 충족시키고 있다.

1 | 프로필 영역

엄마네한우 프로필 영역

인스타그램의 게시물에는 별도의 링크를 걸 수 없다. 모든 링크는 '프로필 영역'으로 집중된다. 게시물에 링크가 없어서 불편하지만 이벤트 진행시 프로필 영역을 활용하므로 인해 타임라인처럼 시간이 지남에 따라 흘러가지 않고 남아 있다. 이 때문에 새로 방문한 사람들에게도 언제나 실시간 이벤트 정보를 제공할 수 있다.

2 | 해시태그

수많은 콘텐츠를 하나의 인덱스로 묶어주는 '해시태그' 기능과 '장소' 기능도 인스타그램의 매력 중에 하나다. 인스타그램 앱 내에서 바로 다른 사용자의 '리뷰'를 즉각적으로 볼 수 있다. 해시태그를 입력해서 다른 사용자가 올린 사진과 리뷰를 바로 볼 수 있고 장소를 기반으로 같은 장소에서 리뷰를 남겼던 다른 콘텐츠도 비교할 수 있다. 모두 인스타그램이 가진 강력한 '모아보기'

의 힘 덕분이다.

쇼핑몰 입장에서는 자신의 제품을 중심으로 콘텐츠가 만들어지고 확산되는 재미를 느낄 수 있다. 머물렀다 간 손님의 콘텐츠에 '좋아요'와 댓글을 남길 수도 있고 그들을 팔로잉할 수도 있다. 제품 홍보를 위한 마케팅 채널뿐만 아니라 다른 손님들의 리뷰를 확인하고 더 나은 서비스를 제공할 수 있는 단서를 찾고 고객과 계속 연결될 수 있는 공간이 될 수 있다.

해시태그가 갖는 '모아보기'의 힘

3 | 커뮤니케이션 4종 세트

스마트스토어가 마케팅 채널로 부족한 부분 중 하나는 '소통'이다. 인스타그램을 활용하면 고객과의 커뮤니케이션에 많은 도움을 받을 수 있다. 소통의 채널로 탁월한 마케팅 툴이기 때문이다. SNS 마케팅을 하다보면 댓글, '좋아요', 팔로잉, DM(Direct Message)에 익숙해지게 된다. 이를 '커뮤니케이션 4종 세트'라고 부른다. 이 4종 세트야말로 앞에서 살펴본 '약한 연결'의 대표적인 연결고리인 셈이다. 고객이 댓글을 남기거나 고객의 게시글에 사장이 댓글을 남길 수 있고 다른 사람이 올린 우리 제품 사진에 '좋아요'로 감사함을 표시할 수도 있다. 고객 입장에서도 쇼핑몰에 대한 소식을 계속 받아보고 싶은 경우 '팔로잉'으로 관계를 만들고 문의사항이 있으면 쇼핑몰의 DM으로 물어보기도 한다.

계정을 꾸준하게 운영할 '힘'도 이 커뮤니케이션 4종 세트의 약한 연결에서 나온다. '좋아요'와 댓글 등의 즉각적인 반응이 있으니 운영에도 흥이 돋는다. 게다가 매일 늘어나는 팔로워를 보면서 채널의 성장을 체감한다. 더 열심히 운영해야겠다는 의지를 다지는 '동기'가 되기도 한다. DM을 통해 고객과 메시지도 주고받을 수 있으며 때로는 다른 가게에 DM을 보내 가게 운영에 대한 정보도 얻을 수 있다. 나의 채널을 중심으로 다양한 말과 액션이 오가니 운영할 맛이 날 수밖에 없다. 그리고 이 점은 지속적으로 운영하는 가장 강력한 동기가 된다. 지속적으로 '반응'을 만들어내는 것이야 말로 인스타그램이 가진 가장 강력한 힘이 아닐까 싶다.

인스타그램 팔로워 수 늘이기

인스타그램은 하나의 이미지로 승부를 하는 듯 보이지만 꾸준한 포스팅으로 팔로우 수를 늘이는 작업이 동반되어야 효과를 볼 수 있다. 네이버나 구글이 '검색어'를 기반으로 사용자들을 모으는 서비스라면 인스타그램은 해시태그 기반으로 사용자들을 모으는 서비스다. 따라서 포스팅을 할 때는 반드시 해시태그에 유념해서 작성해야 한다.

작성 방법을 설명하기 전에 당부하고 싶은 사항이 있다. 다음에 소개하는 단순한 몇 가지 팁이 팔로워를 늘이는 방법의 전부라고 생각해서는 곤란하다. 팁보다 중요한 것은 운영자의 명확한 컨셉과 일관성이다. 인스타그램 뿐 아니라 블로그, 페이스북, 트위터, 카카오스토리 등의 모든 SNS가 마찬가지다. 이는 여러분이 해당 사이트를 관리하는 입장에서 생각해보면 쉽게 이해할 수 있다. 아이러니하게도 나는 이러한 문제에 대한 해답을 중국의 춘추전국시대 공자와 노자의 대화에서 엿볼 수 있었다.

어느 날 멀리서 찾아 온 공자를 반갑게 맞이하며 노자가 묻는다.

"어서 오시오. 그대가 북방의 현인이라는 소문을 진작부터 듣고 있었소. 그래, 공자님은 진정한 도를 체득하였습니까?"

"아닙니다. 아직 체득하지 못했습니다."

"공자님은 무엇에서 도를 구하셨소?"

"저는 도를 수리(數理)에서 구하고자 애썼습니다만, 5년이 지나도 체득하지 못하고 말았습니다."

"그 밖에 또 무엇에서 도를 구하려 했소?"

"저는 음양의 이치 속에서 그것을 구했습니다만, 2년이나 지나도 효과가 없었습니다."

"그럴 테지요. 도라는 것은 그에 어울리는 자기 속에 주체성이 확립되어 있지 않고 바른 행위가 없으면 오지 않습니다. 이런 이치를 수긍하지 못하는 자에게는 '도'로 들어가는 문은 열리지 않을 것입니다."

SNS 소통 방법을 '도(道)' 에 비할 바는 아니겠지만 주체성과 바른 행위가 많은 사람들과 소통하는 기본이라는 사실은 변하지 않는다.

1 | 1단계, 맞팔

팔로워를 늘여야 하므로 포스팅시 그에 맞는 해시태그를 사용한다. 가령 #맞팔, #맞팔해요, #맞팔환영, #맞팔100, #맞팔해용, #팔로우그램, #맞팔후댓글, #맞팔좋아요, #맞팔댓글, #선팔, #선팔좋아요, #선팔하면맞팔, #선팔환영, #팔로우, #팔로우미, #팔로우환영 등의 해시태그를 사용하면 인스타그램 사용자 중에서 팔로워를 늘이고 싶어 하는 사람들과 연결이 용이하다. 외국인들도 많이 사용하므로 #F4f, #f4fb, #f4follow, #follow, #followme, #like, #friends, #like4like, #instalike, #followers 등과 같은 해시태그를 사용하면 좀더 짧은 시간 안에 많은 팔로워를 모을 수 있다.

다만, 이러한 태그는 처음 시작하는 분들을 위한 약간의 팁일 뿐이다. 팔로워가 1000~3000명 정도에서 정체된 사용자라면 더 이상 이런 무의미한 태그는 지양하고 본인의 게시물을 정확하게 표현할 수 있는 해시태그를 찾아서 활용하기 바란다.

2 | 2단계, 선팔

콘텐츠가 쌓이고 팔로워가 늘어나면 팔고자 하는 물건이나 해당 유저가 많은 사용자를 공략한다. 특정 키워드로 후하게 '좋아요'를 눌러주는 사람이라면 나의 사진에도 '좋아요'를 누를 가능성이 높다. 따라서 이런 사용자를 대상으로 선팔을 하는 것이다. 가령 쇼핑몰을 오픈한다면 #쇼핑몰'을 검색해서 인기게시물을 골라 '좋아요'를 누른 사람들을 찾아본다. 아래 이미지 중에서 '좋아요' 수가 2,623

명이고 댓글이 25개인 게시물이 보인다. 해당 게시물에 '좋아요'를 누른 사람들을 대상으로 팔로우 한다. 우리 쇼핑몰에 관심 있는 제품이 있다면 맞팔을 하고 피드에서 주기적으로 제품을 살펴볼 가능성이 높다.

선팔하기

3 | 3단계, 양질의 포스팅

앞에서 인스타그램을 세팅하는 단계에서의 맞팔과 선팔 방법을 살펴보았다. 그렇게 늘어난 팔로워가 꾸준히 나와의 관계를 유지하기 위해서는 양질의 포스팅을 꾸준히 작성해야 한다. 이미지 기반인 인스타그램은 텍스트 중심의 블로그에 비해 포스팅이 용이하다는 장점이 있지만 여간해서는 차별화를 꽤하기 상당히 어렵다는 단점도 있다. 그만큼 보이지 않는 부분에 대한 디테일이 중요하다.

전 세계적으로 280만 팔로워를 보유한 여행 사진가 잭 모리스(Jack Morris)의 경우는 하나의 포스팅을 위해서 사진 선택에 신중한 것으로 유명하다. 그는 인스타그램에서 제공하는 사진의 경우 필터를 사용하지 않고 자신의 노트북에서 자신만의 색감으로 편집한 후 올린다. 또한 장면을 선정할 때 앞에 올린 이미지와의 연관된 스토리를 고민한다. 이런 잭 모리스의 시도가 대단해서 소개하는 것은 아니다. 이 책을 읽는 사람이라면 그런 정도의 노력은 이미 하고 있을 가능성이 높기 때문이다.

우리가 주목해야 할 부분은 하나의 이미지에도 정성과 열정을 다해 준비하는 그의 마음가짐이다. 멋진 일출을 찍기 위해 3시간을 기다리고 흐린 날씨라 사진을 찍을 수 없었다면 다른 날 다시 가서 찍는 그의 노력이 쌓이고 쌓여 지금의 팔로워가 만들어진 것이다. 잭 모리스는 그것을 독창성을 위한 인내심이라고 표현한다. 그런 노력의 결과 그에게 협찬하려는 회사는 포스팅 당 21,800달러를 지급해야 한다[12]. 물론 꾸준히 올릴 수 있는 나만의 콘텐츠는 강제로 만들어질 수는 없다. 결국 자신의 상황에 맞는 콘텐츠를 발굴하고 올릴 수 있는 지속가능성이 필요하다.

잭 모리스의 인스타그램(@doyoutravel)

---

12   인스타그램 부자 리스트 2019 (Kylie Jenner, Arianna Grande and Cristiano Ronaldo top Instagram Rich List 2019)
https://www.channel24.co.za/Gossip/News/kylie-jenner-arianna-grande-and-cristiano-ronaldo-top-instagram-rich-list-2019-20190725-2

꾸준한 포스팅을 위해서는 다음과 같은 원칙을 고려할 필요가 있다.

1. 내가 즐기고 좋아하는 것을 포스팅한다.

2. 1시간에 1개 이상은 하지 않는다.

3. 하루 3~5개가 적당하다.

4. 아침 7시가 반응이 가장 좋은 시간이다.

5. 주말에는 '좋아요' 반응이 느리므로 포스팅 빈도를 줄인다.

6. 의무감에 포스팅하느라 콘텐츠의 질이 떨어지는 것은 바람직하지 않다.

7. 더 많은 팔로워보다는 더 좋은 콘텐츠에 집중하라.

8. 타인의 글에도 '좋아요'를 부지런히 눌러라.

인스타그램을 통해 이벤트를 진행해 보자

지금까지 인스타그램의 특징과 팔로워를 늘이는 방법을 살펴보았다. 콘텐츠 생산자 입장에서 큰 노력을 들이지 않고 운영할 수 있고 타일형 피드로 제품의 이미지를 단번에 알릴 수 있었다. 프로필 영역을 통해 공지사항을 재빠르게 알리고, 해시태그와 장소가 갖는 '모아보기'로 채널을 중심으로 콘텐츠를 묶어준다. 댓글, '좋아요', 팔로잉, DM과 같은 커뮤니케이션 세트로 창작 동기를 만드는 역할도 있었다. 이 모든 것을 다 아우르는 방법으로 가장 선호하는 이벤트 진행 방법을 알아보자. 방법은 다음과 같다.

1. 이벤트 기간은 2~3주가 적당하다.

2. 블로그와 연동해서 당첨자 발표를 안내하는 것도 효과적이다.

3. 친구소환 이벤트를 하면 참여자를 높일 수 있다.

4. 해시태그에 '#이벤트', '#이벤트그램', '#인스타이벤트'를 단다.

1 | 친구소환 이벤트

인스타그램에서 가장 많이 사용되는 마케팅이 바로 친구소환 이벤트다. 가장 일반적인 방법은 해당 계정을 팔로우하고 댓글에 친구의 아이디를 언급하는 것이다(아이디 앞에 @을 넣으면 소환된다). 에스쁘아의 이벤트를 살펴보자.

"#이벤트 친구를 소환해서 #비글로우쿠션 런칭 소식을 알려주세요! 추첨을 통해 3분께 조이의 친.필.사.인이 담긴 비글로우쿠션을 선물로 드립니다."

에스쁘아의 인스타그램 이벤트

친구를 소환해서 이벤트를 확산하는 방법인데 참여자나 소환당하는 입장에서 개인정보에 대한 부담이 없고 관심사를 공유하는 측면에서 응모율이 높다. 당첨을 위해서 악의적이기 보다는 제품에 긍정적인 댓글이 많아 브랜드 입장에서도 꽤 만족스러운 마케팅 수단이다.

2 | 댓글 이벤트

인스타그램의 경우 강제성이 없으므로 일반적인 홍보성 포스팅에는 '좋아요'나 댓글이 잘 달리지 않는다. 이런 경우 댓글을 유도하는 이벤트를 진행하면 참여도를 높일 수 있다. 더구나 브랜드에서 진행하는 것이 아니라 팔로워수가 많은 유명 인스타그래머에게 제품을 협찬하고 이벤트를 진행하면 긍정적인 효과를 얻을 수 있다.

이 제품은 '화애락 이너제틱이 필요한 이유를 댓글로 적기'라는 질문을 던져 댓글로 답변을 유도하여 많은 댓글을 얻을 수 있었다.

패션 인플루언서 미우민의 인스타그램(@ehcl15)을 통한 정관장 이벤트

3 | 해시태그 이벤트

이벤트의 목적이 분명하거나 대중적인 키워드를 활용하여 널리 전파하는 이벤트다. 다양한 층의 고객들에게 이벤트가 노출되기 때문에 효과적이다. 이 경우 '리그램' 이벤트를 함께 진행하면 훨씬 더 많은 사람들에게 확산시킬 수 있다. 노브랜드에서 진행한 해시태그 이벤트를 살펴보자.

노브랜드 해시태그 이벤트

노브랜드와 함께하는 당신의 일상을 셀카로 찍어 #노브랜드라이프 해시태그와 함께 남겨주세요. 추첨을 통해 당첨되신 분의 셀카는 노브랜드 피드에 리그램으로 게시되며 리그램 후, 노브랜드 9종 세트를 보내드립니다.

- 이벤트 기간 : 8/2(금) ~ 9종 세트 소진 시까지
- 당첨자 안내 : 이벤트 당첨자는 노브랜드 9종 세트 발송을 위한 개인정보수집 동의를 위해 DM(다이렉트 메세지)으로 개별 안내됩니다.

여기서 리그램이라는 용어가 등장한다. 리그램이란 포스팅된 내용을 자신의 인스타그램 계정으로 퍼오는 것을 말한다. 리그램을 위해서는 '리포스트'라는 별도의 앱을 설치해야 한다.

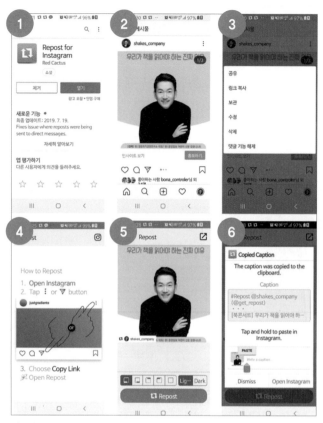

리그램 방법

│ 리그램 방법 │

1. 리포스트 앱(repost for instagram)을 설치한다.

2. 자신의 인스타그램에서 공유를 원하는 포스팅을 선택한다.

3. 오른쪽 상단의 점표시를 눌러 '링크 복사'를 선택한다.

4. 리포스트 앱을 연다.

5. 앱에 복사한 링크가 붙으면 'repost'를 클릭한다.

6. 원하는 메시지를 추가한 후 'Open Instagram' 버튼을 클릭하여 인스타그램
   을 열면 리그램이 완성된다.

8 카페 체험단 마케팅, 소리 없이 강하다

카페 체험단 마케팅이란 주요 타깃이 밀집된 온라인 카페에서 체험단을 모집하여 운영하는 마케팅을 말한다. 단순 홍보에서 그치는 댓글 마케팅과 달리 실제 회원들에게 체험시키고 후기 등록을 유도하여 유사 경험자의 후기를 쌓아놓는 효과가 있다. 한정된 예산을 효율적으로 집행하기 위해 규모가 큰 카페를 우선적으로 접촉한다. 소비자들의 반응이 좋으면 점차 작은 규모의 카페로 확산하면서 사용자들과의 접점을 넓힌다.

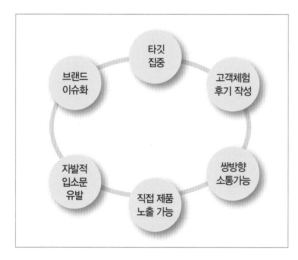

카페 체험단의 마케팅 효과

운영 프로세스

카페 체험단은 사전 준비, 응모, 응모자 선정, 후기 작성, 사후 활동의 순서로 진행된다. 각각의 진행방법을 살펴보자.

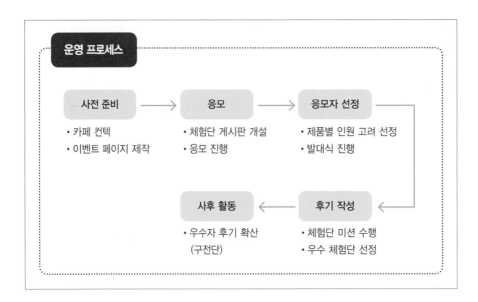

1 | 사전 준비

카페 체험단의 핵심은 기획, 발대식, 그리고 후기 관리이다. 따라서 진행에 필요한 항목들을 사전에 체크할 필요가 있다. 체험단 모집 단계부터 이미 홍보는 시작된 것이다. 따라서 꼼꼼한 준비로 노출시 이미지 관리에 신경을 쓸 필요가 있다.

구분	세부내용	비고
기획 /운영	운영관리	– 체험단 콘텐츠 관리 – 전체 생성 예상 컨텐츠 약 500건 모니터링 및 관리
발대식	장소대여 핑거푸드(간식) 현수막 및 X-배너	– 장소 대여비 – 참가자 간식 제공 – X-배너 및 현수막 제작
경품 비용	최종 우수자 경품 깜짝미션 경품	– 2개월 체험단 최우수자 경품 제공 – 깜짝 미션 2회
홍보	카페 섭외 페이지 디자인 카페 홍보 배너	– 메인 카페 배너 / 카테고리 / 공지 등록 – 이벤트 페이지 디자인 – 모집 인원 증대를 위한 다양한 카페 홍보

준비사항에 대한 체크가 끝나면 다음에는 카페를 선정하는 작업에 들어간다. 카페 선정 단계에서는 타깃에 맞는 카페를 찾는 것과 카페의 특성에 맞게 이벤트를 준비하는 것이 중요하다. 가령 '아이러브맘(https://cafe.naver.com/15668981)' 카페의 경우 7세 미만 유아자녀를 둔 부모가 주 회원이 많다. 따라서 키즈관련 제품을 마케팅하기 효과적이다. 또한 '동탄맘들 모여라!(https://cafe.naver.com/dongtanmom)' 카페의 경우 제휴 이벤트를 진행하지 않으므로 배너를 걸거나 운영자에게 양해를 구하고 공지나 협찬을 진행할 수 있을 것이다.

2 | 응모

접촉한 카페에서 체험단을 위한 게시판을 만들어준다. 게시판이 만들어지면 해당 페이지에 공지를 한다. 공지할 때 다음 내용을 중심으로 빠짐없이 체크한다.

구분	내용
체험단 개요	• 제품 소개 • 체험단 활동 내용 및 기간 • 체험단 혜택 • 지원자 자격 및 선정기준
세부 내용	• 체험제품 : 키즈 용품 • 모집인원 : 10명 • 신청조건 : 진행 카페, 자사 카페 모두 가입된 회원 • 신청방법 : 댓글 및 메일로 응모 • 신청기간 : 2022년 3월 1일 ~ 3월 17일 • 당첨발표 : 2022년 3월 25일 • 후기작성기한 : 4월 1일 ~ 5월 29일 • 후기등록 : 진행 카페, 자사 카페, 개인블로그에 후기 필수 등록. 많은 카페에 확산할수록 미션 우수자 선정에 유리 • 우수체험단 상품 : 10만원 상당의 상품

응모 방법	• 해당 카페 글에 확산 URL 및 각오 댓글로 응모
	• 체험단 선정 후, 카페 내 공지
	• 카페에 게재 된 컨텐츠 양식에 따라 작성 후, 메일 응모
	  1. 닉네임/아이디/본명/주소/우편번호/연락처
	  2. 추가사항
	  ※ 추후 지역별, 연령별로 그룹화 하여 운영

3 | 응모자 선정

제품별 필요 인원을 잘 고려해서 선정한다. 간단한 리뷰나 1회성으로 끝나는 체험단이라면 이메일이나 전화안내로 충분하다. 그러나 카메라나 IT기기처럼 대여하는 제품이나 2회 이상 지속적인 사용기를 써야 하는 서비스라면 발대식을 진행하여 참가자들에게 후기 가이드를 안내하는 것이 필요하다.

발대식의 순서는 자사 제품의 특징과 장점을 소개하고 참가자들의 자기소개 및 체험단 활동 내용을 안내하는 방법으로 진행한다. 이 경우 희망하는 제품의 쇼핑몰 링크도 나누어 준다. 발대식 자체도 홍보의 수단이 되기 때문에 가능하면 X-배너와 현수막을 준비하여 사진이나 인증샷에 나오도록 하는 것이 좋다.

체험단 발대식의 모습

4 | 후기 작성 및 사후 활동

주차별 미션 완료자 및 최종 우수 후기자를 선정하여 소정의 상품을 제공한다. 또한 추가적인 혜택을 제공하여 체험단 활동의 적극적인 참여 및 체험단 간의 경쟁심을 유도하는 것도 효과적이다.

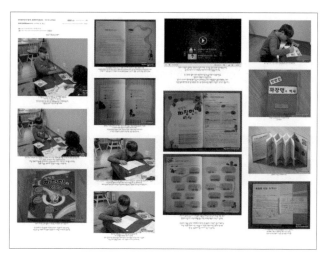

체험단 후기

　체험단 중에서 블로그 방문자 수가 많은 경우 해당 콘텐츠는 사후 활동까지 긍정적인 영향을 미친다. 가령 블로그 검색 상위에도 노출되거나 블로그의 '네이버 탑'에 선정되기도 한다. 또한 데이터가 쌓이면 검색시 경쟁사를 압도하는 노출량을 유지할 수 있다.

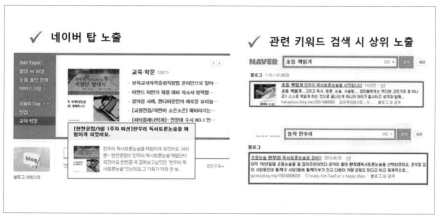

체험단의 사후 활동

9 유튜브 마케팅의 4가지 활용 방안

콘텐츠 생산의 난이도를 어려운 것부터 나열해 보자. 아마도 다음과 같을 것이다.

> **유튜브 〉 블로그 〉 페이스북 〉 인스타그램**

예상대로 가장 생산하기 힘든 것은 유튜브 콘텐츠다. 동영상을 제작하는 데 시간과 비용이 가장 많이 소요되기 때문이다. 더구나 익명성을 요구하는 SNS와 달리 유튜브는 크리에이터라 불리는 콘텐츠 생산자가 시청자에게 미치는 영향이 매우 큰 마케팅 채널이다. 따라서 유튜브 채널을 운영하기 위해서 매력적인 캐릭터를 내세워 지속적으로 콘텐츠를 생산해야 한다. 한 두 개 잘 만든 영상으로 오랫동안 돌려보는 시대는 지났다는 말이다. 이런 유튜브 채널을 운영하는 점에 대해 쇼핑몰 운영자의 입장에서 고민해야 할 문제점을 생각해 보자.

다양한 의학 관련 유튜브 채널들

첫 번째, 콘텐츠가 좋아야 한다. 얼마 전 어머님이 병에 걸리셔서 관련 정보를 유튜브로 검색한 적이 있다. 그랬더니 개인병원 의사들이 저마다 자신의 이름을 걸고 채널을 운영하고 있었다. 조O식TV, 류O석TV 등 모두가 유튜브 크리에이터들이다. 영상을 보고 병원을 찾아 왔다는 의사도 있었다. 사람들마다 같은 증상에 대한 의견이 조금씩 달라서 흥미는 있지만 원하는 정보를 찾지는 못했다. 그러다 홍혜걸 교수가 진행하는 메디텔이라는 유튜브 채널에 강남세브란스 병원의 이상협 교수가 등장하는 방송을 찾을 수 있었다. 한 시간 반 동안 관련 질병을 소개하는 내용을 듣고 상당한 지식을 얻을 수 있었다. 다양한 질병에 대해 전문가들을 패널로 모시는 이 방송의 구독을 '꾹' 눌렀다. 이와 같이 전문적인 내용으로 시청자의 궁금증이나 문제점을 해결해 줄 수 있는 양질의 콘텐츠를 생산해 낼 수 있어야 한다.

두 번째, 지속가능성이 있어야 한다. 유튜브 크리에이터 1세대로 꼽히는 '캐리와 장난감 친구들'은 상당한 인기를 끌었다. 그 채널이 지금까지도 인기를 끌 수 있는 것은 장난감을 만들지 않기 때문이다. 누군가의 제품을 가져다가 뜯어보고 만져보는 것이 전부다. 매일 매일 자신의 제품을 뜯어보고 소개할 수 있을 만큼 제품이 많다면 모를까 한정된 제품을 구비하고 있는 소규모 쇼핑몰에서 제품 소개만으로 유튜브 채널을 운영한다면 소비자들은 더 이상 우리 채널을 방문하지 않을 것이다.

세 번째, 시간과 비용이 생각보다 많이 들어간다. 유통을 전문으로 하는 대규모 쇼핑몰의 경우라면 다양한 형태의 외주 제작을 할 수 있지만, 작은 쇼핑몰의 경우는 쉽지 않다. 방문자가 10만 이상인 유튜버에게 제품을 주고 제작을 의뢰하는 경우 비용이 평균 100만원 내외가 든다. 100여만 원의 비용을 들여 송출한 짧은 동영상으로 그 이상의 매출을 올릴 수 있는가에 대해서는 의구심이 들 수밖에

없다. 페이스북의 카드뉴스 제작이나 블로그 포스팅 비용과 비교하면 비용 효율
성이 떨어진다.

이런 세 가지 문제에 대해 현재 많은 소상공인들이 고민하고 있다. 그러나 반
드시 채널을 운영하는 것만 있는 것은 아니다. 유튜브를 활용한 마케팅 방법으로
어떤 것이 있는지 살펴보자.

맛보기 강좌 중심의 유튜브 채널

우선 기존에 콘텐츠를 생산하고 있는 업종, 예를 들면 학원이나 강의 콘텐츠의
경우는 간략한 팁이나 강의 실황을 중심으로 콘텐츠를 제작하여 검색 노출을 노
릴 수 있다. 이렇게 운영하는 유튜브 채널의 목적은 영화의 예고편을 노출시켜서

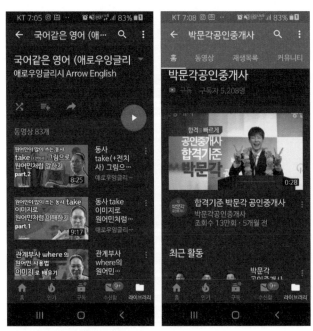

맛보기 강좌 중심의 유튜브 채널

흥미를 유발시킨 후 극장으로 끌어내는 방식과 유사하다. 맛보기 강의를 보고 마음에 들면 학원으로 오도록 만드는 것이다.

광고용으로만 운영하는 유튜브 채널

틸다 스윈튼을 모델로 내세워 최근 광고를 많이 하고 있는 트립닷컴의 유튜브 채널은 브랜드의 인지도에 비해서 구독자가 매우 적다. 그냥 광고를 올려두기 위한 목적이기 때문이다. 광고만 게재하는 유튜브 채널이다. 유튜브에 유료 광고를 하는 경우 CPV(Cost Per View, 유효 조회수당 비용)로 따지면 1회 시청당 비용이 40~100원대로 형성되기 때문에 노출 자체만 놓고 보면 네이버 검색 광고나, 페이스북

광고용으로만 운영하는 유튜브 채널

광고에 비해 저렴한 편이다. 실제 많은 기업들이 이런 식으로 영상을 자연스럽게 노출시키고 있다. 바로 옆에 있는 채널은 한우리열린교육시절 광고와 수업 샘플 영상을 올려둔 곳이다. 홈페이지에 관련 영상을 링크해 두면 채널에 들어오지 않아도 필요할 때마다 볼 수 있어서 편리하다.

전문 유튜브 채널 운영

가장 많은 사랑을 받는 유튜브 방송은 제품을 대신 구매해서 후기를 올리는 영상이다. '별난박TV'의 경우 시간과 비용을 투자해서 오리지널 콘텐츠를 생산하고 있고, 구독자도 19만명으로 유의미하게 성장시키고 있다. 다루는 주제도 제품 후기 뿐 아니라 여행부터 미용까지 다양하다. 이 방법은 인력, 시간, 돈이 많이 들지만, 한 번 구독자가 늘어나면 직장인 월급보다 많은 수익이 생긴다. 유튜브를 시작하는 사람들의 대부분은 제품 사용 후기를 중심으로 시작한다. 우측의 '마음대로나라'는 우리 아이들이 운영하던 채널인데 벌써 몇 개월째 콘텐츠를 올리지 않고 있다. 주

전문 유튜브 채널 운영

변에 자신의 이름을 걸고 유튜브 채널을 오픈했다고 홍보하는 사람들의 경우 최근에 들어가 보면 이와 같이 업로드 한 지 오래된 경우가 적지 않다. 시작 단계에서 큰 고민 없이 뛰어든 결과이다. 따라서 전문 유튜브 채널을 운영하는 것은 콘셉부터 지속가능성은 물론 시간과 비용까지 신중하게 고민해서 결정해야 한다.

제품과 크리에이터의 콜라보 영상

유튜브 초기부터 매출에 긍정적인 영향을 주던 마케팅 방법이다. 실제 공중파나 인터넷에 광고하는 것에 제약이 많은 담배회사인 KT&G의 경우 크고 작은 크리에이터와 유튜브 콜라보 영상을 촬영해서 유튜브의 검색과 추천동영상 영역에 노출시켜 왔다. 따라서 쇼핑몰 운영자라면 자기 채널을 키우기 보다 크리에이터와 콜라보 영상을 적극적으로 활용하길 추천한다.

다만 인스타그램 이벤트나 카페 체험단의 후기 콘텐츠에 비해서 유튜브의 체험 후기 동영상은 만드는 데 꽤 많은 시간과 비용이 필요하다. 실제 한 MCN(Multi-Channel Network, 다중채널 네트워크)[13]에 다이어트 쉐이크를 홍보하기 위해 광고 제작 예산을 문의해서 10만 명 이상의 구독자를 가진 크리에이터 2~3명을 제안받은 적이 있다. 이들이 제안한 가격은 하나의 콜라보 영상 제작에 약 100~300만 원 정도였다. 밀레니얼 세대와 Z세대 소비자들의 메이크업에 크리에이터가 미치는 영향력이 커지면서 화장품 업계의 파이 역시 점점 커지는 분위기다. 5백만 명 이상

13　유튜브, 아프리카TV 등 동영상 사이트에서 인기가 많은 크리에이터의 콘텐츠 유통·판매, 저작권 관리, 광고 유치, 자금 지원 등에 도움을 주고 콘텐츠로부터 나온 수익을 나눠 갖는 미디어 사업자를 말한다. CJ E&M, 아프리카TV, 트레저 헌터, 판도라TV 등이 대표적이다.

의 구독자를 거느리고 있는 포니(PONY Syndrome), 씬님, 이사배(RISABAE) 등은 협찬 받은 제품을 공개적으로 오픈하여 제조사로부터 많은 호응을 얻고 있다.

제품과 크리에이터의 콜라보 영상(PONY Syndrome)

유튜브에서 다수의 구독자를 거느린 인플루언서들은 블로그와 페이스북과 달리 소소하게 취미로 운영하는 일반인들을 찾기 힘들다. 따라서 유튜브에서 후기 콘텐츠를 생산한다면 MCN에 소속된 유튜브 크리에이터와 콜라보 영상을 찍는다고 볼 수 있다.

유튜브의 특성상 콘텐츠를 만드는 것은 매우 시간과 비용이 많이 들어가는 작업이다. 따라서 콘텐츠 생산 능력이 있는 크리에이터와 콜라보를 고민하는 것이 가장 현실적인 마케팅 수단이다. 유튜브 마케팅 좋은 건 다 안다, 그러나 과거 페이스북과 블로그를 운영했던 시간과 인력과 돈에 비해서 훨씬 많은 에너지를 지출해야 하는 마케팅이다. 만약 콘텐츠 생산 능력이 없는 작은 쇼핑몰이나 콜라보를 적극적으로 운영하기 힘든 소상공인이라면 지속가능한 자기만의 콘텐츠로 채널을 운영할 수 있는 아이디어가 필요하다.

제 13 장

온라인 시대에 더 유용한
언론홍보 마케팅

바야흐로 스마트폰 전성시대다. 스마트폰은 우리 생활에 두 가지 변화를 가져왔다. 첫째는 '누구나' 콘텐츠의 생산자가 될 수 있다는 점이고, 둘째는 '언제 어디서나' 콘텐츠를 소비할 수 있게 되었다는 것이다. 특히 언제 어디서나 검색이 가능해지면서 언론홍보 마케팅이 다시 주목받고 있다. 신뢰도 높은 '뉴스' 검색 결과에 노출되고 개인 미디어에도 활용할 수 있기 때문이다. 신문을 거의 보지 않는 시대지만 양질의 콘텐츠에 대한 사람들의 관심은 과거보다 훨씬 높아지고 있다. 동일한 콘텐츠를 자신의 블로그에 올리는 것과 언론사에 제보해서 기사화되는 것은 신뢰도 면에서 적지 않은 차이를 가져온다.

한우리열린교육에서 기자들을 만나고 오랫동안 홍보 업무를 해오면서 느낀 점은 개인적인 친분으로 기사를 청탁해도 대중에게 전달할 가치가 없다면 기사화될 가능성은 제로에 가깝다는 것이다. 언론사는 항상 새로운 기사에 목말라 하고 있다. 그 점을 정확하게 파악해서 기자가 원하는 기사를 제공할 수 있다면 기사화되는 것은 불가능하지 않다.

얼마의 비용으로 홍보 기사를 뿌리는 경우도 있다. 그러나 마구잡이로 작성한 전단지 같은 기사는 고객의 신뢰를 얻는 데 아무런 도움이 되지 않는다. 누구나 블로그를 만들 수는 있지만 모두가 파워블로거가 될 수 없는 것과 마찬가지로, 유료 배포의 경우라도 보도 자료를 제대로 작성해야 원하는 효과를 얻을 수 있다. 지금부터 소상공인이 언론에 기사를 게재하는 방법에 대해 알아보자. 그리고 유료로 홍보 기사를 기획하는 사장님을 위해서 작은 쇼핑몰이라도 비용 대비 효율성을 높일 수 있는 보도 자료 작성법은 무엇인지 살펴보자.

1 언론홍보의 마케팅 효과는 무엇일까?

앞서 상세 페이지를 다루는 부분에서 우리는 신뢰의 중요성을 살펴보았다. 언론은 고객에게 소상공인의 신뢰도를 미리 검증해서 대중에게 전달하는 역할을 한다. 고객이 제품을 구매하기 위해서 쇼핑몰을 방문할 때는 쇼핑몰 신뢰도에 따라서 구매 여부가 결정되는 경우가 많다. 쇼핑몰이 언론에 노출된다면 쇼핑몰 고객에게 신뢰도가 검증되었다고 느끼게 할 수 있다. 이는 최종적인 구매 결정률을 높이게 되고 매출 증가로 이어진다. 언론홍보 마케팅의 효용성을 좀 더 구체적으로 살펴보면 다음과 같다.

객관성

블로그가 1인칭 관점에서 고객에게 정보를 전달하는 반면 언론은 3인칭 관점에서 전달한다. 많은 사람이 언론을 통해 정보를 얻기 때문에 정보를 가장 신뢰하고 객관적이라고 믿는 곳이다. 쇼핑몰이 언론을 통해 고객에게 노출되면 쇼핑몰에 대한 객관성을 심어줄 수 있다. 라디오 광고 역시 비용이 저렴한 만큼 적은 사람에게 노출된다고 생각할 수 있다. 그러나 공인된 매체를 통해 전달되기 때문에 한 번 들으면 '어디서 들어본 회사다'라는 인식을 심어줄 수 있다는 장점을 가지고 있다. 이처럼 언론을 활용한 마케팅은 10억 미만의 중소형 광고주를 위한 통합 마케팅 커뮤니케이션(IMC, Integrated Marketing Communication)에서 빠지지 않는 영역이다.

공신력

마케팅은 브랜드를 설득하는 과정이다. 동일한 정보라 해도 언론을 통해 전달되면 전문가가 말하는 것과 같은 공신력을 가져다 준다. 연예인의 패션 아이템 하나가 사람들의 관심을 끄는 것도 비슷한 이유다. 언론에 보도되면 해당 분야 기자가 취재하면서 정보를 얻거나 코멘트를 받으려고 연락하거나 컬럼을 의뢰하는 일이 생긴다. 직장인이나 기업을 운영하는 사장이라면 업계 전문가의 위상을 자연스럽게 얻게 된다.

2 언론홍보 마케팅에 필요한 것들

기사화되기 위해서는 기자 입장에서 작성하는 것이 중요하다.

"저는 아는 기자가 하나도 없는데요?"

컨설팅을 하다 보면 이런 질문을 하는 분들이 계신다. 걱정 말라. 기자를 많이 아는 것은 별 도움이 되지 않는다. 아무리 친한 기자가 있어도 보도 자료의 정보 가치가 떨어지면 기사화되기 어렵기 때문이다. 중요한 것은 자신이 운영하는 사업의 전문성이나 신뢰도를 높이는 것이다. 대형 광고 대행사나 소규모 광고 대행사나 광고주를 담당하는 담당자는 한 명이다. 성과는 담당자의 역량에 달린 문제다. 마찬가지로 매출이 높은 유명 쇼핑몰이나 매출이 적은 쇼핑몰 모두 강조하는 내용은 비슷하다. 제공하는 콘텐츠가 비슷하다면 기자에게 믿음을 심어줄 수 있는 여러 가지 인증 장치가 필요하다. 특히 독자의 눈길을 끌 만한 특징을 만들어 두는 것이 좋다.

독자의 눈길을 끌 만한 이슈를 만들어라

예를 들어 입시나 교육에서 초등학생의 책읽기가 이슈라면 기자는 '책 읽기에 대한 기사'를 쓰려고 정보를 수집할 것이다. 이러한 상황을 파악하고 기사 작성에 도움이 될 만한 언론 보도 자료를 기자에게 보낸다. 해당 내용을 내가 몸담고 있던 회사와 연결한 것이 오른쪽 기사다.

중앙일보에 실린 기사의 예

이 기사는 정보성 보도 자료의 한 예로 한우리열린교육 재직 당시 '중앙일보'의 '열려라 공부'라는 코너에 직접 제보해서 실렸던 기사다.[13] 기사에 등장하는 주인공 승환이는 내 외사촌이다.

기자의 신뢰를 얻어라

당연하겠지만 언론은 고객들에게 인지도가 높은 업체의 기사를 선호한다. 앞서 한우리열린교육에서 사용했던 기사 작성 방법을 작은 쇼핑몰에 적용해 보자. 우선 소규모의 쇼핑몰은 인지도가 낮으므로 다음과 같이 언론의 객관성, 공신력 등을 기자에게 어필할 수 있는 인증 장치가 필요하다. 대표적인 인증 장치는 랭킹 사이트의 순위나 블로그 방문자 수, 카페 회원 수 등이다.

랭키닷컴의 카테고리 내 순위는 객관적인 자료가 된다.

13 https://news.joins.com/article/3789210

소규모 쇼핑몰의 경우 랭키닷컴(www.rankey.com)같은 사이트에서 상위에 랭크 되면 마케터들이나 기자들이 사이트의 규모를 판단하기 위한 객관적인 정보를 제공할 수 있다.

블로그 방문자 수는 객관적인 자료가 된다.

이 밖에도 개관저으로 자신의 인지도를 높일 수 있는 다양한 방법을 생각해 볼 수 있다. 신설 사이트이거나 방문자 인지도가 전무한 사업자가 어쩌다 한 번의 언론홍보로 고객들에게 노출된다는 것은 소 뒷걸음질에 쥐 잡듯 지속 가능성이 떨어진다. 언론홍보는 양질의 정보를 꾸준히 기자들에게 제공하는 것이 핵심이다.

광고와 홍보는 상호보완적인 효과가 있다. 비용을 들여서 광고해도 얻을 수 없는 것이 바로 고객의 신뢰다. 보도 자료란 사람들이 관심 있는 내용을 알기 쉽게 전달하기 위해 필요한 항목이 들어간 갖춰진 틀에 맞춰 작성된 글이다. 숙달된 기자들은 신문 기사를 말 그대로 쉽게 쏟아낸다. 따라서 언론홍보 마케팅을 위한 콘텐츠는 기자가 쓴 것과 같은 틀로 작성해야만 기사화될 가능성이 높다. 언론에 노출되면 적은 비용으로도 큰 홍보 효과를 얻을 수 있고 고객에게 쇼핑몰이나 제품에 대한 신뢰를 얻을 수 있다.

3 — 보도 자료 작성 요령

쇼핑몰 상세 페이지를 만들면서 확보한 데이터는 보도 자료의 좋은 소스가 될 수 있다. 그러니 보도 자료 작성에 부담을 가질 필요는 없다. 상세 페이지를 통해 고객의 신뢰를 얻는 방법을 연구하면서 얻어지는 부가적인 정보를 최근 이슈에 적용한다는 기분으로 작성해 보자. 막연하게 느끼는 사람들을 위해 몇 가지 보도 자료 작성 요령을 소개한다.

다른 기사를 참고하고 제목에 핵심을 요약한다

'대통령의 글쓰기'로 유명한 강원국 작가는 언론사로부터 기고문을 요청받으면 비슷한 주제의 컬럼을 두세 개 정도만 읽고 글의 흐름을 잡아간다고 한다. 나역시 보도 자료를 작성할 때 비슷한 방식을 취한다. 해당 분야의 뉴스를 검색하여 현재 이슈가 되고 있는 내용을 찾아낸다. 이를 토대로 새로운 보도 자료를 만들어 가는 것이다. 처음에는 어렵지만 쓰다 보면 점차 나만의 스타일이 생긴다. 이때 제목에 핵심을 요약하는 것이 중요하다.

사람들은 보통 신문 기사의 제목과 맨 앞의 한두 문장만 보고 전체 내용을 파악한다. 기자들 역시 그런 심리에 민감하다. 제목은 길어야 20글자 내에서 내용을 압축하여 간결하게 써야 기자의 눈길을 끌 수 있다.

한 문단은 3~4줄 정도로, 한 문장엔 한 주제만 쓴다

기사는 제공하는 정보와 읽는 사람의 예측이 맞아 떨어질 때 빠른 속도로 읽히는 경향이 있다. 예를 들어 '때 이른 더위로 피부에 민감한 시기'라는 주제로 흥미를 유발하고 '전용 화장품 사용이 현명한 방법'이라는 해결책을 제시하면 쉽게 받아들일 수 있다. 다음 기사를 보자.

'강해지는 자외선…여드름 관리는 전용 화장품 사용이 현명한 방법'[14]

[서울와이어 이명철 기자] 봄이라는 계절이 무색하게 초여름 날씨를 웃도는 요즘, 피부관리에도 비상등이 켜졌다. 봄이나 초여름처럼 햇볕이 뜨거운 계절은 자외선이 강해져 피부에 영향을 주기 쉬운데, 야외활동이 많은 이들이라면 더더욱 피부관리에 주의를 기울여야 한다.

특히 평소 피부가 예민해 트러블이 자주 발생하거나 여드름으로 고생하고 있는 경우라면 자외선이 악영향을 줄 수 있어 더욱 각별한 주의가 요구된다. 다만, 민감성 피부인 만큼 여름철 여드름 관리 시에는 사용하는 화장품의 성분과 기능을 꼼꼼히 살펴보는 것이 중요하다.

여드름 피부에 사용할 화장품을 고를 때 가장 먼저 따져볼 것 중 하나는 논코메도제닉(Non-comedogenic) 처방 여부이다. 논코메도제닉이란 여드름의 원인인 '면포'를

---

14   http://www.seoulwire.com/news/articleView.htmL?idxno=144029

생성하지 않는다는 의미의 인증으로, 해당 인증 화장품의 경우 면포가 오래되어 모공을 막고 피부에 염증을 발생시켜 여드름이 나타나는 현상을 예방할 수 있게 도와준다. 실제로 여드름 화장품 브랜드 '스킨구하리'에서는 전 제품에 대하여 논코메도제닉 처방뿐만 아니라 여드름 피부 사용 적합 판정을 받아 소비자들에게 큰 호응을 얻고 있다.

화장품을 판매하는 쇼핑몰이라면 이처럼 사람들이 관심 있어 하는 내용을 보도 자료로 작성해서 기자에게 보내면 기사화될 확률이 높다.

중요한 사항은 글의 앞부분에 배치한다

뉴스의 첫 문장은 전체 내용이 한눈에 파악되도록 작성해야 한다. 신문 기사를 읽는 사람들은 대부분 제목과 앞 문장 몇 줄만 읽고 지나간다.

앞의 보도 자료를 다시 한번 보자. 제목이 '강해지는 자외선…여드름 관리는 전용 화장품 사용이 현명한 방법'으로 관심을 끈다. 첫 문장에서부터 피부 관리에도 비상등이 켜졌다는 내용으로 독자의 궁금증을 유발한다. 그에 대한 구체적인 근거가 궁금해서 계속 읽고 싶도록 구성되어 있다.

객관적인 자료를 바탕으로 사실 위주로 쓴다

기자가 싫어하는 보도 자료는 추측성 내용, 또는 외래어나 전문 용어가 지나치게 많이 들어간 내용이다. 그러나 그보다 더 싫어하는 것은 필요 이상으로 데이터를 남발하는 경우다. 정확한 근거 자료를 제공하기 위해 무수히 많은 자료를 보내는 경우가 있다. 기자는 절대로 그 많은 자료를 열어 보지 않는다. 요약해서 본문에 싣고 추가적인 데이터가 있다면 첨부 파일로 추가하는 것이 현명하다. 또한 불필요한 형용사, 부사, 미사여구 등은 배제한다.

육하원칙으로 작성하고 A4 용지 1장 정도로 핵심을 요약한다

간혹 유료로 보도 자료를 송출하는 경우가 있다. 기자의 손을 거치지 않고 영업 담당자를 통해 진행된다. 그러다 보니 보도를 해야 할 핵심 내용이 불분명한 경우가 있다. 보도 자료를 작성할 때는 누가, 언제, 어디서, 무엇을, 어떻게, 왜 했는지 순서에 맞춰서 작성하는 습관을 길러야 한다. 육하원칙에 맞춰 작성되어야 원하는 마케팅 목표를 정확하게 이룰 수 있다. 다음은 육하원칙에 따라 잘 작성된 기사의 사례다.

> **'LF 액세서리, 브랜드 통합 콘텐츠 크리에이터 모집'**[15]
>
> [스포츠서울 김자영기자] 라이프스타일 전문기업 ㈜LF는 LF 액세서리 브랜드 통합 콘텐츠 크리에이터를 모집한다고 5일 밝혔다.
> 크리에이터 모집은 평소 유튜브, 인스타그램, 블로그 등 SNS 채널 내에서 콘텐츠 포스팅 활동을 즐기고, 패션 브랜드 콘텐츠 크리에이터로 경력을 쌓고 싶은 이들을 대상

15   https://news.naver.com/main/read.nhn?mode=LS2D&mid=shm&sid1=103&sid2=376&oid=468&aid=0000516784

으로 한다. 이름과 생년월일, 연락처, 개인 사진, SNS 채널 계정 주소의 내용을 담아 자유 양식으로 오는 17일까지 LF몰 기획전 페이지 내 기재된 주소로 메일을 보내면 된다. 특히 유튜브 채널 운영 및 영상 제작 유경험자는 추가 자료를 첨부할 시 가산점 이 주어진다. 당첨자는 20일 LF몰 공지사항 내 공지 및 당첨자에게 개별 통보할 예정 이다.

선정된 크리에이터는 6월 24일부터 11월 24일까지 5개월간 매월 미션을 통해 개인 SNS 채널 내 액세서리 브랜드의 제품 영상 및 이미지를 포스팅하는 활동을 진행한다. 크리에이터들에게는 월별 LF 액세서리 브랜드(닥스, 질스튜어트, 헤지스, 라움보야지) 신제품과 100만원 상당의 원하는 제품을 증정하며, 미션별 우수 크리에이터에게는 별 도 추가 혜택을 제공할 예정이다.

LF 관계자는 "'오늘의 하늘', '회사원 A', '조효진' 등 스타 크리에이터들의 영향력이 높 아지면서 패션 크리에이터를 꿈꾸는 이들에게 좋은 기회를 제공하고자 본 이벤트를 준비하게 됐다."라며 "앞으로도 다양한 SNS 채널 활용을 통해 브랜드 히스토리를 전 하는 것은 물론 홍보 영역을 더욱 확장하기 위해 노력할 것"이라고 말했다.

soul@sportsseoul.com

이 기사의 내용을 육하원칙에 넣어 보면 다음과 같다.

- **누가**: LF 액세서리
- **언제**: 오는 17일까지
- **어디서**: LF몰 홈페이지
- **무엇을**: 이름과 생년월일, 연락처, 개인 사진, SNS 채널 계정 주소 등을
- **어떻게**: 이벤트 페이지에 기재된 이메일로
- **왜**: 5개월간 매월 미션을 통해 개인 SNS 채널 내 액세서리 브랜드의 제품 영상 및 이미지를 포스팅하는 활동을 진행하기 위해서

이처럼 기사를 쓸 때는 초반에 전달하고자 하는 정보를 모두 게재하고 뒤에 관계자의 멘트를 달아 주면 효과적이다.

소리내 읽으면서 어색한 곳을 찾으라

처음 기사를 쓰는 사람일수록 글솜씨가 없다고 한탄하는 경우가 많다. 오지 여행가 한비야 작가는 글을 잘 쓰는 방법을 묻는 어느 고등학생의 편지를 받고 당황했던 경험을 이렇게 고백한다.[16]

"정말 비결 같은 건 없다. 그 비결을 알면 이렇게 글을 쓸 때마다 머리를 벽에 찧고 가슴을 쥐어짜며 난 죽어야 한다고 자학을 하겠는가?"

처음부터 완벽하게 글을 잘 쓰는 사람은 많지 않다. 최선을 다해서 쓸 뿐이다. 그리고 소리내어 읽으면서 어색한 곳을 찾아보자. 오자나 잘못된 부분이 없는지 다른 사람에게 교정을 부탁하는 것도 좋다.

신뢰성을 높일 수 있는 자료를 인용하라

한우리 시절 연구원들의 코멘트를 잘 인용했다. 독자들에게 신뢰감을 줄 수 있기 때문이다. 연구원이 없어도 문제 없다. 책이나 언론에 소개된 공인의 이름을 출처와 함께 인용하는 것도 효과적이다. 이 경우는 이름을 정확하게 밝혀야 기자와 독자의 신임을 얻을 수 있다.

16 〈그건 사랑이었네〉 한비야 저 / 푸른숲
17 https://news.naver.com/main/read.nhn?oid=003&aid=0000678689

연락처를 꼭 명기한다

개인적으로 블로그 포스팅과 기사는 내용적인 측면에서 큰 차이가 없다고 생각한다. 다만 블로그 포스팅은 익명인 경우가 많지만 기사는 사실 관계가 명확해야 한다. 보도 자료를 기자에게 전달할 경우는 반드시 작성일 및 보도 희망일, 작성자, 주소와 전화번호 등 연락처와 홈페이지 주소 등을 맨 아래에 적어야 한다. 기자가 사실 관계를 확인하는 경우도 있고 제보자의 정보 신뢰도를 높이기 위한 방편이기도 하다.

```
작성일 : 2022년 6월 6일
보도 희망일 : 2022년 6월 22일
작성자 : ○○ 쇼핑몰 대표 박시우
주소 : 서울시 강남구 테헤란로
연락처 : 010-1234-5678
이메일 : abc@abc.co.kr
홈페이지 : www.abc.co.kr (랭키닷컴 CI/로고 디자인 분야 2위)
```

사진, 도표, 그래픽 등 시각적인 자료를 활용한다

인스타그램, 페이스북으로 대변되는 요즘 세상에서 사진을 공유하는 것이 쉬워졌다. 여러 가지 정보를 묶어서 한꺼번에 제공하면 독자들에게 유용한 정보처럼 보일 수 있다.[17]

4 보도 자료 배포 방법

일반적으로 정치, 사회, 경제 등의 정책이나 현상을 분석하는 기사는 다각도의 취재 과정을 거쳐 완성된다. 그러나 일반적인 기사는 업체가 보내 주는 기획 기사나 보도 자료를 가공해서 사용하는 경우가 많다. 정치, 사회, 경제 분야의 전문성이 높은 대형 신문사는 기사화되기 어렵지만 인지도가 다소 떨어지는 전문지의 기자들은 혼자서 해당 분야의 기사를 하루에도 여러 꼭지 작성해야 한다. 따라서 외부에 취재를 하러 나가는 것이 현실적으로 불가능하다. 이런 신문사의 기자에게 객관적인 전문 자료만 갖추어 있다면 꾸준하게 기사화될 가능성이 높다.

업체에서 기자에게 전달하는 보도 자료는 단신과 기획 기사로 나누어진다. 단신은 신제품 출시나 행사 등과 같은 홍보성 보도 자료다. 기획 기사는 해당 분야의 트렌드나 사람들의 관심거리가 될 수 있는 정보성 보도 자료다. 단신은 홍보대행사들이 내부 시스템을 통해 관리 대상 기자들의 이메일 주소로 송출하고 전화로 확인하여 등록을 요청하는 경우가 많다. 따라서 홍보대행사에 의뢰를 하면 작은 쇼핑몰의 기사도 보도가 가능하다 .

우리가 공략해야 할 부분은 기획 기사에 해당한다. 기자는 통계와 이슈가 담긴 자료를 선호한다. 최근 화제로 떠오르는 이슈와 연관된 보도 자료를 작성해서 보낸다면 이슈가 필요할 시점에 기자가 기사화해 줄 확률이 높아진다.

다음의 기사는 초등학교 배포용 신문인 〈가온누리〉에 연재하고 있는 '개인맞춤 독서습관 기르기' 컬럼이다. 유명한 언론사에 게재되는 기사는 아니지만 덕분에 경력사항에 컬럼니스트라고 홍보할 수 있고 블로그에도 공유해서 좋은 반응을 얻고 있다. 전문성을 갖추기 위해 노력할 의지만 있다면 충분히 자신의 브랜드에 공신력을 높일 수 있다.

개인맞춤 독서습관 기르기

내적 동기 찾으면 책에 흠뻑 빠져들죠

이토: 내 평생 이상이 셋이 있으니, 하나는 일본을 열강과 각축할만한 현대국가로 만드는 것이오. 둘째는 한국을, 셋째는 청국을 그렇게 하는 것이오. 일본은 거의 목적을 달성하였으나 일본만으로 아시아에 참입하는 서양 세력을 막을 도리가 없소. 한국과 청국을 일본 같은 국가로 만들어야 하오. 도산, 나와 함께 이 대업을 경영하지 않겠소.

도산: 삼국의 정립친선이 동양평화의 기초라는 점은 동의하오. 그러나 그게가 한국을 가장 잘 돕는 법이 있소.

이토: 그것이 무엇이오?

도산: 일본을 잘 만든 것이 일본인인 것과 마찬가지로, 한국은 한국사람으로 하여금 혁신케 해야 하오. 만일 명치유신을 미국이 와서 시켰다면 안됐을 것이외다. 일본이 한국사람이나 청국사람에게 인심을 잃는 것은 세 나라 전체의 불행이다. 이

것은 그게가 막으려는 서쪽 세력이 동쪽으로 쳐들어오는 유인이 될 것이오. 일본의 압박 밑에 있는 한인은 영국·미국이나 러시아에 도움을 구할 것이 아니겠소.

이 대화는 일제강점기에 도산 안창호 선생님과 조선통감부 통감이던 이토 히로부미가 나눈 회견 중 일부예요. 도산의 일대기를 다룬 『안창호 평전』에 나오는 이야기예요. 일본은 자발적으로 개항해 선진국이 일찍 됐지만 조선은 변화에 적응하지 못해 개항의 압력을 받던 상황이었고 도산 선생님은 이에 대해 '변화는 스스로 이뤄야 한다'고 생각한 것이죠.

이런 생각은 미국 심리학자 미하이 칙센트미하이가 쓴 책 『몰입의 즐거움』에서도 볼 수 있어요. 미하이는 외적 통제(강요)가 아닌 내적 동기로 몰입을 경험하게 된다고 해요. 강요에 의해 하는 일은 단조롭고 힘들지만, 몰입하면 삶과 자신에 대한 이해가 깊어지

고 즐거움도 커진다는 겁니다.

일본 교육심리학자인 마사히루가게는 일본 학생들을 대상으로 내적 동기 실험을 했는데, 그는 A집단에는 시험 결과가 성적에 반영된다고 말하고, B집단에는 성적에 반영하지 않고 개인의 학습성취도만 확인한다고 말했어요. 실험 결과 A집단은 시험 압박 때문에 내적 동기가 시험 성적이 B집단보다 낮게 나타났다고 해요.

독서도 마찬가지입니다. 독서를 잘하려면 내적 동기부터 찾아야 해요. 기술적인 부분에 치중해 독서 성장 그래프, 포스트잇 독서법, 독서 마인드맵 같은 단편적인 방법에만 빠져서는 안 되요. 어떻게 하면 압박을 줄이고 스스로 독서에 빠져들 수 있을까 고민해야 하죠. 사물을 대할 때 자신만의 관점을 만들어보며 내적 동기를 스스로 일으키는 법을 연습해보세요.

초등학교 배포용 신문인 〈가온누리〉에 연재하는 컬럼

기자의 이메일 주소 수집하기

기자의 이메일 주소는 주로 자신과 관련된 분야의 뉴스 기사를 검색한 뒤 해당 기사의 하단에서 확인할 수 있다. 대부분 언론사라고 하면 조선일보, 중앙일보, 동아일보, 한겨레, 매경, 한경 정도만 알고 있을 것이다. 그러나 인터넷에 얼마나 많은 언론사가 존재하는지 살펴보면 입이 쩍 벌어진다. 언론사별로 분류하여 어떤 기자가 자신의 해당 분야에 관한 기사를 주로 올리는지 면밀히 관찰한다. 해당 분야의 기사를 자주 올리는 기자가 담당 기자다. 이메일은 이런 해당 분야의 전문 기자에게 보내는 것이 좋다.

분류	매체사	사이트 주소
온라인	조선일보	www.chosun.com
	중앙일보	www.joins.com
	세계일보	www.segye.com
	이데일리	www.edaily.co.kr

분류	매체사	사이트 주소
온라인	아크로팬	www.acrofan.com
	투데이코리아	www.todaykorea.co.kr
	미디어인뉴스	www.mediainnews.com
	올댓뉴스	www.allthatnews.co.kr
	아이뉴스24	www.inews24.com
	베타뉴스	www.betanews.net
	데이터뉴스	www.datanews.co.kr
	경제투데이	www.eto.co.kr
	dip통신	www.dipts.com
	씨앤비뉴스	www.cnbnews.com
	한국재경신문	www.jknews.co.kr
	비즈플레이스	www.bizplace.co.kr
	오마이뉴스	www.ohmynews.com
	나눔뉴스	www.nanumnews.com
	브레이크뉴스	www.breaknews.com
	아이비타임즈	www.ibtimes.co.kr
	프라임경제	www.newsprime.co.kr
경제지	한국경제신문	www.hankyung.com
	매일경제신문	www.mk.co.kr
	서울경제	www.sed.co.kr
	아시아경제	www.asiae.co.kr
	아주경제	www.ajnews.co.kr
	머니투데이	www.moneytoday.co.kr
	파이낸셜뉴스	www.fnnews.com
	전자신문	www.etnews.co.kr
통신사	연합뉴스	www.yna.co.kr
	뉴시스	www.newsis.com

분류	매체사	사이트 주소
지역지	인천일보	www.itimes.co.kr/
	경인일보	www.kyeongin.com/
	경인신문	www.kyeongin.net
	경기신문	www.kgnews.co.kr/
	부산일보	www.busan.com/
	국제신문	www.kookje.co.kr/
	경남신문	www.knnews.co.kr/
	매일신문	www.imaeil.com
	영남일보	www.yeongnam.com
	전북일보	www.jjan.kr/
	전남일보	jnilbo.com/
	광주일보	www.kwangju.co.kr/
	강원일보	www.kwnews.co.kr/
	강원도민일보	www.kado.net/
	제주일보	www.jejuilbo.net/
	한라일보	www.ihalla.com/
	디트뉴스24	www.dtnews24.com/
	굿모닝충청	www.goodmorningcc.com
	안산신문	www.ansansm.co.kr/
	안산인터넷뉴스	www.asinews.co.kr/
	안산시민뉴스	www.ansansimin.com/
	안산주간신문	www.ansanweekly.com/
	미디어안산	www.mediaansan.com/

언론사 리스트(예시)

기사화가 잘 되는 기사의 특징

기사화가 잘 되는 기사는 네이버 블로그 상위 랭킹 기준과 크게 차이가 없다. 결국 대중들에게 읽힐만한 가치가 있는가의 여부인 셈이다.

> * 내용과 시기가 대중들의 흥미를 끌 만한가?
> * 중요한 이슈를 신뢰할 만한 정보에 근거하여 작성하였는가?
> * 실제로 경험한 사례가 담겨 있는가?

보도 자료 제출 시간

편집 회의는 종합 일간지를 기준으로 하루에 3차례 열린다. 보통 오전 10시, 오후 2시, 저녁 6~7시쯤이다. 오전 회의에 참석한 국장, 부국장(에디터), 부장들은 주요 이슈를 선별하고 지면 계획을 짠다. 편집 회의 결정에 따라 기자들은 자신이 발제한 아이템이 어느 면 어떤 위치에 배치됐는지, 몇 매로 배정됐는지 확인하고 지면 마감 시간에 맞춰 기사를 쓴다. 따라서 보도 자료는 기자들의 기사 몰입도가 높은 오후 2시 이전에 배포하는 것이 효과적이다.

| 보도자료 체크 리스트 |

· 쉬우면서도 짧고 명확하게, 그리고 군더더기는 제거했는가?

· 작성된 자료를 소리내어 읽어 보고 부자연스러운 부분이 없는지 확인했는가?

· 숫자나 도표, 맞춤법 등 잘못된 곳이 없는지 확인하고 최종 교정을 보았는가?

· 이메일 송부 시 '제목'의 차별성을 한번 더 생각해 보았는가?

· 기자들이 이 보도 자료를 꼭 읽어야 하는 이유 혹은 개연성이 있는가?

· 사진 이미지의 용량은 너무 작지 않은가?

· 담당 기자 이메일은 최근 것이며 신문을 통해 직접 확인했는가?

· 새로운 시각으로 재미있거나 흥미롭게 다시 만들 수는 없는가?

· 사진은 가로 이미지와 세로 이미지의 두 종류를 준비했는가?

5 광고만큼 효과적인 MPR

러시아에 맥도널드 햄버거가 처음 오픈했을 때 언론 보도에 힘입어 첫날에만 3만 명이 찾아오는 문전성시를 이룬 이래로 신형 아이폰이나 갤럭시가 출시되는 날 먼저 구입하려는 모습은 하나의 행사처럼 되어버렸다. 롯데제과의 경우 고함량 카카오 초콜릿인 '드림카카오'의 특징을 TPO(Time, Place, Occasion, 시간, 장소, 상황) 중심으로 코믹하게 풀어낸 카툰과 패션 모델들의 맛있고 건강한 몸매 관리법을 소재로 한 동영상을 만들어서 배포했다. 또한 일본의 고함량 카카오 붐을 소개한 방송 등을 활용해 '카카오 함량이 높은 초콜릿은 오히려 다이어트에 도움이 된다.'라는 메시지를 SNS에 전파했다. 결과적으로 드림카카오는 '고함량 카카오 초콜릿 다이어트 붐'을 일으키며 제품 출시 초기 아무런 광고 없이 홍보만으로 매출 40억 원을 달성했다.

이처럼 제품의 직접적인 판매나 쇼핑몰의 이미지를 구축하는 공격적인 언론 홍보 마케팅을 MPR(Marketing PR)이라고 한다. MPR이 가장 효과를 볼 수 있는 경우는 아무래도 큰 이벤트나 제휴 행사에 대한 검색 결과의 수일 것이다. 비슷한 카테고리가 경쟁하는 쇼핑몰 시장에서 자연스럽게 뉴스 영역에 노출이 되면 신뢰도는 올라가게 되어 있다.

그동안 PR은 마케팅 활동의 부수적인 수단으로만 인식되어 왔다. 그러나 SNS가 발달하면서 과거 대기업만 가능했던 이런 MPR을 소상공인도 할 수 있는 세상이 되었다. 마케팅 현장에서 실제로 효과를 봤던 MPR 전술을 몇 가지 소개한다.

콘테스트

콘테스트와 공모전을 실시하면 큰 판촉 효과를 노릴 수 있다. 화장품 브랜드인 메이블린 뉴욕은 매력적인 대학생을 뽑는 '메이블린걸5'를 매년 개최하고 있다. 이 콘테스트는 메이블린의 색조 화장 전문가가 세계에서 가장 건강한 미모를 가진 5인을 선정하는 것으로 이 행사를 통해 세계적인 스타가 배출되기도 했다. 내가 메이블린 뉴욕을 담당하던 시절 우리나라에는 이 행사가 열리지 않았다. 나는 담당자를 설득하여 카페 플랫폼을 활용하여 저렴한 비용으로 '메이블린걸3'라는 행사를 진행했다. 이때의 경험을 바탕으로 「온라인 커뮤니티의 마케팅 효과에 관한 연구」라는 논문을 썼다.

책자 발행

제품과 관련된 책자를 발간하면 판매를 증진시킬 수 있다. 다이어트 업체라면 다이어트에 관한 책자를 펴낼 수 있으며 스마트폰 액세서리 업체에서는 다양한 제품의 활용서를 제공할 수 있다. 한우리열린교육 시절 「우리 아이에게 이런 책을 읽혀주세요」라는 책자를 매년 만들어 배포했는데 학부모들의 반응이 좋았다. 도서 제작비는 거래처 출판사들의 광고비를 통해 조달했다. 요즘은 비용을 들이지 않고 자신의 홈페이지나 블로그 등에 유용한 정보를 올리는 경우도 많다. 자세한 내용은 11장을 참고하기 바란다.

시연(언박싱, unboxing)

고객에게 제품을 직접 작동해 보이거나 경험할 수 있게 해줌으로서 즉각적인 신뢰를 획득할 수 있는 방법이다. 유튜브 크리에이터의 원조 '캐리와 장난감 친구들'이 대표적이다. 특히 가전 제품이나 스마트 디바이스 등의 IT 제품의 특징을 전달하는 데 효과적이어서 정보통신 기업들이 제품을 소개하는 데에 활용되고 있다.

색다른 후기

언론이나 고객을 유인하는 PR 방법으로 가장 널리 이용되어 오는 방법이다.

대표적인 것으로 '내복곰 베이킹 클래스 블로그[18]'나 '부지런한 민정씨의 해피해피 케이크[19]'와 같이 블로그와 인스타그램만으로 공방을 운영하는 사례를 들 수 있다. SNS가 발달한 요즘 대기업이 아니어도 색다른 후기가 올라오면 전파가 용이해졌다. 이 전술은 매출 증진에 상당한 기여를 하는 것으로 알려져 있다.

제품 제공(PPL, Product Placement)

영화나 TV 프로그램에 제품을 제공하면 놀라운 판매 중대를 기대할 수 있다. 제작사는 막대한 제품 구입비를 절감하는 대가로 제품이 고객의 눈에 뜨일 수 있도록 해준다. 매번 영화 007시리즈를 통해 신차를 선보이는 BMW가 대표적이다. 요즘은 작은 쇼핑몰도 파워 블로거나 파워 인스타그래머, 뷰티 전문 유튜버 등의 인플루언서들에게 제품을 제공하고 후기를 부탁하는 방법으로 PPL을 하는 경우가 많다.

설문 조사

설문 조사는 마케팅 관리자에게 비교적 정확한 소비자 정보를 제공해줄 뿐만 아니라 언론이 인용할 수 있는 뉴스 가치 높은 정보를 만들 수 있게 해줌으로

---

18   https://blog.naver.com/bear6670
19   https://blog.naver.com/hiid98

써 MPR 프로그램을 지원한다. 특히 교육이나 음식, 라이프스타일에 대한 조사는 언론이 선호하는 가치 있는 정보이다. 한우리열린교육 시절 학부모 커뮤니티인 '한우리 북카페' 회원을 대상으로 초등학생과 학부모의 독서량을 비교한 적이 있다.[20] 한 달 평균 독서량이 무려 6배나 차이가 났다. 그 결과가 재미있어서 언론에 배포했더니 한 방송사로부터 취재 의뢰가 들어왔다. 비록 짧은 방송이었지만 MPR의 힘을 제대로 느낄 수 있던 사례였다.

인터뷰

제품을 사용하는 체험기를 올리는 시연과 달리 제조사가 직접 사용한 유저들의 인터뷰를 영상으로 제작하는 것을 말한다. 학습지나 유학원의 경우 선택을 고민하는 학부모들에게 효과적이다. 또한 헬스용품이나 다이어트 제품의 경우 소비자가 궁금할 만한 질문을 인터뷰어가 대신하고 대답을 듣는 질문답변은 소비자의 궁금증을 상당 부분 해소하고 신뢰도를 높이는 데 효과적이다.

이상에서 소개한 바와 같이 제품 마케팅을 위한 PR의 잠재적인 공헌은 기대할 만하다. 각 제품의 특성을 고려해 위에 소개된 MPR 전술을 효과적으로 활용하면 강력하고 저렴한 마케팅을 구사할 수 있을 것이다.

---

20 "초등 자녀의 한 달 독서량, 학부모의 6배 이상" 조선일보 (2013.10.15.) http://edu.chosun.com/m/view.html?contid=2013101502976

제 14 장

광고를 꼭 해야 하나?

1 광고 효과는 오랫동안 수수께끼였다

세계 최초의 광고는 기원전 2000년경 바빌로니아에서 발견되었던 어느 가게에서 만든 호객용 간판이라는 설이 있다. 사실인지 아닌지는 모르지만, 제품의 존재나 가치를 고객에게 전달하려는 커뮤니케이션 활동이 오래전부터 있었다는 사실만큼은 틀림없어 보인다.

광고는 메시지와 미디어로 성립된다. 메시지란 전달하고 싶은 내용이며 그것을 구현한 것을 우리는 크리에이티브라 부른다. 미디어란 메시지를 전달하는 운송 수단(vehicle)이다. 운송 수단은 TV, 라디오, 신문, 잡지 등 매스미디어부터 인터넷, DM, 간판, 교통광고까지 다양하다. 미디어와 크리에이티브가 제대로 잘 어우러져야 광고 효과가 제대로 발휘된다.

자고 나면 새로운 매체가 만들어지고 사라지는 요즘이다. 광고 미디어는 그동안 수많은 흥망성쇠를 거쳤다. 2차 세계대전 전후에는 광고라고 하면 포스터나 신문 등 인쇄 미디어 중심이었다. 이후 1920년대 라디오, TV가 등장하면서 전파 미디어로 주역이 교체되었다. 최근의 미디어별 광고비를 보면 인터넷 광고가 급속도로 성장해 규모 면에서 이미 신문 광고나 잡지 광고를 추월해버렸다.

인터넷 배너 광고는 화면이 작고 회피가 가능하기 때문에 잠재 고객이 광고에 어떻게 반응했는가가 중요하다. 링크를 통한 상호작용까지 체크할 수 있으므로 측정 지표는 '접촉 → 인지 → 선호 → 구매'라는 단계로 정리할 수 있다. 마케팅의 목적은 이익이나 매출에 있으므로 광고로 인해 구매가 어느 정도 발생했는지 안다면 그것만큼 좋은 것은 없을 것이다. 여기서 오해가 발생한다.

구매 고객을 대상으로 설문 조사를 하다 보면 광고를 보고 구매를 했다는 사람은 전체 10%도 안 된다. 구매에 가까워질수록 고개의 반응에는 다른 많은 요인이 영향을 미치고 어디까지가 광고의 효과인지 명확하게 드러나지 않기 때문이다.

광고를 처음 하는 사람은 이런 지표를 보고 '광고가 효과 없구나'라고 생각할 수도 있다. 구매에 이르기 전 단계를 평가할 중간 성과 지표가 필요한 이유다. 중간 성과 지표는 접촉 효과, 인지 효과, 구매 효과 순으로 평가하는 것이 일반적이다.

 ## 광고 성과를 측정하는 지표들

1 | 접촉 효과 – 모든 것은 '접촉'과 '노출'에서 시작된다

광고에서 가장 중요한 지표는 접촉이다. 접촉이란 광고 타깃이 광고를 만났다는 뜻이다. TV 광고에서는 시청률로 접촉을 측정한다. 인터넷 광고에서는 노출 (impression)로 접촉을 측정하는데, 둘 다 기계로 측정된다.

그 밖의 미디어에서 광고 접촉은 설문 조사나 전수 조사를 통해 진행한다. 예를 들어 신문이나 잡지 구독자에게 최근 어느 페이지를 읽었고 거기에 게재된 광고를 보았는지 묻는다. 옥외 광고는 해당 광고물 앞을 지나다니는 유동 인구를 카운터로 일일이 세서 측정한다. 반면 TV 광고나 인터넷 광고의 접촉은 보통 실시간으로 측정된다.

2 │ 인지 효과 – 알아야 선택할 수 있다

접촉 효과 다음에 평가하는 것이 인지 효과다. 구체적으로는 광고하는 제품·브랜드를 기억하고 있는지, 그리고 그 내용을 어느 정도 이해하고 있는지를 측정한다. 기억하고 있는 정도를 광고에서는 '들어봤다(인지, awareness)'라고 한다. 브랜드 전문가인 컬럼비아 대학교의 데이비드 아커(David A. Aaker) 교수는 인지를 브랜드 자산의 중요한 구성 요소로 규정했다[21].

아무리 매력적인 신제품이라고 해도 들어본 제품이 아니라면 호감조차 발생하지 않는다. 어디선가 들어본 제품이라면 매장에서 제품을 한번 더 보게 되고 입소문에도 영향을 미친다. 그게 인지다.

해당 제품이나 브랜드를 인지하지 않고 있는 고객이라면 광고 접촉 빈도를 높일수록 인지할 확률이 높아진다. 광고비를 많이 쓰는 기업을 더 많은 사람이 알고 있는 이유도 바로 이 때문이다.

3 │ 구매 효과 – 왜 광고를 보면 구매하고 싶어지는가?

고객에게 알렸다면 다음 목표는 선택되는 것이다. 이 단계에서는 브랜드나 제

---

21 〈데이비드 아커의 브랜드 경영〉 / 데이비드 아커 저 | 비즈니스북스

품 자체의 매력이 중요하다. 광고는 제품의 매력을 고객에게 전달하는 역할을 한다. 하지만 전달했다고 팔리는 것은 아니다. 뛰어난 영업 사원이라면 언변으로 설득해서 타깃 고객의 선호를 바꿀 수 있을 것이다. 반면 광고는 설득과는 전혀 다른 방법으로 타깃 고객의 선호를 바꾼다. 광고의 설득 효과는 사회심리학자인 프리츠 하이더(Fritz Heider)가 제안한 균형 이론(balance theory)에서 찾을 수 있다. 이는 원래 미국의 경제학자 케네스 애로우(Kenneth Arrow)가 그의 책 「신조직 이론」[22]에서 '불가능성 정리'로 증명한 세 명의 인간 관계를 사람의 심리에 적용한 것이다.

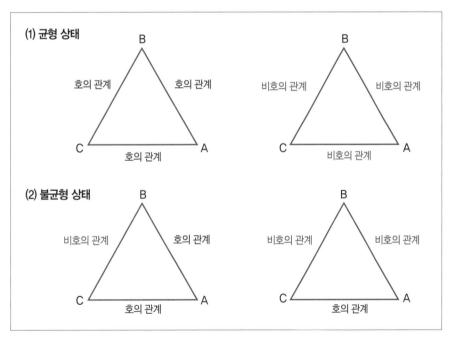

하이더의 균형 이론

---

22 〈신조직이론〉 케네스 애로우 저 / 이하형 역 | 선학사(북코리아)

여기 A, B, C 세 명의 친구가 있다고 하자. A가 B에게 호의를 가지고 B가 C에게 호의를 가지고 있다. 이런 상황에서 A는 C에게 반드시 호의를 갖는다. 만약 그렇지 않으면 전체 관계의 균형이 무너진다. 어떤 경우에 균형이 잡히고, 어떤 경우에 그렇지 않은지는 앞의 그림을 참고하길 바란다.

이를 광고에 적용해 보자. A를 잠재 고객, B를 광고에 등장하는 인물이나 캐릭터, C를 제품이라고 하자. B는 애초에 A에게 호의를 얻고 있으므로 광고 모델이 되었다. B가 C를 좋아한다고 했을 때 A가 C를 좋아하지 않으면 균형이 깨진다.

여기서 중요한 것은 광고가 제품에 대해 구체적으로 말하지 않아도 고객이 광

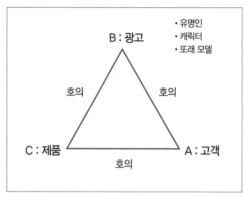

균형 이론의 광고 적용

고를 좋아하기만 하면 그 제품을 좋아하게 된다는 점이다. 광고에는 종종 제품과 관련 없는 매력적인 인물, 귀여운 아이나 동물이 등장하는데, 그러한 방법의 유효성은 이 균형 이론으로 설명될 수 있다. 물론 이론적으로 설명할 수 있더라도 조사나 실험에 의한 검증이 필요하다. 광고에 대한 태도가 제품에 대한 태도에 어떤 영향을 미치는지, 그리고 그것이 구매 의향까지 이어지는지를 확인하는 실험적 연구가 꽤 많이 축적되어 있다.

3 구매 후에도 광고 효과가 있다

바이럴 마케팅 활동을 열심히 해서 제품의 인지도를 올리고 호감을 주었

다 해도 곧바로 구매로 이어지는 것은 아니다. 구매로 이어지지 않는 첫 번째 원인은 가격이다. 두 번째 원인은 구매 시점에 그 제품이 기억나지 않는 것이다. 마지막 결정타가 없는 것이다. 이런 경우 구매를 유도하는 것이 판매 촉진이다. 광고에도 이런 역할이 있다.

마음에 드는 제품이 있어도 항상 기억하지는 못한다. 제품을 보고 광고를 떠올리면[23] 구매할 가능성이 커진다. 고객이 제품을 떠올릴 수만 있다면 광고를 통한 매출 증대가 비교적 단기간에 일어날 수 있다.

구매가 이루어지면 광고의 역할이 끝날까? 반드시 그렇지는 않다. 사람들은 자신의 의사 결정을 정당화해 주는 정보를 자기에게 유리한 정보로 해석하는 경향이 있다. 자동차를 바꾸면 온통 차만 보이고 새 구두를 신으면 온통 사람들의 구두만 눈에 들어온다. 이에 대해 레온 페스팅거(Leon Festinger)는 자동차를 구매한 사람이 구매 후에도 구매하지 않은 사람 이상으로 열심히 자동차 광고를 본다는 사실을 실험으로 증명한 바 있다.[24] 구매자는 자신의 선택이 옳았다고 믿고 싶기 때문에 그 제품을 매력적으로 그리는 광고를 보려고 하는 것이다.

1 | 구매 행동 모델

소비자의 구매 행동에 대한 모델로는 오래전부터 AIDA 혹은 AIDMA가 사용되어 왔다. 최근에는 일본의 광고회사인 덴쓰가 AISAS라는 모델을 만들었으며, 가타히라 호티카와 야마모토 히카루 교수는 AIDEES라는 모델을 제안했다. 이들 모델을 단계별로 비교한 것이 다음의 그림이다.

---

23 이것을 회상 효과(reminding effect)라고 한다.
24 〈인지부조화 이론〉 레온 페스팅거 저 / 김창대 역 | 나남

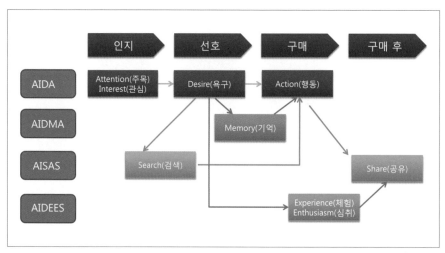

다양한 구매 행동 모델

모두 'A'(attention, 주목)와 'I'(Interest, 관심)로 시작한다. 광고 또는 그 외의 정보에 접촉하게 되면 인지적 반응이 가장 먼저 일어나기 때문이다. 고객은 다량의 정보에 접촉하고 있으므로 주목과 관심은 고객의 능동적인 선택으로 발생한다. 주목과 관심이 생기면 '욕구(Desire)'와 '행동(Action)'이 일어난다. 호감을 느끼고 구매하는 행동을 말한다.

AIDMA 모델에는 욕구(D)와 행동(A) 사이에 '기억(Memory)' 단계가 있다. 이것은 광고를 보는 곳과 구매가 이루어지는 곳이 다르기 때문이다. 인터넷이 보급된 오늘날에는 광고 접촉과 구매가 동시에 일어나기도 한다. 그러한 배경에서 만들어진 것이 AISAS 모델이다. 여기서는 주목(A)과 관심(I) 다음에 검색(Search)이 있고, 구매 후에는 소셜미디어 등을 통한 정보의 공유(Share)가 있다.

한편 AIDEES 모델에서는 고객의 브랜드 체험에 주목한다. 욕구(D) 뒤에 경험(Experience)이 발생하고 이것이 열광(Enthusiasm)으로 바뀔 때 강한 브랜드 체험이 일어난다. 이러한 감정의 경험이 고객 사이에서 공유(S)된다.

2 | 또 하나의 경로, 감정과 무의식

광고 효과 모델은 AIDEES를 제외하고는 대부분 '감정'을 중요하게 다루지 않는다. 그러나 제품을 구매하는 데에 감정만큼 중요한 것은 없다. 문제는 감정이라는 것이 본인 스스로 자각하기도 힘들고 설문 조사로 측정하기도 어렵다는 데에 있다.

감정을 분석한 업적으로 노벨경제학상을 받은 심리학자 대니얼 카너먼은 그의 책 「생각에 관한 생각」에서 인간의 의사 결정 방식을 시스템1(감정)과 시스템2(이성)로 분류했다.[25]

대니얼 카너먼은 즉각적이고, 말초적이고, 보이는 대로 믿고 생각하는 것을 '시스템1'이라고 부른다. 반대로 느리고, 이성적이고, 노력을 해야만 알 수 있는 것은 '시스템2'라 부른다. 무의식적으로 행동하는 인간이 시스템1이라면 합리적으로 행동하는 경제학적 인간은 시스템2이다. 시스템1은 거의 무의식중에 자동으로 진행하는 의사 결정이다. 속도가 빠르고 종종 감정을 수반한다. 이러한 의사 결정은 일상의 습관적 · 충동적 행동을 지배하지만, 그 상황에서는 적절한 경우일 수도 있다. 우리의 일상적인 구매 행동 대부분은 시스템1을 따른다. 시스템1을 자극하는 것이야말로 광고의 중요한 역할이다.

---

25 〈생각에 관한 생각〉 대니얼 카너먼 저 / 이창신 역 | 김영사, 심리학자인 키스 스타노비치(Keith stanovich)와 리처드 웨스트(Richard West)는 인간의 의사 결정을 시스템1과 시스템2로 분류했다. 행동경제학을 개척한 업적으로 노벨경제학상을 수상한 대니얼 카너먼이 자신의 책 '생각에 관한 생각'에 소개해서 유명해진 개념이다.

4 효과를 끌어올리는 광고 매체 구성

대부분의 사장님은 본인이 원하는 매체에 광고하고 싶어 한다. 본인이 SNS를 하지 않는다는 이유를 들어 페이스북 광고는 절대 안 한다는 분이 계시는가 하면 본인은 다음(Daum)만 사용한다며 다음에 광고하고 싶다는 분도 계신다. 광고에서 가장 중요한 핵심은 나의 취향이 아니라 효율성이 좋은 미디어에 예산 배분을 결정하는 것이다.

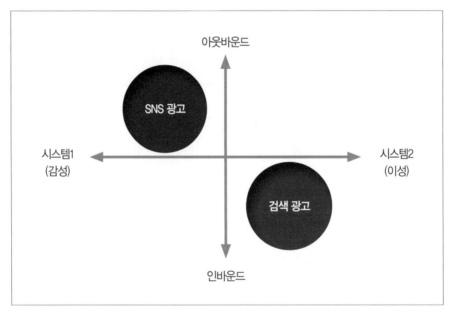

인터넷 광고의 대표적인 두 가지 도구

미디어 믹스에 대한 의사 결정 모델이 광고업계에서 많이 개발되어 있다. 일반적으로 고객과의 접점을 인바운드(inbound, 고객이 찾아오는 방식)로 할 것인가 아웃바운드(outbound, 고객에게 접근하는 방식)로 할 것인가, 감성(시스템1)을 자극해서 판매할 것인가, 이성(시스템2)적인 정보를 제공하여 판매를 유도할 것인가에 따라 나눌 수 있다. 이처럼 제품과 타깃의 특성에 따라 예산을 적절히 나누거나 광고 소재를 변경하는 것이 미디어 믹스다.

1 | 시너지를 실현하는 통합적 커뮤니케이션

쇼핑몰을 여러 곳에 입점할 수는 있지만 고객 입장에서 보면 그 쇼핑몰, 그 브랜드는 하나의 존재다. 따라서 어느 미디어, 어느 매장에서나 고객과의 커뮤니케이션에 일관성이 있어야 한다. 그렇게 하기 위해서는 고객과의 접점에서 메시지를 철저히 관리할 필요가 있다. 일관성을 실현하기 위해서는 매체에 대한 충분한 이해와 검토가 필요하다. 미디어에는 각각 특성이 있다. 블랫버그(R. C. Blattberg)와 다이톤(J. Deighton)은 1991년에 도달률, 맞춤형, 상호작용을 기준으로 미디어의 특성을 분류했다. 그 기준에 맞춰 최근의 미디어를 다시 분류하면 다음 페이지에 있는 그림이 만들어진다.

도달률(reachability)이란 메시지 도달 범위의 넓이와 속도를 가리키는 것으로, TV를 중심으로 하는 매스미디어가 압도적인 힘을 자랑해왔다. 맞춤형(addressability)이란 고객 데이터를 활용하여 타깃으로 하는 특정 개인에게 접근하는 능력을 가리키며, 이는 이메일이나 카카오톡 메신저의 최대 장점이기도 하다.[26] 상호작용(Interactivity)도 중요하다. 개개인의 고객과 정보를 교환하고, 고객의 요구나 잠재적 욕구를 가능한 한 솔직히 듣고, 이를 마케팅 믹스에 활용한다. 이전에 기업 내에서 이 역할을 한 것은 영업 부서나 고객 상담실이었다면 요즘은 SNS

---

26   R. C. Blattberg & J. Deighton, "Interactive Marketing : Exploiting the Age of Addressability", Sloan Management Review(FaII 1991), pp. 5-11.

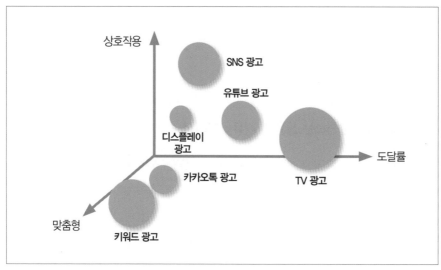

미디어 특성의 파악

가 그 역할을 대신한다.

　인터넷은 고객 데이터베이스와 연계해서 맞춤형 서비스로 알고리즘을 고도화하여 상호작용을 높이고 있다. 최근에는 도달력도 매스미디어에 근접해 있다고 할 수 있다. 여기에서 요구되는 것이 바로 미디어간 광고 시너지(synergy, 상승효과)다. 각각의 광고는 그들 단독으로 발휘하는 효과뿐 아니라 연동해서 함께 발휘하는 효과가 중요해지고 있는 것이다.

　유튜브를 통해 흘러나가는 메시지는 잠재 고객이 인터넷에서 검색하고 소셜미디어에 올리고 광고 영상을 공유하는 등 일련의 행동을 해야 화제의 중심에 설 수 있다. 따라서 이와 같은 확산은 기본적인 광고 노출량이 받쳐주어야 가능하다.

5 쇼핑몰 운영자를 위한 검색 광고의 이해

마케팅에서 필수가 된 검색 광고는 돈이 흐르는 길목에서 손님을 맞이하는 대표적인 인바운드 광고다. 검색 광고는 원하는 사람이 선택하는 검색어에 반응하므로 광고에 대한 클릭률(CTR)이나 전환율이 높다. 광고의 표시 순서는 광고주가 해당 검색어에 지급한 가격이 반영된다. 네이버, 페이스북, 구글, 카카오 등등 광고 시스템을 제공하는 회사는 수없이 많지만 그러한 광고 시스템을 컨트롤하는 계정 구조는 대부분 비슷하다. 따라서 가장 많이 사용하고 있는 네이버의 광고 시스템만 제대로 이해하면 검색 광고는 전혀 어렵지 않다.

네이버쇼핑의 검색 광고와 파워콘텐츠 검색 광고는 검색어를 임의대로 정할 수 없다는 점에서 검색 광고이기는 하지만 아웃바운드(outbound)의 형식이 강하다. 기본 입찰가도 50원으로 검색 광고의 70원보다 저렴하다. 이와 같은 검색 광고 시스템은 다음의 그림과 같이 계층형 계정 구조로 구성되어 있다.

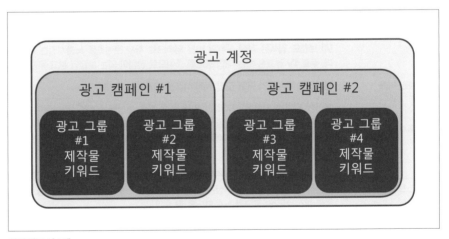

검색 광고 시스템

1 | 캠페인 단위

캠페인 단위는 말 그대로 이번에 집행할 캠페인을 세팅하는 곳이다. 남성의류를 판매하는 쇼핑몰이라면 여러 가지 캠페인이 있을 수 있다. 계절을 타지 않는 상시 캠페인, 이번 시즌을 맞아 계절 상품을 판매하기 위해 진행하는 시즌 캠페

구분	내용

파워링크	쇼핑검색
파워콘텐츠	브랜드검색

캠페인 유형

구분	내용
① 캠페인 유형	캠페인 유형은 말 그대로 본 캠페인을 어떤 형태로 정할 것이냐를 묻는 것이다. 네이버 광고 시스템에서는 파워링크, 쇼핑검색, 파워콘텐츠, 브랜드 검색 유형으로 캠페인을 구분한다. (1) 파워링크는 일반적으로 알고 있는 검색어 검색 광고를 말한다. 특정 검색어를 검색했을 때 검색 결과 화면에서 가장 상위에 광고를 노출해 고객을 유입하는 것이다. (2) 쇼핑 검색은 네이버에서 '쇼핑' 카테고리로 검색했을 때 노출되는 상품 중 자사의 상품을 상위로 노출하는 광고를 말한다. (3) 파워콘텐츠 광고는 블로그나, 카페, 네이버 포스트 등 네이버에서 제공하는 콘텐츠 플랫폼에서 특정 글을 작성한 뒤 해당 포스팅을 노출하는 광고를 말한다. (4) 브랜드 검색은 검색 상위의 넓은 영역으로 자사 콘텐츠를 노출시키는 유형이다. 주로 TV 광고를 하는 대형 광고주 중심으로 진행이 되는 브랜딩 광고 유형이다.
② 캠페인 이름	캠페인을 마케터가 구분 짓기 위해 이름을 세팅하는 곳이다.
③ 하루 예산	과다한 광고비 지출을 방지하기 위해 하루 지출 예산을 설정해 주는 것이 좋다. 캠페인 단위에서 하루 예산을 설정하면 그 하위의 모든 광고 그룹에 적용된다. 예를 들어 한 달간 150만원의 예산을 집행할 예정이라면 하루에 5만원씩 광고 예산을 세팅해 주면 된다.
④ 광고 노출 기간	기본적으로 광고 노출 기간은 딱히 설정하지 않는 이상 '계속'으로 보기 때문에 캠페인을 중단시키지 않는 이상은 계속해서 광고가 노출된다. 광고 노출 기간을 정하면 특정 기간만 광고가 노출되도록 할 수 있다.
⑤ 추적 설정	본 광고 캠페인을 집행하는 데 있어 네이버에서 제공하는 프리미엄 로그 분석을 통해 광고 캠페인을 추적할 것인지를 정하는 곳이다. 딱히 프리미엄 로그 분석을 사용하지 않는다면 설정해 주지 않아도 된다.

인, 일정 기간 이벤트를 통해 프로모션을 할 목적으로 진행하는 이벤트성 캠페인이 있을 것이다. 각 캠페인의 성격에 따라 캠페인이 구분되고 그 각 캠페인에 맞는 광고 문안 및 검색어를 다르게 세팅할 필요가 있다.

네이버의 경우 캠페인에서는 캠페인 유형, 캠페인 이름, 하루 예산, 광고 노출 기간, 추적 설정 등을 세팅할 수 있다. 자세한 사항은 앞의 표를 참고한다.

2 | 광고 그룹 단위

광고 그룹은 여러 하위 카테고리 중 가장 중요한 곳이다. 각 광고 그룹의 특성에 맞게 광고값을 세팅해 주어야 하기 때문이다.

가구를 전문으로 판매하는 쇼핑몰에서 소파와 침대에 대한 광고를 운영한다고 가정해 보자. 판매하는 소파의 종류는 가죽소파와 샤무드소파가 있고, 침대의 종류는 더블과 싱글이 있다. 가죽소파를 찾는 고객, 샤무드소파를 찾는 고객, 더블침대와 싱글침대를 찾는 고객 모두 검색어가 같지는 않다. 구매를 원하는 잠재 고객들은 검색 의도에 매우 강한 구매 니즈가 잠재되어 있으므로 보다 구체적이고 특정한 키워드로 검색을 한다. 이를테면 소파를 구매하려는 신혼부부의 검색어는 다음과 같을 것이다.

> **신혼 가구, 소파 브랜드, 신혼 인기 소파, 샤무드소파**

그리고 새집 이사를 앞두고 인테리어를 준비하려는 4인 가족의 검색어는 다음과 같을 수 있다.

> **집꾸미기, 인테리어 소파, 4인 소파, 가죽소파, 방수소파**

이 두 검색어를 보면 '무엇을 사려고 하느냐에 따라 검색 키워드는 천차만별'이라는 것을 알 수 있다. 검색 키워드에 따라서 광고 문구도 달라져야 한다. 가죽소파를 사려는 고객을 위한 검색 키워드 및 광고 문안, 그리고 샤무드소파를 사려고 하는 고객을 타깃으로 한 검색 키워드와 광고 문안에 차별화를 주어야 한다. 광고 그룹을 나누어 관리하는 것이 바로 차별화다. 가죽소파 광고 그룹, 샤무드소파 광고 그룹이 나뉘어야 한다는 말이다. 많은 사장님이 이 점을 간과하고

구분	내용
① URL	소비자가 광고 문안을 클릭했을 때 어떤 링크로 보낼지를 설정하는 곳이다. 계정에 자사 홈페이지를 등록해야만 해당 홈페이지 URL로 소비자를 보낼 수 있도록 설정할 수 있다.
② 기본 입찰가	최소 70원부터 시작할 수 있다. 검색어 세팅시 각 검색어마다 입찰가를 별도로 설정가능하다. 동일한 제품의 광고 캠페인이라고 해도 '대표 검색어'와 '세부 검색어', '최저가 검색어'에 따라 별도의 그룹을 추가하면 불필요한 예산낭비를 막을 수 있다.
③ 하루 예산	광고 그룹에서 예산을 설정하면 앞서 캠페인 단에서 설정한 하루 예산의 범위 안에서 차별화된 광고 예산 설정이 가능하다. 앞서 설정한 캠페인 광고 예산보다 더 우선 순위로 적용된다.
④ 매체	네이버에서 노출하는 광고 매체는 크게 PC와 모바일로 나뉘고 각 디바이스 매체에서 검색 매체와 콘텐츠 매체로 나뉜다. 매체 설정은 디바이스별로 노출을 정할 수 있고, 매체 유형별로도 노출을 정할 수 있으며, 개별 매체를 직접 컨트롤할 수 있도록 개별 매체 설정도 가능하다.
⑤ 지역	어떤 지역의 고객에게 광고를 노출할 것인가를 정하는 곳이다. 일반적으로 해외 지역은 노출을 꺼둔다. 기본 설정은 모든 지역에 노출되게 되어 있다.
⑥ 요일/시간대	특정 요일과 특정 시간에 맞추어 광고가 노출되도록 할 수 있다. 주말에 검색량이 현저히 떨어진다면 노출을 꺼두면 된다.
⑦ 콘텐츠 매체 전용 입찰가	같은 광고라도 검색 결과로 접하는 소비자와 콘텐츠를 읽다가 접하는 소비자는 그 구매 니즈가 같지 않다. 아무래도 검색 엔진에서 광고를 클릭하는 소비자의 구매 니즈가 높을 것이다. 콘텐츠 매체에 광고 문안이 노출될 때 특정 입찰가를 정하여 노출시킬 수도 있다.
⑧ PC/모바일 입찰 가중치	입찰가가 100원이고 PC 입찰 가중치는 130%, 모바일 입찰 가중치가 30%라면 PC에서 광고를 클릭했을 때는 130원, 모바일에서 광고를 클릭하면 30원만 광고비가 지출되도록 세팅할 수 있다. 기본값은 둘 다 100%이다.

한 광고 그룹에 모든 검색어와 광고 문안을 사용하는 우를 범한다. 광고 그룹은 제품에 따라, 고객 니즈에 따라 검색 키워드와 광고 문안을 세팅해 주는 게 맞다.

광고 그룹단에서 설정을 통해 세팅할 수 있는 것들은 광고 그룹 이름, URL, 기본 입찰가, 하루 예산, 매체, 지역, 요일/시간대, 콘텐츠 매체 전용 입찰가, PC/모바일 입찰 가중치 등이 있다. 자세한 사항은 앞의 표를 참고한다.

가구 쇼핑몰의 광고시스템 사례

3 | 광고 문구와 검색어

인터넷 광고에서는 광고 문구를 '소재'라고 부른다. 광고 소재와 검색어는 계정상에서 별도의 단위로 존재하지는 않고, 광고 그룹 안에서 동시에 설정이 가능하도록 구성되어 있다. 다시 말해 하나의 광고 그룹 안에서 광고 문안과 검색어를 같이 설정할 수 있다는 말이다. 따라서 광고 그룹의 독립된 성격에 따라 차별화된 광고 소재와 검색어를 세팅할 수 있다.

구분	내용
① 광고 소재	검색 결과에 나타나는 검색 광고의 광고 문구를 설정할 수 있다. 뿐만 아니라 소비자가 광고 소재를 클릭했을 때 소비자를 어디로 보낼지 도착 페이지의 주소를 설정할 수 있다. 여기에서 보통 UTM 파라미터[27] 등을 URL에 붙여서 트래킹 설정을 한다. PC와 모바일을 별도로 설정할 수 있다.
② 키워드	자유롭게 검색어를 등록할 수 있으며, 키워드 도구를 통해 등록하려는 검색어들의 검색량 추이를 확인할 수 있다. 키워드별로 입찰가 설정이 가능하고, 원할 경우 키워드별로 도착 URL을 별도로 세팅할 수 있다. 다이나믹 URL을 사용하여 알아서 키워드까지 트래킹할 수 있도록 하는 것이 효율적이다. 쇼핑 검색과 콘텐츠 검색은 키워드 선정에 제약이 있다.

검색 광고에서 가장 유념해야 할 것이 예산이다. 따라서 효율성이 높은 검색어를 발굴하고 선별하여 집행하는 것이 중요하다. 경험상 검색량과 클릭 비용에 의해 검색어를 '대표 검색어', '세부 검색어', '최저가 검색어'의 세 가지로 구분할 수 있다. 업종이나 광고 캠페인 목적에 따라 차이가 있지만, 일반적으로 평균 클릭 비용(CPC, Cost Per Click)에 따라 1,000원 이상이면 경쟁이 심한 '대표 검색어', 300원 미만이면 '세부 검색어'로 분류한다. 또 경쟁이 적어서 최하 단가를 형성하고 있는 70원짜리는 '최저가 검색어'라 부른다.

알고 보면 단순한 SNS 광고

1 | 검색 광고와 유사한 SNS 광고 관리

SNS 광고는 스마트폰으로 네트워킹을 하려는 사람들 사이에서 관련 상품을

---

27 클릭으로 유입된 데이터를 관리하기 위해 URL에 삽입하여 데이터를 분류하는 구글 애널리틱스의 기능을 말한다.

홍보하는 대표적인 아웃바운드 광고다. 대표적으로 페이스북과 인스타그램이 있다. 둘 다 페이스북 광고 시스템을 통해서 광고할 수 있다. 그림으로 표현하면 다음과 같다. 앞에서 본 검색 광고 시스템과 크게 차이가 없다는 것을 알 수 있다.

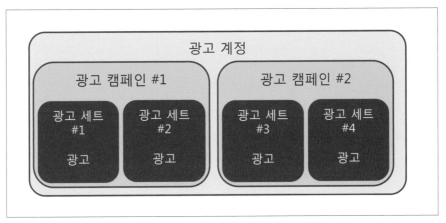

페이스북 광고 시스템

캠페인을 설정하고 광고 세트를 만들고 광고를 게재하면 된다. 페이스북 광고를 김밥으로 비유하면 광고 캠페인은 '김', 광고 세트는 '김 속의 밥', 광고는 '밥 속의 야채와 고기'로 볼 수 있다. 김밥의 맛은 야채와 고기가 좌우한다. 무엇을 넣느냐에 따라 쇠고기김밥도 되고 참치김밥도 만들어지듯이 말이다. 어떤 이벤트를 할 것인가, 무엇을 광고할 것인가만 정확하다면 나머지는 페이스북이 알아서 해 준다.

중요한 것은 제품과 타깃에 대해서 쇼핑몰 운영자가 얼마나 이해하고 있는가 이다. 페이스북 광고는 타깃팅을 기반으로 하므로 제품과 내 사이트에 대한 고민이 선행된다면 충분히 좋은 캠페인을 끌어낼 수 있는 매체다. 광고주의 고민이 깊은 만큼 성과도 높아질 것이다.

마케팅 목표가 무엇인가요? 도움말: 목표 선택		
인지도	**관심 유도**	**전환**
📢 브랜드 인지도	⊘ 트래픽	🌐 전환
✳ 도달	👥 참여	🛒 카탈로그 판매
	📦 앱 설치	🏪 매장 방문
	◼◀ 동영상 조회	
	▼ 잠재 고객 확보	
	💬 메시지	

캠페인 선택

우리의 목표는 쇼핑몰로 방문자를 끌어들이는 것이므로 '트래픽'을 선택하면 된다. 대부분의 광고주가 선호하는 캠페인 방식이다. 트래픽 광고는 타깃팅과 대표 이미지가 가장 중요하다. 트래픽 못지않게 효과적인 것이 동영상 조회다. 페이스북의 동영상 광고는 CPV(Cost Per Video View) 과금 방식을 취하는데 10초 이상의 광고를 97% 이상 시청했을 때만 광고비가 지출된다. 따라서 동영상이 있다면 도달률을 높이는 데는 최적의 광고인 셈이다.

2 | 광고 세트 설정하기

광고 세트는 트래픽, 쿠폰, 타깃, 노출 위치, 예산 및 일정으로 나뉜다. 트래픽 광고의 특징은 페이스북이 자랑하는 추적 코드를 랜딩 페이지에 심을 수 있다는 점이다.

광고 제작물은 여러 가지 형태가 있다. 기본적으로 가장 많이 사용되는 형식은 슬라이드, 단일 이미지, 단일 동영상이다.

구분	내용
① 트래픽	트래픽은 웹사이트와 앱, 그리고 메시지로 집행하는 3가지 방식으로 나뉜다. 페이스북의 추적 코드인 픽셀을 심으면 구매 경로까지 모두 체크할 수 있다. 아쉽게도 네이버 스마트스토어에는 제한이 있다.
② 쿠폰	가격을 할인해 주는 쿠폰이라면 매출에 도움이 될 것이다. 광고 세트에서 쿠폰 항목을 설정하면 광고를 집행할 페이지 계정이 자동으로 생성되면서 '쿠폰 만들기' 메뉴가 같이 만들어진다. 고급옵션 중에서 '쿠폰 공유 차단'을 선택하면 쿠폰을 받은 사람이 지인에게 양도하는 행위를 차단할 수 있다.
③ 타깃	위치, 연령, 언어, 관심사를 설정해 타깃팅할 수 있다. 국가나 시 도 등의 범위에서부터 작게는 시나 구 등 상세한 지역까지 설정이 가능하다. 핀 설정을 통해 km 단위로 반경을 설정할 수 있다. 상세 타깃팅 항목은 '인구 통계학적 특성', '관심사', '행동', '추가' 등의 네 가지를 설정할 수 있다. 이 항목을 업종에 맞게 설정하면 페이스북이 자랑하는 '하이퍼타깃팅'이 가능하다. 나름 정교하다고는 하지만 오랫동안 타깃팅 광고를 집행하던 사람 입장에서는 썩 만족할 만하지는 않을 것이다.
④ 노출 위치	페이스북에 노출할 것인지 인스타그램에 노출할 것인지를 정하는 단계다. '피드'는 페이스북 친구들의 소식을 받아보는 공간이고, '인스턴트 아티클'은 언론사의 기사가 노출되는 공간이며, '인스트림 동영상'은 인스타그램에서 1분 이상의 동영상 콘텐츠를 시청하는 이용자들에게 노출되는 광고다.
⑤ 예산 및 일정	광고비는 총액을 설정하고 원하는 기간 동안 1일 예산 금액을 설정하는 것이 효과적이다. 페이스북 광고는 아웃바운드 형식이므로 비용을 늘인다고 클릭수가 높아지는 것은 아니다.
⑥ 광고 게재 최적화 기준	광고 예산을 설정했다면 해당 광고를 누가 어떻게 클릭할 것인가를 정해야 한다. '링크 클릭', '랜딩페이지 조회', '노출', '일일 고유 도달'의 네 가지 방식으로 나눠진다. 링크 클릭은 클릭할 가능성이 높은 사람에게 노출되는 방식이다. 랜딩페이지 조회는 광고를 클릭하는 것은 물론이고 랜딩페이지를 조회할 가능성이 높은 사람에게 광고를 노출하는 형식이다. 노출은 광고가 단순히 노출되면 과금되는 방식이다. 마지막으로 일일 고유 도달 방식은 타깃에 최대 하루에 한 번씩은 광고를 표시하는 방식이다.

페이스북의 광고 세트 설정

단일 이미지의 경우 타 광고에 비해서 좀 더 노출이 잘된다. 슬라이드의 경우에는 여러 장의 슬라이드를 통해서 스토리 형식이나 다양한 상품을 보여 줄 수 있다는 장점이 있다. 영상 광고물이 있다면 동영상 광고도 효과적이다.

문구에는 전체 카피를 입력하면 되는데, 해시태그 삽입도 가능하다. 슬라이드는 4~5장 정도로 작성하는 것이 효과적이다. 총 10장까지 추가할 수 있다.

7 예산에 맞는 광고 방법 선택하기

마케팅 활동은 대부분 예산이라는 범위 내에서 진행해야 한다. 그러므로 예산을 효율적으로 분배하는 마케팅 계획을 수립하지 않으면 지정된 예산 범위를 초과하거나 마케팅 효과를 원하는 만큼 거둘 수 없다. 따라서 기준을 투자수익률(ROI)[28]로 삼아 대표 검색어와 세부 검색어로 구분하여 광고비 집행을 해야 한다.

예산	마케팅 방법	비고
100만원 미만	• 대표 검색어는 공략할 수 없다. • 세부 검색어에서 ROI가 높은 검색어 몇 개만 집중 공략한다. • 최저가 검색어 중심으로 순발력 있게 운용한다. • 바이럴 마케팅에 1일 5시간 이상 집중 투자한다.	• 1일 방문자 수: 100명 이상 • 재방문율: 30% 이상
500만원 미만	• 세부 검색어에서 ROI가 높은 검색어의 숫자를 늘린다. • 500원 이상의 세부 검색어도 공략한다. • 최저가 검색어의 개수를 배로 늘린다. • SNS 광고 상품을 통한 광고를 시도한다. • 마케팅 비용의 10% 정도로 이벤트를 기획한다.	• 1일 방문자 수: 300명 이상 • 재방문율: 30% 이상 • 재구매 선물 및 쿠폰을 지급하는 등 고객 관리 방안 수립
1000만원 미만	• 쇼핑몰의 브랜드 인지도를 위한 대표 검색어를 공략한다. • 세부 검색어의 숫자를 업종 특성에 맞게 늘린다. • 최저가 검색어의 개수를 최대한으로 운용한다. • SNS광고 상품을 통한 커뮤니케이션과 광고를 확대한다. • 마케팅 비용의 15% 정도를 회원 서비스용으로 배정한다	• 1일 방문자수: 3,000명 이상 • 재방문율: 40% 이상 • 기존 고객의 충성도를 높이는 이벤트 기획

예산에 따른 마케팅 방법

앞에서 살펴본 바와 같이 평균클릭비용에 따라 1,000원 이상이면 대표 검색어, 300원 미만이면 세부 검색어, 경쟁이 적어서 최하 단가를 형성하고 있는 70원짜리는 최저가 검색어라 부른다. 다음 표를 통해서 예산 단위별로 진행하는 마케팅 방법을 알아보자.

다시 한번 강조하지만 쇼핑몰 초기에는 바이럴 마케팅 활동을 꾸준히 해서 유료 광고의 의존도를 낮추어야 한다. 광고로 지출할 마케팅 비용의 일부를 쇼핑몰 회원의 서비스로 지출한다면 매출이 높아질 때보다 효율적인 마케팅 활동이 가능할 것이다.

---

28 ROI(Return On Investment)란 투자한 액수에 맞춰서 돌아오는 수익률을 뜻한다,

"쉽게 가는 것보다 하나하나
쌓아가는 게 실력이다"

비오파파 이형우 대표
https://smartstore.naver.com/illiano

이형우 대표는 특허사무소에서 20년 근무했던 직장인 출신이다. 새로운 기술을 발굴해야 하는 특허사무소는 정년이 짧다. 덕분에 젊은 시절부터 퇴직 후에 해야 할 일을 찾았다. 특허사무소에서 삼성이나 IT 관련 거래처를 관찰하면서 그가 느낀 것이 있다. 내게 없는 핵심요소를 확보하는 가장 확실한 방안은 그 기술이나 비법을 표준화하여 특정 사람과 상관없이 원하는 물건을 만들어내는 구조를 만드는 것이다. 음식점이라면 재료부터 완성까지 전 조리 과정을 문서화하여 표준화할 수 있을 것이다. IT기업이나 바이오기업의 기술은 오히려 표준화하고 문서화하는 것이 일반화되어 있다. 이 표준화가 가장 잘되어 있는 곳이 온라인 쇼핑몰이다. 하나의 단위를 이루어 표준화하지 않으면 다수를 상대로 물건을 팔 수 없다. 이 대표가 창업을 결심하게 된 것은 표준화에 대한 쇼핑몰의 매력을 알았기 때문이다.
바로 쇼핑몰을 시작한 것은 아니었다. 1년 정도 배우고 시행착오도 겪으면서 투잡을 하다가 3년 전에 독립했다. 쇼핑몰만으로 생활이 되겠다는 판단이 섰기 때문이다. 그렇게 나름대로 대량 등록을 주로 하는 자사몰로 승승장구했다. 그러던 그가 셀러마케팅캠퍼스를 찾은 것은 2018년 9월 경이다.

"네이버에서 자사 쇼핑몰 서비스를 스마트스토어 중심으로 대대적으로 개편하면서 자사몰 유입량이 현저하게 줄었어요. 스마트스토어를 하지 않으면 힘들겠다 싶어서 검색하다 셀러마케팅캠퍼스를 알게 되었죠."

셀러마케팅캠퍼스는 기초 강의를 들은 후에 정규 수업을 들을 수 있다. 그런데 이 대표는 다짜고짜 정규 수업을 신청했다. 상품 등록하는 방법부터 제목 짓는 법까지 열심히 배웠다. 상당한 매출을 올리는 거상이 된 지금도 그의 배움은 계속되고 있다.

"쇼핑몰을 개설하는 것은 쉽죠. 하지만 운영하는 것은 전혀 다른 문제예요."

330

특허사무소 출신답게 IT 기술에 해박한 이 대표는 오히려 빠르게 변하는 기술과 틈새를 노리는 얕은 수에 보수적이다. 고생고생해서 배우면 그만큼 체득되는 깊이와 응용의 범위가 넓어진다는 것이 그의 지론이다.

"셀러마케팅캠퍼스에서 항상 너무 베푸셔서 손해 보시는 건 아닐까 싶어요. 항상 고맙게 생각합니다."

셀러마케팅캠퍼스에 대한 애정이 깊은 그에게 바라는 점을 물었다.

"제가 게을러져서 초창기보다 모임에 덜 참여하는 것 같습니다. CEO 모임 중심으로 활성화되면 좋겠습니다. 그러기 위해서 우선 저부터 열심히 참여하고 나누겠습니다."

· · ·

이형우 대표는 특허사무실에서 기계 파트를 담당하신 분답게 IT 기술에 해박하다. 그래서 수업 내용을 누구보다 빨리 이해하고 실천력 또한 놀랍다. 계절별 제품 소싱과 몰의 특성에 맞는 등록 방법 등을 무리 없이 따라와서 지금의 성과를 얻었다. 요즘은 직장인들이 불안한 미래를 대비하기 위해 셀러마케팅캠퍼스를 많이 찾는다. 그런 사람들에게 좋은 귀감이 되는 사례로 더 발전하기를 바란다.

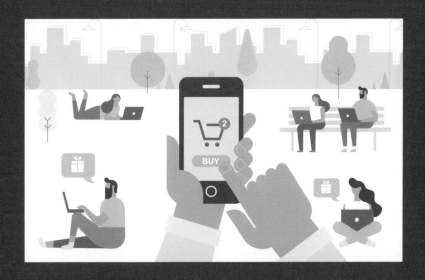

제 5 부

내 쇼핑몰에 날개 달기

지금부터 쇼핑몰 사업을 제대로 키우기 위해서 고려할 사항을 살펴보자. 음식점을 오픈한다고 생각해 보자. "무엇을 팔 것인가?"라는 질문에 어떻게 답할 것인가? "한식이요." "일식이요." "중식이요." 이렇게 말할 것인가? 그렇게 말하면 고객이 알아서 찾아오리라 생각하는가? 그렇지 않다. 아무리 친한 사람이라도 그보다 자세히 이야기해 줄 수 있어야 찾아간다. 한식이 어디 한두 가지인가? 적어도 듣는 사람이 뭘 파는 음식점인지 구분할 수 있을 정도는 되어야 하지 않을까?

　　희한하게 메뉴가 많은 음식점에는 잘 가지 않는 사람들이 있다. 저녁에 회식할 장소를 고른다면 이런 시나리오가 벌어진다. 먼저 회와 고기를 두고 고민하다 고기로 정한다. 고기는 다시 돼지고기, 소고기, 닭고기로 나눈다. 돼지고기를 골랐다면 삼겹살, 돼지갈비, 족발, 보쌈 등으로 세분화한 다음, 마지막으로 세분된 음식을 전문적으로 하는 집을 찾아간다. 특정 음식을 전문적으로 다루는 식당이 여러 가지 종류의 음식을 파는 식당보다 잘할 것이라는 생각을 갖고 있기 때문이다. 물론 다 그런 건 아니다. 하지만 그렇지 않다면 맛집이 넘쳐나는 요즘 세상에 얼마 버티지 못할 것은 분명하다.

　　지속가능성이 있는 사업을 이루고자 한다면 제품이나 서비스를 통해 고객에게 제공할 수 있는 가치가 무엇인지를 명확히 해야 한다. 이는 '무엇을 팔 것인가'를 생각해 보는 것이다. 뭐든지 다 팔고 싶다면 무엇을 팔지 않을 것인가부터 생각해 보자.

　　등산할 때 지도를 보면 목적지와 나의 위치가 보인다. 소요되는 시간과 혹시 모를 위협이나 문제점을 체크하고 대비할 수도 있다. 사업에도 지도가 필요하다. 자신의 강점, 잠재적인 위험 요소, 소요 비용과 인력 배치, 마케팅 방법 등을 정리하고 최종적으로 어느 정도 이익이 발생하는지 예상해 보는 계획서 말이다. 쇼핑몰도 사업인 만큼 이 과정은 반드시 필요하다. 하지만 사람들은 계획서를 작성할 생각만 해도 머리 아프다고 호소를 한다.

"계획을 세우기만 하고 실천하지 못하면 스트레스만 쌓입니다. 그래서 저는 아무 계획도 세우지 않아요. 스트레스라도 덜 받는 게 낫지 않은가요?"

계획서를 작성한다고 성공하는 것은 아니다. 그러나 계획서 없이 꾸준한 성과를 내는 사업도 드물다. 계획서를 작성하는 것은 불확실한 세상에서 성공 가능성을 높이는 가장 믿을 수 있는 방법이다. 개인 쇼핑몰을 운영하면서 만족할 만한 사업계획서를 만들 수는 없다. 기업처럼 충분한 시장 조사를 하기 위한 인력과 비용이 부족하기 때문이다. 개인 쇼핑몰을 위한 계획서는 일반적인 사업계획서보다 단순하고 현실적으로 만드는 것이 핵심이다.

셀러마케팅캠퍼스의 멤버들이나 카페나 블로그 등 커뮤니티를 활용하면 적은 비용과 인원으로 조사하기 힘든 시장 조사나 제품 경쟁력 파악, 마케팅 전개 방법 등에서 도움을 받을 수 있다. 지금부터 시장 환경은 어떻게 변화되고 있고, 사업을 계획할 때 어떤 사항들을 고려해야 좋을지 살펴보자.

제 15 장

최강의 쇼핑몰을 만드는 체크 포인트

1 아마존의 4가지 성공 비결

애플의 스티브 잡스 사후에 IT 산업을 이끌어갈 리더 중 가장 유력한 주인공으로 아마존닷컴의 창업자이자 CEO 제프 베조스를 꼽는 사람들이 많다. 제프 베조스는 과학영재학교를 나와 프린스턴대학교 전자 · 컴퓨터 공학과를 수석으로 졸업했다. 당시 굴지의 기업인 인텔, AT&T의 벨연구소, 앤더슨컨설팅 등이 그에게 러브콜을 보냈지만, 그는 피텔이라는 벤처기업을 선택했다. 그곳에서 2년 동안 일한 뒤 뱅커스 트러스트에서 다시 2년 가량을 근무하였으며, 창업 전에는 투자회사인 D. E. 쇼앤컴퍼니의 최연소 부사장으로서 IT 분야 신사업 발굴업무를 담당했다.

1994년 어느 날 제프 베조스는 인터넷 사용자가 1년 만에 24배가 늘었다는 기사를 접한다. 결과는 인터넷으로 책을 파는 회사인 아마존닷컴의 창업으로 이어졌다. 회사를 그만둘 당시 제프 베조스의 연봉은 100만 달러, 우리나라 돈으로 환산하면 10억 원이 넘었다. 제프 베조스는 안정적인 생활을 포기하고 새로운 사업을 시작한 이유에 대한 질문에 이렇게 말한다.

"내가 여든 살이 되었을 때를 가정해 보았고 인생을 되돌아 보면서 후회할 일을 가장 줄이는 방법을 선택하기로 했다."

제프 베조스의 성공 신화는 안정적인 생활보다는 후회를 최소화하겠다는 과감한 결단이 없었으면 아예 싹을 틔우지 못했을 것이다. 과감한 결단은 단지 시작일 뿐이다. 그것만으로는 성공할 수 없다. 제프 베조스의 성공은 새로운 사업에 대한 치밀한 검증과 분석, 과감한 판단과 철저한 준비로 이루어진 것이다. 제프 베조스의 성공 요소는 다음의 네 가지로 요약할 수 있다.

첫 번째, 창업 전 경험이다. 제프 베조스뿐만 아니라 많은 사람이 인터넷 사용자가 증가하고 있다는 기사를 접했을 것이다. 그러나 대부분은 그냥 '그렇군.' 하고 넘어갔다. 제프 베조스도 처음 직장 생활을 작은 벤처 기업에서 시작하지 않고 델이나 인텔 같은 초우량 대기업에서 시작했다면 어땠을까?

두 번째 철저하게 계산된 품목 선정이다. 1994년 당시에는 인터넷 상거래에 대한 소비자들의 신뢰가 비교적 낮았다. 제프 베조스는 이러한 소비자들의 불안감을 고려하여 설령 떼인다고 하더라도 큰 부담이 없고 어디서 사더라도 동일한 품질을 보장받을 수 있는 물건을 판매 품목으로 설정했다. 그렇게 서적, CD, 비디오, 소프트웨어 등 인터넷 판매가 유망한 20개 품목을 정하였고 가장 먼저 판매할 품목으로 책을 선택했다.

세 번째, 정확한 데이터에 근거한 전략 결정이다. 그는 막연히 인터넷에서 팔기 좋다는 이유로 책을 우선 판매 품목으로 정한 게 아니다. 현재 팔리고 있는 도서의 종류와 수량, 소매 시장 규모, 경쟁 업체를 구체적으로 파악한 후에 그 결과를 근거로 책을 선택한 것이다. 그가 파악한 바에 따르면, 전 세계 도서는 300만여 종에 달하고 도서 소매 시장 규모는 820억 달러에 이르렀다. 게다가 미국에서 가장 큰 서적 판매 체인점인 반스앤노블도 도서 소매 시장 점유율이 11%밖에 되지 않아 절대 강자가 없다는 사실에 주목했다.

네 번째, 치밀한 사전 준비다. 아마존닷컴은 1994년에 설립되었으나 실제 인터넷 거래는 1년이 지난 뒤에야 시작되었다. 많은 양의 서적 관련 데이터베이스를 구축하고 편리한 구매 서비스를 개발하는 데 그만큼의 시간이 필요했기 때문이다. 그 결과 아마존닷컴은 무려 110만 종 이상의 서적을 갖추게 되었다. 당시 미국 최대 도서 체인점인 반스앤노블에 구비되어 있는 서적이 17만 종이었다.

주변에는 자의든 타의든 사업을 시작하는 사람들이 많다. 성공하기 위해 밤낮으로 노력한다. 그런데도 실패하는 경우가 많다. 그 이유는 무엇일까? 모두가 성공을 원하면서도 성공하기 위해 반드시 챙겨야 할 준비를 제대로 하지 않기 때문이다.

탄탄한 준비와 치밀한 전략으로 성공을 일구어낸 제프 베조스의 사례는 새로 사업을 시작하는 사람들에게 귀감이 된다. 지금부터 쇼핑몰을 성공시키기 위한 포인트를 점검해 보자.

2 당신의 핵심 가치는 무엇입니까?

흔히 사진을 잘 찍고 상세 페이지를 잘 만들면 물건이 팔릴 것으로 생각한다. 그래서 이미지와 카피에 더 큰 비용을 쓴다. 광고도 더 많이, 더 고급스럽게 만든다. 멋진 모델을 써서 소비자들에게 더 많이 더 자주 보여 주면 잘될 거라고 생각한다. 반대로 진심을 담으면 사람들이 알아줄 거라고 생각해서 품질 향상에만 온 신경을 다 쏟는 경우도 있다.

어떤 경우든 이런 모든 일에는 상당한 노력이 필요하다. 그런데 누구는 성공하고 누구는 성공하지 못한다. 왜 그럴까? 사람들이 무언가를 선택하는 이유는 단순히 겉모습이나 품질 혹은 가격에만 국한된 것이 아니라 그 속에 숨은 가치에 있기 때문이다. 잘 팔 수 있는 방법을 생각하기 전에 파는 물건의 가치를 먼저 떠올려라. 오늘 당신이 팔 제품이 구매자에게 미칠 영향과 당신에게 가져다 줄 보상을 생각하라. 매출을 올리기 위해, 실적을 쌓기 위해, 일상적으로 페이지를 만드는 당신의 목표가 가볍다는 것이 아니다. 제품의 가치에 들어있는 잠재력을 깨우기에 충분하지 않을 수도 있다는 말이다.

예를 들어 보자. 같은 롯데백화점이라 해도 해당 지역의 경쟁 상황에 따라 어떤 지역의 롯데백화점은 고급스럽고 어떤 지역의 롯데백화점은 편안하다. 어떤 백화점은 '가장 좋은 물건을 제공하겠다.'를, 어떤 백화점은 '고객에게 필요한 물건이라면 뭐든지 다 준비하겠다.'를 가치로 내세운다. 서로 중요하다고 여기는 가치가 다른 것이다.

핵심 가치에 따라 백화점의 인테리어, 디스플레이 방식, 조명의 색깔, 현관문의 구조 등이 달라진다. 핵심 가치에 따라 전략이 완전히 달라지는 것이다. 그래야만 나만의 해답을 찾아서 나만의 방법으로 고객들을 붙잡을 수 있다.

쇼핑몰도 자기만의 핵심 가치가 있어야 한다. 무엇보다 소비자들이 그것을 요구한다. 가격과 규모와 트렌드에 따라 물건을 선택하는 것은 잠깐 동안이야 가능할 수 있지만 사업의 지속가능성까지 담보하지는 못한다.

인터넷이 발달된 요즘에는 더욱 그렇다. 인터넷으로 인해 비교가 손쉬워지면서 규격화된 제품을 소비하던 사회에서 점점 더 개별화되고 자기화된 제품을 소비하는 사회로 간다. 자신의 라이프스타일에 맞는 것을 찾아다니는 사회로 변해가는 것이다. 이럴 때일수록 자신만의 가치를 고객에게 전달하기 위한 방법을 찾는 데 더욱 세심하게 신경 써야 한다.

3 | 가치를 만드는 3가지 요소

대다수 쇼핑몰 운영자는 가장 먼저 제품의 차별화된 가치를 도출하기 위해 고민하게 된다. 기업의 마케팅 부서에서는 제품이 나오기 전에 이것만 연구하는 팀이 별도로 있을 정도로 차별화된 가치를 점점 중요하게 다루고 있다. 차별화된 가치를 도출하는 과정을 배우기 전에 한 발짝 뒤로 물러서서 가치를 올바르게 만드는 3가지 요소를 살펴 봤으면 한다.

첫째, 남이 아닌 나와 경쟁하자. 지속되는 결혼 기피 현상에 따른 낮은 출산율로 인해 생산 가능 인구가 본격적으로 감소 추세에 접어들었다. 일본식 불황까지 올 수 있다는 예측까지 겹쳐 장기간 저성장이 계속되고 있다. 자연스럽게 남의 떡을 빼앗아야만 성공할 수 있다는 생각이 만연해 있는 사회적인 분위기다.

그런데도 가격에만 매달리며 좁디좁은 경쟁의 길을 가야 할까? 인터넷은 풍요로움에 식상한 사람들에게 어디에서도 볼 수 없던 독특함에 열광하는 문화의 장을 열어 주었다. 해답이 없는 문제를 끙끙거리며 풀려고만 하지 말고, 고개를 들어 세상의 변화가 요구하는 새로운 시선에 주목할 필요가 있다는 말이다.

컴퓨터를 생활 속으로 끌어들인 스티브 잡스, 선풍기에서 날개를 없앤 제임스 다이슨, 여전히 새로운 도전에 목이 마른 리처드 브랜슨, 세상에 나쁜 개는 없다고 주장하는 동물조련사 강형욱, 전 세계를 강타한 대한민국의 자랑 BTS, 삼채 총각 김선영, 뮤지컬 명성왕후를 보고 나서 감명을 받아 국사 공부를 시작했다는 연극영화과 출신의 역사 강사 설민석, 아이들이 가장 사랑하는 유튜브 크리에이터 허팝. 이들의 성공 비결은 차별화된 가치를 발견하고 남다른 독특함을 창출했다는 데 있다.

둘째, 남들의 성공 방정식을 맹신하지 마라. 성공한 사장님들을 만나 보면 자신만의 방식을 가지고 있다. 그러나 그것을 나에게 적용하려면 맞지 않는 경우가 많다. 일반화하기 어려운 성공이라면 그것이 나에게 도움이 되는지 안 되는지를 고민하고 받아들여야 한다. 떡볶이 프렌차이즈 '아딸'의 창업자 이경수 회장은 「착한 성공」이라는 책에서 자신의 성공 이유를 가족에 대한 사랑과 갑질하지 않는 착한 경영이라고 소개한 바 있다. 그런 그가 61억 원을 횡령하여 27억 원의 추징금과 징역 2년 6개월을 선고 받아 많은 사람들을 놀라게 한 바 있다. 성공이라는 것을 일반화하는 것이 얼마나 어려운지를 잘 보여주는 사례다.

셋째, 이윤이 아니라 사람을 남겨야 한다. 드라마 '상도'에 나와서 많은 공감을 샀던 이 말은 사실 지키기가 쉽지 않다. 사람의 마음을 돈으로 생각하기 때문이다. 그런데 알다시피 돈을 좇으면 오히려 돈과 멀어진다. 역설적으로 돈을 벌고 싶다면 돈을 좇지 말아야 한다. 그러니 내가 하는 일의 가치, 그리고 사람들에게 어떤 영향을 미치는가를 생각해 보자. 그러면 과장 광고도, 과도한 포토샵 수정도 안 하게 된다.

4 무턱대고 덤비지 말라

수학에는 흥미가 있지만 영어는 어려워하는 학생이 있다. 이 학생이 시험을 앞두고 벼락치기를 한다면 성적을 올리기 쉬운 과목은 수학일까, 영어일까?

당연히 수학이다. 수학은 좋아하는 과목이고 기본기가 갖춰져 있으니 점수 올리기가 수월하다. 똑같은 시간을 투자해서 성과를 얻어야 한다면 수학에 집중하는 것이 영어 단어를 외는 것보다 효과적인 선택이다. 쇼핑몰을 운영하는 것도 이와 다르지 않다. 누구나 약점과 강점이 있다. 무턱대고 전쟁터로 나가서는 절대 안 된다. 가장 먼저 할 일은 온라인 쇼핑몰에 뛰어들어 돈을 벌고자 하는 나 자신이 누구인지부터 곰곰이 분석하고 따져보는 것이다.

나의 장점과 기회를 찾아보자

가장 먼저 정리해 보아야 할 것은 내가 가진 강력한 무기(Strengths)는 무엇이고, 전투에 나섰을 때 무엇이 부족한지(Weaknesses)이다. 요즘 나에게 긍정적으로 돌아가는 것 같으면 기회 요소(Opportunities)에, 세상이 나에게 부정적으로 돌아가는 것 같으면 위협 요소(Treats)에 정리하면 된다. 오른쪽 표를 활용하여 먼저 자신과 자신이 처한 상황을 객관적으로 분석하고 이해하자.

마케팅 계획을 세우기 위한 대표적인 전략 수립 방법으로 SWOT 분석이 있다. SWOT 분석은 4C나 4P 등의 환경 분석 이후 전략적으로 고려해야 할 강점(Strength), 약점(Weakness), 기회(Opportunity), 위협(Threat) 요인을 찾아내고 이를 토대로 마케팅 전략을 수립하는 데 유용한 기법이다.

SWOT 분석으로 전략 수립하기

SWOT 분석에서는 강점(S), 약점(W), 기회(O), 위협(T)을 내부와 외부 환경으로 분류한다. 그리고 이 4가지 요소를 각각 조합하여 상황을 비교하는 것이 전략 수립 단계의 핵심이다.

내부 환경 분석	외부 환경 분석
강점(Strength)	기회(Opportunity)
약점(Weakness)	위협(Threat)

SWOT 분석

1 | 외부 환경의 기회(O) 및 위협(T) 요소 파악하기

기회와 위협은 외부 환경으로부터 나온다. 시장 분석을 통하여 현재 자신의 쇼핑몰이 시장 환경에서 어떤 기회와 위협 요소를 가졌는지 파악한다. 대부분의 예외는 고려하지 않고 시장 환경을 객관적이고 구체적으로 분석해야 한다.

2 | 내부 환경의 강점(S)과 약점(W) 요소 파악하기

쇼핑몰의 강점과 약점은 내부적인 요인과 관련이 있다. 여기에는 스킬, 전문성, 기술적 노하우, 조직상의 자원, 경쟁력 등이 포함된다. 이를 경쟁사와 비교 분석하고 쇼핑몰의 상대적인 강점과 약점을 시장에서 어떻게 활용하고 보완할 수 있는지 분석하는 단계가 강점과 약점 요소를 파악하는 단계다.

이 요소의 판단 기준은 '가치(value)'이다. 가치는 구매자가 물건에 지급하는 비용을 의미한다. 이 비용을 지급하고 얻는 만족을 경제학에서는 '효용'이라고 부른다. 소비자가 효용을 느끼기 위해서 판매자는 구매, 제조, 물류, 판매, 서비스 등의 여러 가지 과정을 거치게 된다. 이 과정을 하나로 연결해서 살펴보면 어떻게 가치를 창출하며, 가치 있는 프로세스와 그렇지 않은 프로세스를 분석하고 보완할 수 있다. 이 프로세스를 '가치 사슬'이라고 말한다. 이런 가치 사슬 항목을 조사하면 강점과 약점이 도출된다[1]

예를 들어 회사에 다니는 홍길동 씨가 투잡으로 스마트스토어에 뛰어들어 전문가용 자전거 용품을 판매하려는 경우를 생각해 보자. 앞의 표의 빈칸들을 아래와 같이 채울 수 있을 것이다.

◆ **강점(Strengths) : 경쟁자들보다 내가 더 할 수 있는 일들을 적으면 된다.**
- 누구보다 자전거 용품에 관심이 많고, 자전거 자가 정비도 가능하다.
- 자전거 관련 온·오프라인 동호회에 가입해 활발하게 활동하고 있다.
- 자전거 부품을 취급하는 상인들과의 친분이 아주 돈독하다.

◆ **약점(Weaknesses) : 나의 약점 또는 한계들을 적는다.**
- 주중에는 회사일 때문에 하루 2시간 이상을 내기가 어렵다.
- 포장과 배송에 쓸 수 있는 시간 또한 주말이 유일하다.
- 백만 원 이상의 돈이 1주일 이상 묶일 경우 현금 운용이 아주 곤란해진다.
- 사진 촬영은 좋아하지만 포토샵이나 HTML 작성에 능숙하지 않다.

---

1 가치 사슬은 기업의 제품이나 서비스가 경영 활동의 여러 단계를 거쳐 고객에게 어떻게 전달되는지 파악할 수 있게 해주는 도표를 말한다. 자사의 어떤 부분이 경쟁사에 비하여 상대적으로 취약한지 알기 쉽게 해주기 때문에 많은 분야에서 분석 자료로 활용하고 있다.

◆ 기회 요소(Opportunities) : 문화적, 기술적, 정치 사회적 환경 변화가 주는 기회들을 적는다.

- 주 5일제의 여파로 주말에 자전거를 이용해 건강을 관리하는 사람이 많아지고 있다.

- 한 번에 고급 자전거를 구매하고 주변 부품을 교체하려는 수요가 있다.

- 스마트폰이 대중화되면서 자전거를 활용한 운동량 관리를 손쉽게 하고 싶어 한다.

- 대부분 한 가정에 아이가 하나라서 아동용 자전거 용품에도 아낌없이 많은 돈을 쓴다.

◆ 위험요소(Treats) : 외부 환경의 변화가 미칠 수 있는 위협들을 적는다.

- 자전거 용품 도매상들이 직접 온라인 쇼핑에 뛰어드는 경우가 늘고 있다.

- 경기가 계속 불황으로 이어지면서 사치성 자전거 용품 시장이 위축되고 있다.

- 각종 사고로 인한 규제의 검토로 인해 자전거 라이딩 시장이 위축되고 있다.

5 | SWOT 전략 분석 활용하기

SWOT 분석의 진정한 효과는 선택과 집중에 있다. 전략적 대안을 설정한다고 해도 '잘하는 것은 더 잘하고, 못하는 것도 잘하도록 하자'라는 식으로 마무리되어서는 곤란하다. 개인의 SWOT 분석을 활용하기 위해서는 다음의 방법으로 검토하는 것이 중요하다.

강점은 상대적이다

강점과 약점이 무엇인지 판단할 때는 절대적 기준이 아닌 타사와 비교한 상대적 기준으로 생각하는 것이 효과적이다. 강점은 차별성 중심으로 찾아 본다. 판매 제품에 대한 차별성, 분야의 특별함, 쇼핑몰 형태의 독특함, 운영자만이 가지고 있는 해당 분야의 노하우 등을 모두 강점이라고 할 수는 없지만, 상대적으로 비교하다 보면 강점이 될 수 있는 요소가 많다.

강점인지 약점인지 헷갈리는 경우

강점인지 약점인지 헷갈릴 때는 일단 양쪽에 다 넣어두자. 약점을 찾기 위해서는 강점을 찾는 방법과 반대 방향으로 진행하는 것이 효과적이다. 쇼핑몰을 살리는 전략은 약점이라고 인식했던 것을 강점으로 전환할 때 탄생하는 경우가 많다. 도매몰 중심의 제품 소싱, 차별화된 노하우 부재 등 남들도 모두 가지고 있는 특징은 약점이 될 수 있다.

기회와 위협의 구분

무엇이 기회이고 무엇이 위협인지는 한마디로 단정 지을 수 없으며 자신이 어떻게 정의하는지에 따라 달라진다. 기회를 찾기 위해서는 판매 제품에 대한 컨셉 설정(포지셔닝)[2]을 명확하게 해야 한다. 그 포지셔닝에 맞는 경제 동향, 시장 동향, 자금 조달, 정치적 변화, 정부의 규제 정책, 공급 업체, 타깃 시장의 변화, 확대 등

2   포지셔닝이란 제품이나 기업의 차별적 특성을 소비자에게 명확하게 인식시키는 과정이다.

에 대한 정보를 찾아보는 것이 필요하다.

위협을 찾아내는 방법

SWOT 분석을 하다 보면 위협을 찾는 것을 가장 어려워한다. 이런 경우 경쟁사에 대한 네티즌들의 불만 사항을 확인한다거나, SNS 자료를 분석한다거나, 오픈마켓에서 해당 제품에 대한 고객의 평을 살펴보면서 이를 자신의 약점과 대입해 보면 위협 요소를 쉽게 검토할 수 있다.

세분화하고 연결하자

세분화할수록 건질 수 있는 경우의 수는 늘어난다. 사소하게 넘길 수 있는 작은 요소들을 모으면 SWOT 분석의 다양한 요소를 찾을 수 있는 경우가 많다. 아울러 고객과 쇼핑몰에 어떠한 영향을 미치는지 항상 연결 지어서 생각하는 습관을 지녀야 한다.

예를 들어, 방문 고객 수가 적은 이유는 광고비를 많이 지출하지 못해서이고 그 원인은 운영자의 자본금이 부족한 때문일 수 있다. 블로그가 활성화되어 있거나 카페를 운영하고 있다면 관계 마케팅을 통해 매출을 끌어올린 후 광고비를 자체 충당하는 전략이 가능하다. 고객과 쇼핑몰 사이의 연관 관계를 생각한다면 다양한 요소를 찾거나 전략을 수립하는 데 도움이 된다.

SWOT 도표 작성하기 및 전략 결정하기

앞장 'SWOT 분석으로 전략 수립하기'에서 파악한 홍길동 씨의 '내부 환경의 강점과 약점 요소 파악하기'에서 정리한 자료가 경쟁사보다 우수하다면 강점(S)으로, 문제가 있다면 약점(W)으로 분류한다. 그 뒤 '외부 환경의 기회 및 위협 요소'에서 기회와 위협이 되는 트렌드를 찾아 나열한다. 유리한 변화 요인인 기회 요소(O)와 불리한 변화 요인인 위협 요소(T)로 분류한다. 이를 SO전략, ST전략, WO전략, WT전략 순으로 아래 도표와 같이 작성한다.

작성 방법은 강점×기회, 강점×위협, 약점×기회, 약점×위협을 조합하여 어떤

SWOT 분석			내부역량분석	
			강점(S)	약점(W)
			1. 자전거 용품 관심 많고, 자가 정비 가능 2. 동호회에 가입해 활발하게 활동 3. 부품 취급 상인들과 친분 관계 돈독	1. 주중 하루 2시간 이상 시간내기 어려움 2. 포장과 배송시간 주말이 유일 3. 백만 원 이상은 융통 곤란 4. 포토샵, HTML 작성에 능숙하지 않음
외부 환경 분석	기회 (O)	1. 자전거 이용이나 건강 관리 인구 증가 2. 고급 자전거 구매 수요 3. 자전거를 활용한 운동량 관리 앱 관심 4. 아동용 자전거 용품에도 관심	SO전략 1. 다양한 제품 조사 2. 카페 공동구매로 반응 체크 3. 반응 좋은 제품 대량 구매 4. 라이딩용 스마트폰 용품 추가 5. 아동용 용품 구비	WO전략 1. 금요일에 이벤트를 걸어 매출 극대화 2. 대금 결제일이 짧은 쇼핑몰 검토 3. 아동 자전거 용품 전문몰과 제휴 4. 일반 자전거 용품 전물몰과 제휴
	위협 (T)	1. 자전거 용품 도매상들이 직접 온라인 쇼핑 참여 2. 경기불황으로 사치성 자전거 용품 시장이 위축 3. 각종 사고로 자전거 라이딩 시장 규제	ST전략 1. 대량구매 고려 2. 저렴한 제품도 함께 구비 3. 동호회에 별도의 라이딩 대회 후원 4. 직접 라이딩하는 모습을 칼럼으로 게재	WT전략 1. 분기당 1회 이상 교육 2. 쇼핑몰 운영 카페 정기모임 참여 3. 관련 도서로 공부 4. 시장 트렌드 기사 읽기

SWOT 분석 결과

대응이 가능한지 생각하며 기록한다. 도표가 완성되면 각각의 내용을 통해 현재 자신의 쇼핑몰이 어떠한 위치에 있는지 파악하고 그에 맞는 전략을 결정한다. 가능하면 경쟁사에도 이 분석을 적용해 보라. 이런 비교 작업을 거쳐 가장 적합한 노선을 찾으면 내/외부 환경 변화에 맞춘 새로운 전략을 수립할 수 있다.

중점 전략 선정하기

도출된 전략 중에서 중요성, 실행 가능성, 차별성, 연관성 등을 고려하여 가급적 3가지 내외의 항목을 중점 전략으로 선정한다. 그 중점 전략이 '강점×기회(S/O)'에 위치할 수 있는 방법을 고민한다. 현재 자신이 운영하는 쇼핑몰의 상황에서 '강점×기회' 전략을 수립하기 위한 마케팅 계획을 구상하고 이를 실현하는 것이 SWOT 분석의 목적이다.

이슈	의사 결정	중점 전략
Who (누구에게)	모두에게 판매할 수 있다는 것은 아무에게도 판매할 수 없다는 것과 같다. 판매할 목표 고객이 누구인지 확인한다.	• 대상 고객 선정
Where (어디서)	어떤 유통경로와 플랫폼을 선택할 것인지 결정한다.	• 쇼핑몰 플랫폼 선정
What (무엇을)	고객들이 선호하는 브랜드와 취급하고자 하는 제품의 평균 구매가 등을 확인한다.	• 카테고리 선정 • 상품 선정
Why (이유)	구매하는 이유를 소비자 관점에서 확인하는 단계이다. 자신이 가지고 있는 역량도 함께 점검해야 한다.	• 핵심 역량 분석 • 시장 조사, 수요 분석
How (방법과 조건)	할인, 포인트, 사은품 제공, 할부, 1+1 등 제품 구매 조건을 점검한다.	• 강점 극대화 • 마케팅 전략 수립
When (언제)	일상용품인지, 특별한 날에 구매하는 제품인지 등 소비자가 언제, 어떤 경우에 구입하는지 고민한다.	• 실행 일정 작성 • 진입 시기 결정

중점 전략 선정하기

6 SWOT 분석은 중요도 순서로 나열하라

최초로 달 표면을 걸었던 사람은 닐 암스트롱(Neil Alden Armstrong)이다. 두 번째로 달 표면을 걸은 사람은 에드윈 유진 올드린 주니어(Edwin Eugene Aldrin, Jr.)이다. 우리나라 최초의 대통령은 이승만 박사다. 두 번째는 윤보선이다. 미국의 초대 대통령은 워싱턴이다. 두 번째 대통령은 누구인지 아는가?

대체로 최초는 기가 막히게 기억하고 머릿속에 딱 떠오르지만, 아주 조금 늦었을 뿐인 두 번째는 잘 기억하지도 못하고 회자되지도 않는다. 강점, 약점, 기회, 위협을 중요도 순서로 나열하는 이유는 한정된 자원을 가장 효율적으로 활용하기 위함이다. 다른 쇼핑몰들과는 다르고 특별한 부분을 발견하는 데 초점을 맞춘다. 아이폰이 손가락으로 터치하는 방식을 개발하기 전까지 컴팩이나 델컴퓨터, HP 등에서 만든 모든 휴대용 기기는 스타일러스 펜을 사용했었다. 이에 스티브 잡스는 다음과 같은 말로 시장의 패러다임을 바꾸었다.

"우리는 모두 다섯 개의 펜을 손에 들고 다닙니다. 그런데 왜 또 다른 스타일러스 펜이 필요합니까?"

만약 이미 경쟁하고 있거나 경쟁해야 하는 쇼핑몰이 자리를 잡은 상태라면, 그들이 시도하지 않는 특별한 분야를 개발하거나 고객이 특별하다고 찬사를 보낼 만한 마케팅 전략을 연구하는 것이 필요하다.

7 차별화된 가치를 만드는 4단계

차별화된 가치란 한마디로 컨셉이라고 할 수 있다. 컨셉이란 제품을 통

네슬레의 기업 심벌마크

해 소비자에게 전달하려고 하는 기업의 생각을 말한다. 컨셉을 잡기 위해서는 어디에서든 해당 제품을 떠올릴 수 있는 차별성에 초점을 맞추고 브랜드 정체성을 만들어야 한다.

예를 들어 글로벌 식품 기업으로 유명한 네슬레는 네스카페, 매기, 부이토니, 킷캣, 페리에 등 다수의 브랜드를 보유하고 있다. 그 브랜드를 전부 포괄하는 기업의 슬로건으로서 'Good Food, Good Life'를 내세우고 있다.[3] 네슬레의 핵심 가치가 더 명확하게 드러나는 곳은 바로 심벌마크다. 둥지(독일어로 네슬레, Nestle)에서 어미 새가 새끼에게 먹이를 주는 그림인데, 이 그림이 상징하는 것이 바로 아이를 향한 엄마의 애정이다. 네슬레 창업 당시 핵심 가치는 아기에게 유제품을 제공해서 영양 상태를 개선하는 것이었다.

이처럼 컨셉은 제품을 시장에 출시하기 전에 타깃 시장에 맞춰서 복합적인 요소로 정립시켜야 하며 이를 토대로 마케팅을 전개해야만 안착할 수 있다. 쇼핑몰 마케팅을 위한 컨셉 도출 과정은 다음과 같이 크게 4단계로 생각해 볼 수 있다.

1 | 쇼핑몰 포지션 설정하기

노자는 도덕경에서 비움의 철학을 다음과 같이 정의했다.

"크게 이룬다는 것은 어딘가 모자라는 듯하나 그의 쓰임이 고갈되지 않는 것

---

3   마케팅이란 브랜드를 만들어 가는 작업이다. 브랜드를 만든다는 것은 브랜드 정체성(Brand Identity) 을 브랜드 이미지(Brand Image)로 변환시킨다는 것을 의미한다. 브랜드 정체성은 기업의 관점에서 소비자에게 연상시키고 싶어하는 기획된 이미지의 집합체라고 할 수 있다. 그리고 브랜드 이미지는 브랜드에 대한 소비자의 전체적인 인상을 의미한다. 브랜드를 만든다는 것은 이 둘 사이의 교집합을 넓혀 가는 것이라고 할 수 있다. 이것을 위한 모든 커뮤니케이션과 관리 활동이 마케팅이다.

을 뜻하고, 가득 차 있다는 것은 어딘가 비어 있는 듯하나 그의 쓰임이 무궁무진한 것을 말한다."

자신의 욕심을 비우고 고객의 요구에 맞춰서 독특한 위치를 설정하는 것이 중요하다는 말이다. 고객에게 흥미나 관심을 이끌어 낼 수 있으며 경쟁 쇼핑몰과 차별화할 수 있는 기준을 세우면 된다. 예를 들어 장난감을 파는 두 쇼핑몰을 비교해 보자. A 쇼핑몰은 국산과 일본산, 미국산이라는 국가 중심으로 카테고리 분류로 판매하고 연령에 맞는 장난감 구매 요령이라는 콘텐츠를 제공하고 있다. B 쇼핑몰에서는 건담, 마징가, 탱크, 군함, 비행기 등과 같은 종류 중심으로 판매 방침을 정하고 프라모델 제작법과 도색법이라는 주제에 대한 정보 전달에 목적을 두고 있다. 고객은 같은 장난감을 찾더라도 자신의 구매 목적에 맞는 쇼핑몰에서 물건을 구매하기 때문에 B 쇼핑몰의 사례와 같이 시장에서 자신의 목적을 명확히 해야 고객에게 어필할 수 있다.

2 | 고객의 요구 파악하기

"빛이 보이기 위해서는 어둠이 있어야 한다."

철학자 프랜시스 베이컨이 한 말이다. 어딘가를 밝게 보이게 하려면 어둠을 잘 사용해야 한다는 뜻이다. 그 빛은 과도하게 강렬할 필요는 없다. 주변보다 약간만 밝으면 된다. 여기서 빛이 우리 쇼핑몰이라면 어둠은 경쟁 쇼핑몰이나 매스미디어의 광고가 될 수 있다. 그런 자료를 수집하여 공통점을 정리하고 약간의 빛을 첨가한다. 예를 들어, 다이어트 쉐이크가 낱개 포장보다 저렴하다는 것과 다양한 종류의 맛을 제공하는 점이 장점이고, 들고 다니기 무겁다는 것이 단점이라고 해보자. 이런 장단점에 대한 중요도의 비율 등을 조사하고 이를 다음과 같이 정리한다.

우선순위	고객의 요구	우리의 대안
1	다이어트 쉐이크 가격	포장을 별도 개발하여 저렴한 리필용 제품 제작
2	다양한 맛	최대 10가지 이상의 맛을 확보
3	패키지의 무게(700g)	100g용 소량 포장 용기 별도 판매

3 | 슬로건 정하기

고객의 요구와 시장의 위치를 결정했다면 이제는 컨셉에 맞고 가능한 한 오래 기억될 수 있는 단어나 검색어를 정해야 한다. 다음과 같은 기준을 참고해 보자.

- 잠시라도 사람들이 머뭇거리거나 잊힌 단어는 좋지 않다.
- 고객층이 알 수 있는 단어이지만 일반인들에게도 어필할 수 있으면 좋다.
- 단어와 단어를 조합하는 것도 요령이다.
- 어렵지 않은 단어나 검색어의 뜻이 내포되어 있는 것이 중요하다.
- 카페나 주변 사람들에게 설문 조사를 해보는 것도 효과적이다.
- 제품에 숨겨 놓은 내용을 강조하다 보면 자칫 무엇을 판매하는지 고객이 이해하지 못할 수도 있다(예: 초콜릿을 판매하는 곳에서 '성공'을 강조하는 것).

4 | 검토하기

앞의 컨셉 도출 과정을 잘 수행했는지 확인하는 단계이다. 예를 들어, 무소음 마우스를 판매한다면 어떤 가치를 부여할 수 있을까? 다음 내용을 참고하여 컨셉을 확인해 보기 바란다.

검토	항목내용(예시)
컨셉이 독특한가?	조용한 공간에서 사용하는 무소음 마우스
컨셉이 간결한가?	미니멀리즘 디자인을 중심으로 강조
어떠한 차별성이 있는가?	휠 소리가 나는 타 제품에 대해 거의 완전한 무소음
제품과 연관성이 있는가?	학생들이 도서관이나 공공 장소에서도 부담 없이 사용할 수 있다는 점 강조
고객이 공감할 수 있는 이야기를 담았는가?	조용한 독서실이나 수업 시간에 과도한 클릭 소음으로 피해를 본 적이 있는 고객의 공감대 형성

8 완전하게 시작하기 보다 시작하면서 보완하자

쇼핑몰을 창업하기는 쉽다. 그러나 성공하기는 하늘의 별 따기보다 어렵다. 우리 셀러마케팅캠퍼스의 문을 두드리는 사장님들도 처음에는 안내해 드리는 대로 잘 따라오다가 파워 단계에서 좌절하는 경우가 많다. 더구나 적은 노력으로 큰 수익을 바라는 마음에 쇼핑몰로 월 천만 원을 버는 비결이 있다는 말에 솔깃한 사장님들일수록 쉽게 지친다.

마케팅 방향을 올바르게 설정하고 그에 대한 정성과 노력을 쏟으면 분명히 틈새시장이 보인다. 틈새시장을 열기 위해서는 광고에 일정 비용을 지출하는 것도 중요하지만 광고로 유입한 고객을 재방문하도록 만드는 방법이 더 중요하다. 어디 쇼핑몰뿐이랴! 쉽게 돈을 벌었다는 사람에게 전수받더라도 자신만의 노하우로 체득하지 못한다면 일시적인 성공은 할 수 있을지 몰라도 지속해서 성장하기는 어렵다.

그렇다고 절대 겁먹지는 말자. 지금 당장 팔아볼 수 있다. 백 번 설명을 듣는 것보다 한 번 팔아보는 게 낫다. 본격적으로 돈을 벌기 위한 모든 전략이 세워지고 상품 선정이 끝난 후에도 최소한의 절차, 수수료 등을 이해하지 못해 다시 교육을 받아야 하는 상황이 생길 수 있다. 온라인 쇼핑몰에서 물건을 팔 때는 일정한 수수료가 발생하고 판매하는 절차 역시 충분한 연습이 필요하다. 지금 당장 무엇을 팔아야 할지 모르겠다면 시간을 내서 인터넷을 한 바퀴 둘러보자.

제 16 장

사업 계획으로
당신 안에 잠든 거인을 깨우라

1 매출 목표 잡는 방법

사업을 계획할 때 가장 어려운 것이 매출 목표이다. 비용 투자와 인력 구조는 임의로 정하면 되지만 매출은 시장에서 물건이 팔려야 발생하기 때문이다. 사업도 시작하기 전에 매출 목표를 현실에 맞게 작성하기가 쉽지 않다.

1 | 가격과 제품 구성 조사하기

가격 조사는 쇼핑몰에서 판매하는 가격과 동일한 제품군의 판매 가격을 조사하고, 제품만 판매하는지 추가 보너스 제품을 포함하여 함께 판매하는지 등을 조사하는 것이 가장 합리적이다. 처음 쇼핑몰을 시작할 때는 분기별 제품 판매가가 가장 높은 2월, 5월, 7월, 12월의 4개월 동안 3일에서 일주일 정도의 단위 기간을 정하고 가격 비교 사이트를 검색하여 자신이 판매하려는 제품군의 가격대를 조사한다.

이 자료를 통해 자신이 판매하려는 제품의 가격대를 합리적으로 책정할 수 있으며 분기별/계절별 가격 정책에 대비한 재고량과 보너스 제품 품목 등에 대해서 판단할 수 있다.

조사 항목	경쟁사	제품 구성(예시)
매장 가격	25,000원	1+1 보너스 지급
오픈마켓 가격	24,500원	제품만 제공
사이트 가격	24,800원	제품+200포인트 지급
행사 가격	24,000원	주말한정 묶음 판매

가격 정책의 예시

실제로 가격이나 제품 구성을 조사해 보면 같은 제품이라도 계절이나 환경적 요인에 따라 차이가 나는 것을 알 수 있다. 일부 소셜커머스의 경우는 PCS(Price Comparison System) 할인이라는 시스템을 통해 인터넷 최저가에 맞춰서 자동으로 가격을 조정하기도 한다.

2 | 막연한 매출 목표라도 세우는 것이 중요하다

매출 목표를 막연하게나마 세우고 시작한 기업과 그렇지 않은 기업의 성공률은 차이가 있다. 사업은 매출 목표를 세우고 그 목표를 달성하기 위해서 모든 경영 자원을 동원하는 일련의 과정이기 때문이다. 막연하다고는 하지만 자신이 판매하려는 제품의 판매 가격이나 월 판매 수량 등을 작성해 보면 구체화할 수 있다.

3 | 매출의 3요소로 매출 목표를 세워 보자

마케팅의 궁극적인 목적은 매출 증대에 있다. 매출을 이루는 요소들을 세부적으로 분석해 보면 직접적으로 매출 증대에 기여할 수 있는 방향과 마케팅의 전략을 구상할 수 있다. 일반적으로 매출을 이루는 요소는 다음과 같다.

매출 = 결제 횟수 × 객단가

매출은 결제 횟수에 객단가를 곱하여 발생한다. 여기서 객단가는 고객이 1회 구매 시 평균적으로 결제하는 금액으로 상품의 가격을 뜻하는 '상품단가'와는 다른 개념이다. 결제 횟수를 늘리거나 객단가를 높이면 매출은 증가한다. 그렇다면 여기서 '결제 횟수'는 어떻게 늘릴 수 있을까? 결제 횟수는 다음과 같이 구분할 수 있다.

결제 횟수 = 방문 수 × 결제율

결제 횟수를 늘리는 방법은 쇼핑몰로 방문객을 늘리거나 결제율을 높이는 것이다. '결제율'이란 쇼핑몰 방문자가 결제로 이어지는 비율을 뜻한다. 이제 이 두 표를 하나로 합쳐보자.

매출 = 방문 수 × 결제율 × 객단가

이것을 매출의 3요소라고 부른다. 매출을 높이기 위해서는 방문 수를 늘리거나, 방문한 고객이 결제하는 비율을 높이거나, 1회 구매 시 결제하는 금액을 높이면 된다. 판매할 제품의 단가와 묶음 상품 구성을 고민하고 고객을 쇼핑몰로 유입하는 방법을 고려하면 대강의 매출액을 추산할 수 있을 것이다.

방문 수, 결제율, 객단가에 대한 세부적인 내용은 다음의 '매출 극대화 방안'에서 자세히 다루도록 한다.

4 | 매출 목표가 구체화되는 시기가 있다

매출 목표가 구체화되는 시기는 자신이 판매하려는 제품이 시장에서 어느 정도 판매될지 예측할 수 있을 때이다. 보통 자리가 잡힌 사업주는 제품을 시장에 내놓기 전에 베타테스터를 모집하여 반응을 본 후에 매출 목표를 구체화하기도 한다. 일반적으로는 마케팅이 활성화된 시점에서 매출 목표를 구체화할 수 있다. 대략적인 매출액을 산출하고 구체적인 근거 자료를 작성해 본다.

예상매출	기여품목	산출근거
3,000만 원	다이어트 쉐이크, 다이어트 차	• 더위가 시작되면서 건강에 대한 관심이 높아짐 • 인터넷 공동구매 사이트 10곳에서 동시 진행
1,500만 원	체중 증가제, 단백질 보충제	• 미세먼지로 인해 실내운동을 위한 헬스클럽 사용자 증가 • 키워드 상위 노출 전략과 광고 마케팅 병행

월 예상 매출액의 예

2 성과를 관리하는 차이점 분석

"측정할 수 없는 것은 관리할 수 없다."

피터 드러커가 한 이 말은 인터넷 쇼핑몰이야 말로 효과적인 마케팅 툴이라는 것을 반증한다. 다양한 수치를 직접적으로 관리할 수 있기 때문이다. 먼저 매출 목표를 예상해 보자. '목표'를 예상하기 위해서는 '현재'의 매출, 비용, 수익, 신규 고객 수와 기존 고객 수, 객단가를 파악해야 한다. 목표와 현재의 차이가 나는 수치가 쇼핑몰 운영의 성과 관리 포인트다. 예를 들어 보자.

첫째, 목표를 적는다. '매출 2천만 원 이상을 만들고 싶다.'처럼 구체적으로 적는다.

둘째, 첫 번째를 달성하기 위해 갖춰야 할 능력, 자질, 기술을 적어 보라. 예를 들면 제품을 사입할 자금과 인력 등을 적어 본다.

셋째, 두 번째와 관련된 지금 당신의 모습을 적어 보라. 예를 들면 '현재 매출 500만 원'이라고 적어 본다.

이제 둘째와 셋째를 대조하고 그 간격을 가늠해 보면서 목표를 달성하기 위한 방법을 고민한다. 이를 '차이점 분석'이라고 한다. 목표를 무리하게 잡으면 오히려 동기 부여가 안 된다. 반대로 목표를 너무 손쉽게 잡으면 목표 의식은 약할 수밖에 없다. 조금만 더 노력하면 달성할 수 있을 만큼을 설정하는 게 좋다. 구체적인 목표 달성 계획을 위해 앞에서 살펴본 매출의 3요소에 매출 500만 원이 발생하는 요소가 다음과 같다고 가정하자.

$$5{,}000{,}000원 = 1{,}000명 \times 10\% \times 50{,}000원$$

이 상태로는 매출 구조가 눈에 잘 들어오지 않는다. 조금 더 구체적으로 쪼개 보는 것이 좋겠다. '방문 수'의 경우 단순히 방문 수로 기록하기 보다는 방문자의 유입 경로에 따라 나누어 보자는 말이다. 가령 '기존 고객 재방문 수'와 '잠재 고객 방문 수'로 나눌 수 있다.

쇼핑몰 마케팅에서 기존 고객의 재방문 수는 꾸준하지 않은 반면 잠재 고객은 광고로 끌어들일 수 있다. 여기에 힌트를 얻어 다시 세분화해 보자.

① 기존 고객 재방문 수는 '기존 고객 수×재방문율'로 계산할 수 있다.
② 잠재 고객 방문 수는 상위 노출이나 직접 검색을 통한 '자연유입'과 광고를

통해 들어온 '광고유입'으로 나누어진다.

이를 단계별 공식에 적용하면 다음과 같다.

매출 = 방문 수 × 결제율 × 객단가

▼

매출 = (기존 고객 재방문 수 +잠재 고객 방문 수) × 결제율 × 객단가

▼

매출 = (기존 고객 수×재방문율(A)+자연 유입(B)+광고 유입(C)) × 결제율 × 객단가

방문 수를 '기존 고객 수×재방문율(A)+자연 유입(B)+광고 유입(C)'으로 세분화시키니 구체적인 마케팅 포인트가 눈에 들어온다. 이제 우리는 매출 목표 달성요소를 하나의 표로 정리할 수 있다.

항목	금액(원)	객단가	결제수	방문자 수(A+B+C)	기존고객 수X재방문율(A)	자연유입(B)	광고유입(C)	결제율
현재 매출	5,000,000	50,000	100	1,000	300	700	0	10%

현재 매출 성과 관리표(수정 전)

쇼핑몰로 유입된 방문 수가 부여한 기회를 매출로 연결하는 것은 '결제율'과 '객단가'의 역할이다. 위 표에서 결제율은 방문자 수(A+B+C)에서 실제 물건을 구매한 결제수를 나타낸다. 여기서 결제율은 100건 ÷ 1,000명 = 10%이다. 기회를 자신의 것으로 만들기 위해서는 먼저 그에 맞는 체질 개선이 이루어져야 한다.

위와 같은 분석을 통해 계획을 조정하고 수정하는 과정에서 체질은 건강해질 것이다. 현재의 매출 구조가 파악되었다면 이제 '목표 매출'을 잡을 수 있다.

항목	금액(원)	객단가	결제수	방문자 수(A+B+C)	기존고객 수X재방문율(A)	자연유입(B)	광고유입(C)	결제율
목표 매출	21,450,000	55,000	390	2,600	600	1,000	1,000	15%

목표 매출 성과 관리표(수정 후)

이 목표 매출을 달성하기 위한 방법들을 생각해 보자.

(A) 기존 고객을 대상으로 재방문을 유도하는 재방문 마케팅을 시도할 수 있다.

항목	목표(12월)	현재(1월)	전략 과제
매출액(월)	21,450,000	5,000,000	
기존 고객 수	1,500	1,000	홍보, 바이럴 활동 강화
재방문율	40%	30%	재방문율 높이기(DM 발송, 톡톡안내 등)
잠재 고객 방문수 (자연유입+광고유입)	2,000	700	상위 노출 관리, 키워드 광고 비용 증가
결제율(평균)	15%	10%	결제율을 높이기 위한 상세 페이지 구성
객단가	55,000	50,000	객단가를 끌어올리기 위한 제품 구성
매출원가	10,725,000	2,500,000	
운영비	6,620,000	2,600,000	
인건비	4,000,000	1,000,000	직원 충원, 바이럴 마케팅 진행
마케팅 비용	1,000,000	0	광고집행(키워드, SNS 등)
임대료	500,000	500,000	
기타경비	120,000	100,000	
영업 이익	4,105,000	900,000	

차이점 분석 분석과 전략 과제 도출

(B) 자연 유입을 끌어올리기 위한 상위 노출 세팅과 바이럴 마케팅을 할 필요가 있다.

(C) 광고 유입을 1,000명 끌어들이기 위해서 필요한 검색 광고와 SNS 광고 또는 CPC 광고의 비용을 추산해 볼 수 있다.

이제까지 정리한 현재 매출과 목표 매출을 하나의 표에 정리한 것이 왼쪽 페이지에 있다. 여기에서 차이점을 줄이기 위한 전략 과제를 도출할 수 있다.

목표 매출과 전략 과제를 달성하기 위한 마케팅은 네이버 스마트스토어의 비즈 어드바이저(https://bizadvisor.naveer.com)를 통해 관리할 수 있다. 계획이 아무리 좋아도 그것을 검증하고 개선하지 않으면 성과로 이어지기 어렵기 때문이다. 이러한 피드백 활동을 통해 광고 효율성이 개선되고 방문자가 많은 쇼핑몰로 체질 개선이 이루어진다.

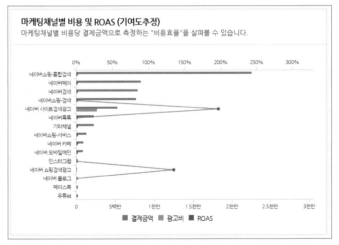

[네이버 스마트스토어 관리자 화면] 마케팅 채널별 비용 및 ROAS

3 마케팅 분석 도구, 비즈 어드바이저

데이터 분석 기술은 최강의 쇼핑몰을 위한 선택이 아니라 필수 요소다. 비즈 어드바이저는 네이버 스마트스토어 판매자들에게 상품 판매 및 마케팅 성과 분석을 제공하는 서비스다. 구매자 성별, 나이대 등 기본 정보뿐 아니라 네이버 AI 기술로 추정한 고객 결혼 유무, 가구 인원, 직업, 자녀 나이 등 삶 단계별 정보까지 제공한다.

성별과 나이가 같더라도 취업, 결혼, 출산, 육아 등 상황에 따라 쇼핑 니즈가 다르다. 고객이 스토어 방문 전 어떤 키워드를 검색했는지, 실제 구매로 이어진 비율, 비구매자 행동 등 입체 데이터로 더 많은 내용을 이해할 수 있다면 그에 맞는 마케팅 전략이 가능하다. 예를 들어 구매 고객 중 학생 비율이 높다면 상품들의 단가를 좀 더 낮추거나, 초등학생 자녀를 둔 부모의 비율이 높다면 초등학생 대상 상품군을 늘리는 전략을 짤 수 있다.

비즈 어드바이저 접속화면

비즈 어드바이저는 오프라인 상점의 POS기기를 온라인 스토어에 구현한 것이라고 보면 이해하기 쉽다. 어떤 상품이 얼마나 팔렸는지, 어떤 경로를 통해 우리 스토어에 들어와서 상품을 구매했는지, 어떤 키워드를 검색해서 유입되었는지 등에 대한 정보를 제공하고자 만들어졌다.

비즈 어드바이저 접속은 아래 두 가지 방법으로 가능하다.

---

1. 스마트스토어 판매자센터 로그인 후 좌측의 '통계' 메뉴 클릭

→ 통계 〉 Biz Advisor 고급분석 〉 화면에서 Biz Advisor 리포트 바로가기 클릭

2. 비즈 어드바이저 사이트 URL로 직접 접속

→ http://bizadvisor.naver.com/

각 항목의 메뉴는 다음과 같이 구성되어 있다.

항목	메뉴	설명
요약	• 전자상거래요약 • 오늘 보고서	전체 상황을 일목요연하게 볼 수 있다.
판매분석	• 판매성과 • 상품성과 • 상품/마케팅채널 • 상품/검색채널 • 상품/인구통계 • 상품/고객프로파일 • 상품/지역	일자별, 상품별, 결제고객별, 유입경로별로 판매성과를 분석할 수 있다. 상품별 단순한 판매수치가 아니라 유입 채널을 검토할 수 있고 고객의 프로파일도 다양하게 분석할 수 있다.
마케팅분석	• 전체채널 • 검색채널 • 검색채널 • 웹사이트채널 • 인구통계 • 시간대별	채널별, 키워드별로 유입수, 유입고객, 결제율, 기여 금액을 확인하여 마케팅채널의 효율을 파악할 수 있다.

항목	메뉴	설명
쇼핑행동분석	• 상품별 • 페이지별	고객의 사이트 내 행동을 분석하여 보여준다. 상품별 상세조회수와 결제를 연결하여 볼 수 있다.
시장분석	• 벤치마크	내 사이트의 지표와 다른 사이트 그룹의 지표를 비교하여 내 사이트의 각 지표별 위치, 효율 등을 파악할 수 있다.

1 | 요약

쇼핑몰 운영자 입장에서 가장 직관적으로 볼 수 있는 메뉴는 '요약'의 '오늘 보고서'이다. 이곳에는 일주일 전과 비교한 수치가 나타나 현재 판매 상황을 평가해 볼 수 있다. '판매/상품분석'의 그래프를 보면 파란색은 지난주의 매출 추세선이고 주황색은 오늘 매출 상황이다. 좌측의 '누적 결제금액'을 보니 시작부터 매출 그래프가 상승세를 타고 있음을 알 수 있다. 이번에는 우측의 '상품별 결제금액'을 보자. 오늘은 현재 시각이고 지난주는 24시간 판매 현황이므로 직접적인 비교는 저녁 마감 시점에 하도록 하자.

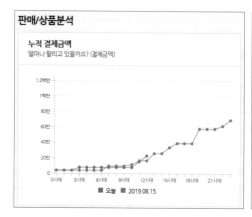
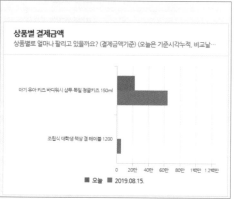

오늘 보고서 〉 판매/상품분석

이번에는 오늘 보고서의 마케팅 분석을 살펴보자. 지난 주와 비교할 때 역시 상승곡선이 가파름을 알 수 있다. 24시간으로 비교하면 일주일 전보다 더 높은 매출을 기록할 것으로 보인다. 채널별 유입수를 보니 구글 검색광고를 통한 주문이 늘었다. 새로 시작한 마케팅이 효과가 있음을 알 수 있다.

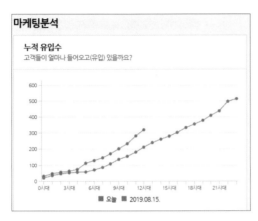
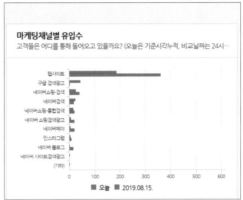

오늘 보고서 〉 마케팅분석

2 | 판매분석

판매분석은 팔린 제품의 유형과 특성을 분석하는 툴이다. 배송까지 마쳤다면 사후 관리 측면에서 유용한 도구일 것이다. 먼저 '상품/마케팅채널'의 마케팅채널별 결제를 살펴보자. '웹 사이트'를 통한 구매가 가장 높고, 다음으로 네이버 페이를 통한 구매가 높다. 네이버 페이를 통한 구매가 높은 이유는 고객이 기존에 장바구니에 담은 상품을 구매했기 때문이다. 즉 재구매 매출의 비중이 높다는 것을 알 수 있다.

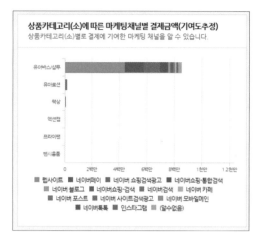

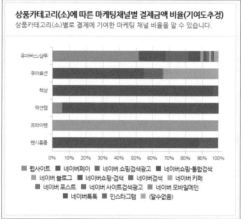

판매분석 〉 상품/마케팅채널

앞서 매출을 끌어올리기 위한 방법으로 객단가를 높이라고 말했다. '상품/고객프로파일'을 보면 그에 대한 실마리를 찾을 수 있다. 좌측의 그림을 보면 직장인의 구매비율이 압도적으로 높음을 알 수 있다. 시간 없는 사람들이 우리 쇼핑몰에서 손쉽게 구매할 수 있기 때문일 것이다. 우측의 그림을 보면 미취학 자녀를 둔 가정의 구매가 가장 높다.

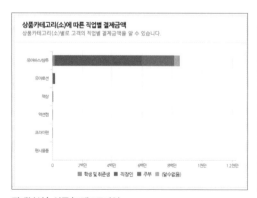

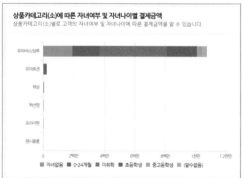

판매분석 〉 상품/고객프로파일

3 | 마케팅분석

지금까지 배운 마케팅이 어떻게 매출로 연결되는지 살펴볼 수 있는 메뉴다. '전체채널'을 보면 마케팅 채널별 기여도를 한 눈에 볼 수 있다. 주목할 부분은 우측의 '마케팅 채널별 비용 및 ROAS'이다. ROAS(Return On Advertising Spend)는 광고 비용에 지출 대비 회수액을 말하며 (매출액/광고비용)×100으로 계산한다. 그림에서 보면 '네이버 쇼핑검색광고'의 ROAS가 무려 3,415%이다. 광고비용으로 36,000원을 사용했는데 무려 120만 원 이상의 매출이 나왔기 때문이다. 이런 채널이라면 더 많은 비용을 투자하자는 의사 결정이 가능하다.

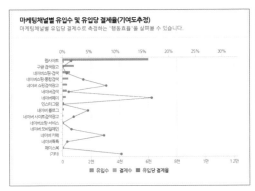
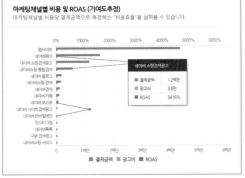

마케팅분석 〉 기여도추정

4 | 쇼핑행동분석

상품을 결제할 때 고객들의 주요 행동이 얼마나 일어나는지를 살펴보는 항목이다. 좌측의 그림에서 '유아바스/샴푸'는 상품 상세 페이지의 조회수는 높지만

결제율은 떨어진다. 반면 정리함은 조회수 대비율이 높다. 지표에 따라 페이지를
보강할 제품을 찾아서 집중할 수 있다.

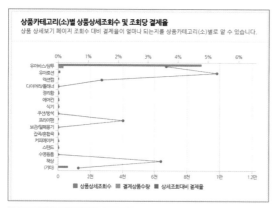

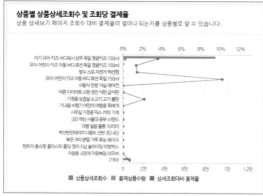

쇼핑행동분석

5 | 시장분석

마지막으로 '시장분석' 항목의 벤치마크 메뉴는 내 사이트의 지표와 다른 사이
트 그룹의 지표를 비교하여 내 사이트의 각 지표별 위치, 효율 등을 파악하는 메

뉴다. 네이버 스마트스토어끼리만 비교할 수 있다는 한계는 있지만 규모에 비해 경쟁사보다 어떤 마케팅 활동이 부족한지를 체크할 수 있으므로 성장하는 쇼핑몰이라면 꾸준히 체크할 필요가 있다.

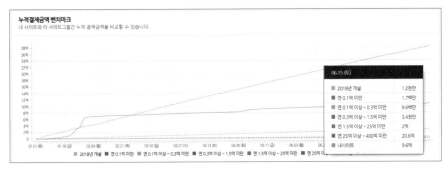

시장분석 〉 벤치마크

최강의 쇼핑몰은 하루아침에 이루어지는 것이 아니다. 그러나 위와 같은 요소들을 입체적으로만 관리한다면 전혀 불가능한 일도 아니다. 매출 목표를 달성하기 위한 전략은 어떤 것들이 있는지 살펴보자.

4 매출의 극대화 방안

매출 목표는 재무 목표를 설정하는 데 가장 중요한 영향을 미친다. 우선 특정 기간에 달성해야 할 매출 목표를 설정하는 것이 중요하다. 예를 들어 연간 1억 원의 매출을 달성하는 목표를 계획했다면 다음의 단계를 통해 달성 목표를 세울 수 있다.

비수기와 성수기의 마케팅 비중 설정하기

분배한 판매량과 결제율을 예측해 보면 성수기와 비수기가 나누어진다. 비수기라면 주문이 덜 몰리므로 돈이 별로 들지 않는 마케팅 활동 비중을 높일 수 있다. 성수기라면 판매량을 높이기 위해 광고를 활용한 마케팅 활동으로 쇼핑몰 방문 수를 늘여야 한다. 결제율을 높이기 위한 상품 구성을 통해 방문자가 구매를 할 수 있는 가능성을 끌어 올려야 한다.

1 | 비수기 마케팅 활동

홍보

블로그 포스팅, SNS 운영, 보도 자료 등을 통해서 소비자와의 관계를 강화하고 신뢰를 끌어 올리는 방법이다. 간접 광고의 성격을 띠므로 타깃이 콘텐츠에 집중할 수 있다. 홍보는 이슈 선정과 메시지 능력이 관건이다. 메시지의 호소력이 강한 경우는 구매 가능성이 높은 고객이 유입될 수도 있기 때문이다. 검색 트렌드를 중심으로 콘텐츠를 확산시키는 방법이 포인트다.

제휴

다른 쇼핑몰 운영자와의 제휴를 통해서 상품 구성을 특화하여 방문객 유입을 촉진할 수도 있다. 상품 구성만 좋다면 매출 자체에도 큰 도움을 받을 수 있다. 성과를 올리기 위해서는 윈-윈 전략이 가능하도록 만드는 제휴 설계가 관건이다. 다음은 졸저 「나는 이기적으로 읽기로 했다」를 출간하면서 청정원과 함께 고객

4   https://www.chungjungone.com/event/ing/ingDtl.do?seq=5102

이벤트를 진행한 사례다[4]. 기대 평을 작성한 사람들을 대상으로 도서를 제공하여 후기를 얻고, 참여했던 많은 사람들이 입소문을 내 주어 검색 결과에 많이 잡히는 두 가지 효과를 누릴 수 있었다.

나는 이기적으로 읽기로 했다 × 청정원 제휴 사례

2 | 성수기의 마케팅 활동

판매량을 높이기 위해서는 쇼핑몰 방문 수를 늘여야 한다. 여기서 가장 중요한 것이 바로 광고다. 키워드 광고, 배너 광고, 동영상 광고 등의 여러 툴을 활용해서 미디어믹스를 하는 것이 중요하다. 적은 비용으로 많은 방문자를 끌어모을 수 있는 효율성이 중요하다.

이러한 광고 역시 꾸준히 해야 한다. 쇼핑몰에 방문한 고객이 즉시 결제하는 경우는 많지 않다. 수차례 방문 후에 결정하는데 그 사이에는 여러 방해 요인이 있다. 고객과 꾸준히 커뮤니케이션을 함으로써 우리 쇼핑몰을 각인시키고 사업자에 대한 호감도를 높여야 광고를 통해 방문했을 때 결제로 연결시킬 수 있다.

광고비 지출 기준을 세운다

광고비는 쇼핑몰 운영에서 가장 유동적인 항목이다. 제한된 비용 속에서 효율적이고 합리적으로 관리해야 한다. 쇼핑몰을 시작한다면 매출 관리와 회원 확보를 위해 유료 광고에 대한 지출을 감수하여야 한다.

포털 사이트에는 개인 쇼핑몰부터 대기업이 운영하는 종합몰까지 폭넓은 광고주가 존재한다. 유료 광고에 집착할수록 이익률이 낮아진다. 따라서 주변에 흔들리지 말고 나름의 합리적인 기준을 세워 관리하는 것이 중요하다.

광고비 상한선을 정해 둔다

초기에는 검색 광고를 많이 하게 된다. 비싼 검색어의 경우 지출 제한을 두지 않으면 며칠 만에 비용이 훅 하고 빠져 나간다. 광고비를 초반에 소진해버리면 추가적인 마케팅이 불가능해서 난감한 상황에 봉착하게 된다.

14장에서 평균클릭비용(CPC, Cost Per Click)에 따라 1,000원 이상이면 경쟁이 심한 대표 검색어, 300원 미만이면 세부 검색어로 분류했다. 또 경쟁이 적어서 최하 단가를 형성하고 있는 70원짜리는 최저가 검색어라 불렀다. 광고비를 일정한 범위 내에서 관리할 수 있도록 가이드라인을 만들 필요가 있다. 이를테면 고가의 대표 검색어와 저렴한 연관 검색어의 비중을 관리하고 너무 과열된 키워드는 입찰을 포기하는 방식으로 점차 비용 대비 효율성이 높은 키워드를 확보하는 것이 좋다.

대표 검색어는 입찰 가격이 높아 광고비 지출을 감당하기 어렵다. 경우에 따라 대표 검색어를 사용해야 하는 경우가 있을 수는 있지만, 상위 노출이나 구매 고객의 재구매가 원활히 이어지면 재빨리 연관 검색어나 세부 검색어를 통해 저렴한 CPC 광고를 운영해야 한다.

재방문율 높이기

광고를 늘리면 매출이 늘어난다는 말은 새로운 잠재 고객의 방문 수를 늘릴 수 있기 때문이다. 한 번 들어온 고객이 재방문을 하도록 유도하는 것은 온전히 쇼핑몰 운영자의 몫이다. 재방문 비율은 경영자의 경험치에 해당한다. 대개의 평균치는 업계에 따라 조금씩 차이가 있다. 대표적인 재방문 유도 방법은 다음과 같다.

스마트스토어의 고객관리 툴

1 | 쿠폰 지급

첫구매 고객이나 재구매 고객에게 타깃팅을 통해 쿠폰을 발급할 수 있다. 기존 회원을 대상으로 재구매를 유도할 수 있어 비용이 저렴한 핵심 마케팅 툴이다. 다양한 행사를 기획하면 생각보다 좋은 성과를 거둘 수 있다.

2 | 포인트 지급

포인트는 판매자가 구매에 따라 지급하는 적립금이다. '상품 구매 시 지급'과 '구매평 작성 시 지급'의 두 가지로 정책을 정할 수 있으며 구매자가 혜택을 받는 만큼 판매자의 정산금에서 차감된다. 모든 정산은 네이버 시스템으로 진행된다. 구매자는 포인트로 다른 제품을 구매할 수 있다.

고객이 물품을 받으면 네이버 알림이나 메일로 '주문하신 상품 받으셨나요? 받으셨다면 구매 확정해 주세요.'라는 메시지가 전달된다. 메시지에 따라 고객이 구매 확정을 누르면 구매 후기를 작성하는 페이지로 이동된다.

구매 후기의 개수는 강력한 홍보 수단이다. '구매평 작성 시 포인트 지급'을 체크했다면 웬만한 고객은 구매평을 작성한다. 네이버쇼핑의 '굿서비스'[5] 인증을 받기 위해서는 이 평점의 평균이 4.5 이상이어야 하니 관리에 각별히 주의하기 바란다.

3 | 스토어찜 할인

구매 시 스토어를 '찜'한 고객에게 적용되는 추가 할인 혜택이다. 스토어찜은

---

5   굿서비스는 최소 판매 건수 20건 이상인 판매자를 기준(구매 확정 기준, 구매 확정 후 취소 제외)으로 특정 서비스 조건을 모두 충족한 판매자에게 부여되는 서비스 만족도 기준이다. 굿서비스 조건을 만족하는 판매자는 상점명 아래 '굿서비스'가 표시된다.

나의 스마트스토어를 즐겨찾기 하는 것이다. 찜하면 로그인 시 네이버 곳곳에서 스토어 소식이 전달되므로 재구매로 연결될 가능성이 높다.

결제율 높이기

결제율은 쇼핑몰로 유입된 고객이 구매로 이어지는 비율을 말한다. 사업자에 대한 신뢰, 상품 경쟁력 등에 큰 영향을 받는다. 문제는 어느 한순간에 상품 경쟁력을 높일 수도 없고 사업자의 브랜드 인지도를 높일 수도 없다는 점이다. 따라서 장기적인 안목으로 다음과 같은 부분을 개선하려는 노력이 요구된다.

1 | 제품 경쟁력

결제율을 높이기 위해서는 '고객이 원하는 상품'이 준비되어야 한다. 알아서 잘 팔리면 걱정이 없겠지만 그런 일은 드물다. 같은 상품이라 하더라도 이를 어떻게 포장하고 어떻게 구성하느냐에 따라서 별개의 상품이 될 수도 있다. A를 사러온 고객에게 B를 구매하도록 만드는 노력이 필요하다.

2 | 상세 페이지

제품을 구매하는 고객들은 실제 제품은 보지 못한 채 상세 페이지에 적힌 내용과 이미지만 보고 구매 결정을 한다. 결제율을 높이는 것은 제품이 아니다. 쇼핑몰 상세 페이지의 내공이다. 상세 페이지에서 고객의 필요성을 충족시키는 내용이 있다면 고객이 결제를 하게 될 가능성은 높아질 것이다. 고객이 원하는 상품을 준비했다면 쇼핑몰 상세 페이지에 신뢰와 믿음을 담아보자.

객단가 높이기

객단가는 고객이 1회 구매 시 결제하는 금액을 뜻하므로, 한 번 결제할 때 고객이 더 비싼 상품을 구매하도록 하거나 더 많은 상품을 구매하도록 유도하는 것이 중요하다. 객단가에 영향을 미치는 요소는 아래와 같다.

1 | 상품 단가

상품의 가격 자체를 올리면 객단가는 당연히 올라간다. 일반적으로 경쟁 상황에서 가격을 올리면 결제율이 떨어지기 때문에 쉽게 결정할 수 있는 부분은 아니다. 아이러니하게도 가격을 올리면 결제율이 상승하는 경우도 비즈니스 현장에서는 얼마든지 볼 수 있다. 표준화가 되어 있는 상품에서 상품 단가와 결제율은 반비례하지만, 상품 품질을 쉽게 판단하기 어려워 상품에 대한 기대만으로 구매를 결정해야 하는 경우는 예외적으로 결제율이 상승할 수도 있다. 경험상 무리한 단가 조정은 처음에는 매출이 오를지 몰라도 일시적일 뿐이다. 결국은 전보다 매출이 떨어져 위험한 지경에 이르게 된다. 초반에는 우선 고객 늘리기에 모든 역량을 집중해야 한다.

2 | 상품 구성

한 번에 상품을 많이 구매하도록 하면 객단가는 높아진다. 이를 위해서 가장 많이 사용되는 방법은 여러 가지 옵션을 사용하여 고객에게는 추가적인 만족을 제공하면서 1회 구매시 결제액을 올리는 것이다. 또 세트 상품을 구성하거나 일정 금액 이상의 구매 고객을 위한 사은품 증정 이벤트 등을 통해서 더 많은 상품을 구매하게 할 수도 있다.

3 | 관련 제품 추천

하나의 상품을 구매할 때 관련 상품을 제시함으로써 더 많은 상품을 구매하도록 유도할 수 있다. 의류나 인테리어 소품의 경우 코디를 제안하는 등의 방법이 대표적이다. 이러한 방법들은 단지 상품으로 구성된 것만으로는 부족하고 적절한 타이밍에 적절한 위치에서 제시되어야 하므로 쇼핑몰에 구현하는 방법이 더욱 중요하다.

5　계절 변동 지수 고려하기

세계적인 컨설턴트 브라이언 트레이시(Brian Tracy)는 이렇게 말했다.

"얼마나 빨리 실행에 옮기는지가 성공을 가르는 열쇠다."

어느 업종이든 달마다 매출의 차이가 발생하는 계절적 요인이 있다. 패션의류라면 봄이 오는 2, 3월과 가을 시즌인 8, 9월의 매출이 평균보다 높다. 특산물이나 선물세트라면 설과 추석이 대목이다. 이처럼 계절에 따른 매출의 변동률을 평균치와 비교해서 평균보다 높은지 낮은지에 따라 가중치를 두는 것을 '계절 변동 지수'라고 한다. 계절 변동 지수를 사용하면 상황을 '빠르게' 파악해서 실행력을 끌어 올릴 수 있다.

계절 변동 지수는 과거의 연매출을 12개월로 나누어 월평균 매출을 구한 다음 그달의 실제 매출을 월평균 매출로 나누어서 구한다. 예를 들어 월평균 매출이 1,000만원이고 12월 매출이 1,500만 원이었다고 하자. 1,500만 원 ÷ 1,000만 원 = 1.5가 된다. 이 수치가 12월의 계절 변동 지수이다. 계절 변동 지수를 월별 매출 목표에 곱하면 이것이 실현 가능한 매출 목표가 된다.

목표를 현실적으로 만드는 데에는 경비 절감도 중요하다. 효율적인 비용 관리는 비수기를 버티는 저력이기 때문이다. 임대료 등의 고정비와 사입비 같은 변동비는 경비 절감 방법에서 약간의 차이가 있다.

임대료와 같은 고정비를 줄이는 방법을 생각해 보자. 고정비가 수익성을 압박하는 경우에는 한 푼이라도 절약하는 것이 중요하다. 일단 사업계획서를 들고 은행의 대출담당 직원과 이야기를 나눠 보자. 분명한 수치를 갖고 상대를 설득하거나 조건이 더 좋은 은행 거래를 찾아보는 것이다.

재료비 등의 변동비는 무리하게 절감할 게 아니라 평소의 재고 관리를 통해 낭비를 줄이는 게 최선이다. 특히 광고비 등의 비용 지출은 목표가 필요하다. 지출할 예산 계획을 미리 세워 두면 필요한 경비를 제때 쓸 수 있다. 주변에 보면 뭐든 잡비로 처리하신다는 분이 계신다. 아무리 적은 금액이라도 불필요한 잡비나 사용처가 불분명한 돈이 가급적 없어야만 건실한 재무 관리가 가능해진다.

매출 목표를 세웠다면 직원들과 공유하여 월별 목표, 매일 목표 수치를 관리하면서 필요하다면 그때그때 궤도를 수정하는 것도 필요하다. 한 걸음 한 걸음 묵묵히 걷는 가운데 쇼핑몰의 목표는 반드시 이루어진다. 중요한 것은 가게의 미래를 위해 지금 무엇을 해야 할까를 늘 고민하고 행동에 옮기는 것이다. 결코 눈앞의 일만을 보지 않고 미래를 응시하며 시간과 비용의 낭비를 막아야 한다.

지금까지 매출 목표를 달성하기 위한 핵심 항목을 살펴보았다. 이외에도 개별 항목에 영향을 미치는 요소는 무수히 많다. 또한 그 요소 하나하나가 굉장히 많은 내용을 담고 있다. 대부분의 중소 사업자는 매출을 높이는 마케팅이라고 하면 광고나 홍보를 먼저 떠올리지만, 이는 전체의 일부분에 지나지 않는다. 쪼개고 세분화하여 목표를 구체화하는 것이 최강의 쇼핑몰로 가는 지름길임을 잊지 말자.

항목	1월(현재)	2월	3월	...	10월	11월	목표(12월)
매출 목표	5,000,000	7,000,000	7,500,000		15,000,000	20,000,000	25,000,000
계절 변동 지수	1.00	1.20	1.34		1.00	0.80	0.86
지수반영 예상매출	5,000,000	8,400,000	10,050,000		15,000,000	16,000,000	21,450,000
기존고객 방문수	1,000	2,125	2,000		1,000	1,056	1,500
재방문율	30%	32%	34%		40%	40%	40%
잠재고객 방문수	700	1,000	1,330		1,500	1,800	2,000
결제율(평균)	10%	10%	10%		10%	12%	15%
객단가	50,000	50,000	50,000		60,000	60,000	55,000
매출원가	2,500,000	4,200,000	5,025,000		7,500,000	8,000,000	10,725,000
운영비	2,600,000	2,620,000	2,620,000		3,620,000	3,620,000	3,620,000
인건비	1,000,000	1,000,000	1,000,000		2,000,000	2,000,000	2,000,000
마케팅 비용	1,000,000	1,000,000	1,000,000		1,000,000	1,000,000	1,000,000
임대료	500,000	500,000	500,000		500,000	500,000	500,000
기타경비	100,000	120,000	120,000		120,000	120,000	120,000
영업 이익	−100,000	1,580,000	2,405,000		3,880,000	4,380,000	7,105,000

차이점 분석에 계절 변동 지수를 반영한 연간 사업 관리(단위 : 원)

6 재무 계획을 세워보자

높은 매출을 올리려면 기초 체력이 튼튼해야 한다. 기초 체력은 자금 관리다. 어떤 부분을 절약하고 어떤 부분에 공격적인 투자를 해야 하는지 철저한 계획이 사업을 지속하는 힘이다.

비용 목표를 세우는 데 필요한 자료 조사하기

살림을 맡은 주부는 매 끼니마다 무엇을 먹을지 고민한다. 마찬가지로 사업을 운영하는 데에는 소요되는 비용을 예측할 필요가 있다. 제품의 구매 원가나 임대료, 인건비, 광고비, 기타 경비 등의 비용이 여기에 속한다. 사업을 성공시키기 위해서는 잘 버는 것도 중요하지만 잘 쓰는 것도 중요하다. 비용 지출이 과도하면 매출액이 높아도 순수익이 적어져서 쇼핑몰을 운영할 의욕이 사라진다. 비용 지출에 대한 재무 목표를 정확하게 세우고 이를 관리하는 것이 중요한 이유다.

1 | 제품 원가 관리

제품 원가는 판매할 제품을 운영자가 구매하는 가격을 말한다. 제품의 원가를 관리하기 위해서는 많은 사입처를 확보해 두고 사입처별 구매 가격의 동향을 확인하는 것이 중요하다. 국내의 제품 생산처나 해당 분야와 관계된 해외 원자재의 가격 흐름을 파악[6]하여 시점을 잡고 적당량의 선 매입을 시행하는 것 역시 고려할 만하다.

커피숍을 운영하는 선배를 만난 적이 있다. 날씨가 더워지면서 신상품으로 버블티를 만들었는데 인기가 좋다는 것이다. 대박이 나서 좋겠다는 내 말에 선배는 고개를 저었다.

---

[6] 원자재 가격의 동향은 한국수입업협회에서 운영하는 원자재가격정보 사이트(http://www.koimaindex.com)를 통해서 확인할 수 있다. 수입 원자재 종목과 월간 단위로 원자재 가격의 동향을 확인할 수 있어 편리하다.

[7] 인건비 통계는 국가통계포털(http://kosis.kr)에서 대략적인 규모를 확인할 수 있다. '국내통계' → '주제별통계' → '고용 · 임금' → '임금' → '중소제조업직종별임금조사'를 찾아 분야별로 살펴보면 책정해야 할 인건비의 대략적인 기준을 설정할 수 있다.

"이 재료를 대만에서 수입하는데 스타벅스에서 수입처의 버블 재료 전량을 독점 계약했지 뭐야. 우리 같은 작은 업체는 구할 데가 없어서 조만간 대만에 출장을 다녀올 예정이야."

이런 대량 구매가 아니라도 일정량의 선 매입은 쇼핑몰의 가격 동향에 상관없이 일정한 제품 원가를 관리하는 데 도움이 된다. 제품 생산처의 관계자와 간접적인 도움을 받을 수 있을 정도로 유형·무형의 관계를 맺어두는 것도 필요하다.

2 | 인건비 관리

쇼핑몰은 보통 소규모 인력으로 운영된다. 인건비는 대표적인 고정비에 속한다. 기본적인 인건비 책정은 국가통계포털의 인건비 통계[7]를 기준으로 하고 운영하는 쇼핑몰의 사업 규모에 맞춰서 관리하면 효과적이다. 국가통계포털에서 제시하는 기준은 다음의 두 가지다.

첫 번째는 매출액 대비 비율로 인건비를 산정하는 방법이다. 월평균 매출액 기준으로 인건비 비율을 책정하고 그 비율을 넘지 않도록 관리하는 것이다.

두 번째는 운영자 인건비를 미리 책정하는 방법이다. 가족이 운영하는 경우 운영자의 인건비를 책정하지 않는 경우가 많다. 본인은 그렇다 쳐도 가족의 경우는 의욕을 떨어뜨린다. 본인을 포함하여 운영자의 인건비를 책정하고 이를 전체 재무 목표에 반영해야 합리적인 재무 목표를 설정할 수 있다.

추정 손익계산서

추정 손익계산서는 전제 매출에서 매출을 발생시키는 데 필요한 원가와 비용을 제외하고 수익이 얼마나 발생하는지 도표로 만든 것이다. 연 단위를 기준으로 일반적으로 3~5년의 기간을 추정하여 작성한다.

구분		2020년
매출액		100,000,000
매출원가		30,000,000
매출 총이익		70,000,000
일반 관리비	인건비	30,000,000
	운영비	10,000,000
감가상각비		500,000
기타 잡비		1,000,000
영업 이익		28,500,000
영업외 비용		500,000
세전 이익		28,000,000

손익계산서 양식(단위 : 원)

추정 재무상태표

기업의 재무상태를 나타내는 재무제표로 대차대조표가 있다.[8] 기업회계기준에 따라 감사를 받는 법인이나 복식부기를 적용하는 경우는 대차대조표를 재무상태표라고 부른다. 2008년 미국발 금융위기 이후 기업회계기준 개정으로 명칭이 변경된 것이다. 재무상태표는 자산과 부채 및 자본으로 구성되어 있으며 복식부기의 원리에 따라 자산총액은 부채와 자본의 합계액과 일치하게 되어 있다.

자산 = 부채 + 자본

이 방정식에서 부채와 자본은 자금의 조달 원천이고 자산은 조달된 자금의 운용상태를 보여준다. 부채는 주주 이외의 채권자로부터 조달한 자금이다. 매입채무, 단기차입금, 장기차입금 등이 이에 해당한다. 부채는 결산시점 현재 상환기

8　상장기업과 외부감사 대상 기업의 경우 재무상태표라고 하며 중소기업 적용 중소기업회계기준에서는 대차대조표라고 한다.

간을 기준으로 1년 이내의 부채를 유동부채로 1년을 초과하여 상환하는 채무를 비유동부채로 분류한다. 자본은 자산총액에서 부채를 차감한 잔여분을 나타낸다. 주주가 납입한 금액과 가져갈 수 있는 이익금으로 납입자본금, 자본잉여금, 이익잉여금으로 구성된다.

재무상태표의 구성 항목을 추정하는 순서는 부채 또는 자본을 먼저 추정하여 부채 및 자본총액을 산출한 후 비유동자산, 현금을 제외한 유동자산, 현금의 순으로 추정한다.

분류	항목
부채의 추정	• 매입채무: 매입채무회전기간을 산출하여 추정연도의 매출액에 적용하여 산출한다. • 단기차입금: 초기투자비용 중 운전자금을 단기차입금으로 조달한 경우 가산한다. • 유동성장기차입금: 결산일 현재 상환기일이 1년 이내로 도래하는 상환예정액은 장기차입금에서 '유동성장기차입금' 과목으로 대체한다. • 기타 유동부채: 매출과의 연계성 정도를 검토하여 합리적으로 추정한다. • 장기차입금: 기존의 장기차입금에 1년 이내에 상환기일이 도래한 금액을 차감하고 초기투자비용 중 장기차입으로 조달하는 금액을 가산한다. • 기타 비유동부채: 과거 실적에 추가 발생되는 내용을 합리적으로 반영한다.
자본의 추정	• 납입자본금: 실적 자본금에 초기투자비용 중 증자로 조달하는 금액을 가산한다. • 자본잉여금: 실적 자본잉여금에 당해 연도에 주식할증발행이 있는 경우 할증액을 자본잉여금에 가산한다. • 이익잉여금: 실적 이익잉여금에 당해연도 당기순이익 또는 당기순손실을 가감한다.

부채와 자본의 추정이 완료되면 '부채및자본총계'를 산출하고 이를 기초로 자산에 해당하는 계정과목을 추정한다.

---

9   감가상각충당금은 해당 비유동자산의 취득가액에서 차감하여 실제잔액을 파악할 수 있도록 해당 자산계정과목 바로 밑에 차감 형식으로 표기한다.

10   이는 이익금 내지 감가상각비를 원천으로 형성된 자금이 여타 자산에 투입되고 나머지는 전부 현금으로 보유한다는 관점을 반영하는 것이다.

분류	항목
자산의 추정	• 비유동자산: 실적 비유동자산 금액에 초기투자비용 중 토지, 건물, 기계, 비품 등 비유동자산 투자액을 해당과목 금액에 가산한다. • 감가상각충당금: 각 비유동자산의 감가상각충당금에 매 연도의 비유동자산별 감가상각비를 가산한다.[9] • 매출채권: 매출채권회전기간을 연도별 매출액에 반영하여 산출한다. • 현금 제외 기타 유동자산: 매출액과의 연동성을 고려하여 합리적으로 추정한다. • 현금계정: 부채와 자본의 추정을 통하여 산출한 '부채및자본총액'에서 '현금을 제외한 유동자산 및 비유동자산 합계액'을 차감한 잔액 전액을 반영한다.[10]

7 손익 목표 성과 관리하기

투자 성과 분석 기법

투자 성과를 분석하는 기법으로서는 회수기간법, 순현재가치법, 내부이익률법, 회계적이익률법 등이 있다. 그중에서 순현재가치법과 내부이익률법은 대규모 투자분석에 적용하는 방법이다. 회수기간법은 계산이 쉬워서 많이 활용되는 방법이다. 회계적이익률법은 추정재무제표의 정보를 활용하는 방법으로 스마트스토어 운영자에게 추천하는 방법이다.

| 수익성 성과지표 |

• 매출액영업 이익률 $= \dfrac{\text{영업 이익}}{\text{매출액}}$

해석 | 높을수록 양호하며 과거 실적 또는 동업종 평균실적과 비교한다.[11]

• 매출액순이익률 $= \dfrac{\text{세후순이익}}{\text{매출액}}$

해석 | 높을수록 양호하며 과거 실적 또는 동업종 평균실적과 비교한다.

- 총자산순이익률 $= \dfrac{\text{세후순이익}}{\text{총자산}}$

  해석 | 높을수록 양호하며 과거 실적 또는 동업종 평균실적과 비교한다.

- 이자보상비율[12] $= \dfrac{\text{영업 이익}}{\text{지급이자}}$

  해석 | 산출값이 1 이하이면 영업 이익으로 지급이자를 상환하지 못하는 위험한 상황이다. 1.25이면 겨우 이자를 지급하면서 생존을 유지하는 수준이고 3 이상이면 무난한 수준이다. 5 이상이면 상당히 양호한 수준으로 해석한다.

손익분기점 분석

1 | 손익분기점 분석이 뭔가요?

매출액과 비용이 같아져서 더는 손실이 발생하지 않게 되는 판매량을 손익분기점라고 한다. 사업의 목적은 이익 실현이지만 창업 초기에는 손실 발생이 불가피하다. 따라서 지속해서 사업을 유지하기 위해서는 최대한 빠른 시간 안에 손실을 메우는 것이 중요하다. 창업 또는 사업 확장 후 손익분기 매출의 실현이 가능한 시점을 파악하면 자금수지 등에서의 차질을 예방하고 효과적으로 판매 관리를 할 수 있다.

---

11 동업종평균실적은 한국은행의 연간보고자료인 '기업경영분석'에서 업종별 실적을 발표하고 있다.

12 엄격한 의미에서 수익성 평가 지표가 아니고 안정성 평가 지표에 해당하나 영업 이익으로 지급 이자를 상환할 수 있는지 여부는 사업의 상환능력을 점거하는 중요한 지표이다.

2 | 고정비와 변동비를 나누어 계산하자

손익분기점을 찾기 위해서는 제조 비용과 판매 관리비를 변동비와 고정비로 분해하는 것이 효과적이다. 한국은행에서 비용의 고정비, 변동비 분해와 관련하여 다음과 같이 간편한 방법을 제시하고 있다.

> 총비용 = 매출 원가+판매비 및 일반관리비+영업외 비용(지급이자)
>
> 고정비 = 판매비 및 일반 관리비+영업외 비용+(인건비x1/2)+제조 경비－외주 가
> 공비
>
> 변동비 = 총비용－고정비

3 | 손익분기점의 매출 수량과 매출액을 알아 보자

손익분기점은 고정비와 변동비의 합계인 총비용이 매출액과 같아지는 판매량을 말한다. 아래의 공식을 활용하여 계산할 수 있다.

> 손익분기점 매출 수량 = 고정비/(판매 단가 – 제품 단위당 변동비)
>
> 손익분기점 매출액 = 고정비/(1 – 제품 단위당 변동비/매출 단가)

> **| 손익분기점 분석 사례 예시 |**
>
> (주)셀마캠은 장난감을 판매하는 업체다. 장난감은 개당 6,000원에 매입하여 10,000원에 판매하고 있다. 매장 임대료는 월 1,500,000원이고 컴퓨터와 책상 등의 설비에 대한 감가상각비는 500,000원으로 총 고정비가 매월 2,000,000원이다. 다른 비용은 없다고 가정하자.
>
> 이 회사는 장난감을 몇 개 팔아야 더 이상 영업 손실이 발생하지 않는가? 또 이

때의 매출액은 얼마가 되어야 할까?

해답 | 손익분기점 매출수량 = 2,000,000원/(10,000원 − 6,000원) = 500개
　　　 손익분기점 매출액 = 2,000,000원/(1−6,000/10,000) = 5,000,000원

이 경우 손익분기점 매출 수량 500개의 매출액은 5,000,000원(500개x10,000원/개)으로 총비용은 고정비 2,000,000원과 변동비 3,000,000원(500개x6,000원)의 합계액인 5,000,000원과 동일하다. 이 지점에서 더 이상 영업 손실이 발생하지 않게 된다.

4 | 손익분기점 비율과 안전율이 뭔가요?

손익분기점 비율은 손익분기점 매출액 대비 실제 벌어들인 매출액의 비율이다. 이 비율이 100%를 초과하면 손실이 발행한 것을 나타내고 100%보다 낮으면 손익분기점을 초과하는 매출 실현을 함으로써 영업 이익이 발생한 것으로 해석된다.

손익분기점 비율 = 손익분기 매출액 / 매출액

손익분기점 비율이 작으면 작을수록 수익성이 좋은 것이다. 매출 구조가 안정적이라는 의미에서 매출액과 손익분기점 비율의 차이를 '안전율'이라고 부른다. 손실이 발생하지 않는 수준이라는 말이다.

예를 들어 손익분기점 비율이 95%라고 하자. 이는 안전율이 5%라는 말과 같다. 매출 하락, 즉 판매 수량 또는 판매 단가의 하락이 5%만 발생해도 손실이 발생한다는 뜻이다. 원가 관리 내지는 판매량 증대, 판매 단가의 유지 등의 노력이 필요하다는 것을 직관적으로 파악할 수 있다.

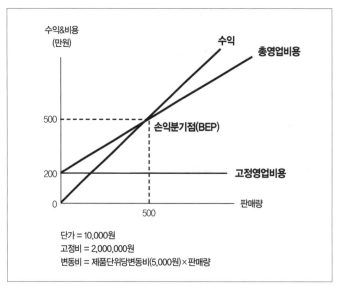

손익분기점 분석 도표

안전율 = 1 − 손익분기점율

5 | 목표 이익을 실현하기 위한 매출액은 어떻게 알 수 있나요?

우리의 목표는 이익을 남기는 것이다. 손익분기점 매출을 초과하여 목표 영업이익을 달성하기 위한 판매량과 매출량을 구하는 방법을 알아보자. 손익분기점 분석 방법을 아래와 같이 응용하면 된다.

> 목표이익 달성 매출 수량 = (고정비+목표 영업 이익)/(매출단가-제품단위당변동비)
>
> 목표이익 달성 매출액 = (고정비+목표 영업 이익)/(1-제품단위당변동비/매출단가)

> **| 목표이익 산출 사례 예시 |**
>
> 앞의 사례에서 (주)셀마캠이 월 1,000,000원의 이익을 내려면 매출 수량과 매출액은 각각 얼마가 되어야 하는가?
>
> 해답 | 매출 수량 = (2,000,000원+1,000,000원)/(10,000원-6,000원) = 750개
>
> 매출액 = (2,000,000원+1,000,000원)/(1-0.6) = 7,500,000원

손익분기점 분석 기법은 모든 비용을 고정비와 변동비로 분류할 수 있다는 가정을 전제로 한다. 문제는 고정비와 변동비로 나눌 수 없는 경우도 있다는 것이다. 그러나 사용 방법이 간편하고 목표 이익을 관리하기 쉽기 때문에 투자 규모를 불문하고 거의 모든 사업에 대한 손익관리 수단으로 활용되고 있다.

6 | 손익을 관리하는 방법이 있나요?

수익이 나는 기준은 손익분기점(BEP, Break Even Point)이다. 처음에는 매출이 0인 상태에서 시작하므로 초기 비용만큼 손실이 발생하다 영업이 개시되고 물건이 판매되면서 매출이 비용을 상쇄하는 분기점에 도달한다. 앞에서 비용은 변동비와 고정비로 나눈다고 배웠다. 변동비는 매출원가와 같이 매달 달라지는 비용을 말하고 고정비는 인건비나 임대료와 같이 고정적으로 나가는 비용을 말한다.

사무실 인테리어를 하거나 책상 등의 집기를 구매한 비용도 고정비에 해당되는데, 이런 비용은 매월로 나누어서 매출대비 수익률을 산정해야 정확한 손익분기점을 찾아낼 수 있다. 집기 등의 비용을 매월로 나누어 비용처리 하는 것을 감가상각이라고 한다.

구분	1월	2월	3월	4월	⋯⋯	11월	12월	합계(만원)
매출액	0	100	700	800	⋯⋯	1,000	1,200	15,000
변동비(영업 비용)	150	200	300	300.	⋯⋯	550	600	8,000
고정비(인건비, 감가상각비)	420	420	420	420	⋯⋯	420	420	5,000
손익	−570	−520	−20	80	⋯⋯	30	180	2,000

연간 손익계산서 사례

이해를 돕기 위해 앞의 표를 살펴보면 4월에 손익분기점을 넘은 것으로 나온다. 손익분기점은 사업의 현금 창출 능력을 가늠해 볼 수 있는 중요한 지표이기 때문에 도달하는 기간을 짧게 만드는 것이 중요하다. 손익 관리는 보통 회계기간이나 연 단위로 계산하는 것이 가장 좋다.

7 | 온라인에서 팔면 세금을 내지 않아도 되나요?

어디에서 어떻게 돈을 벌었든 간에 소득이 생겼다면 반드시 세금을 내야 한다. 주유소에서 시간제 아르바이트를 한다고 해도, 한 시간짜리 강의를 해도 세금을 제외한 돈을 받게 된다. 매출이 적은 개인사업자라고 해서 절대로 세금이 면제되는 것이 아니다. 집에서 쓰던 물건을 띄엄띄엄 올려 용돈 벌이를 하는 수준이라면 모르겠지만 반복적인 상거래 행위로 이익을 추구할 생각이 있다면 다음 단계를 기억하자.

① 관할 세무서를 방문, 일단 '간이과세자'로 개인사업자등록을 하고,

② 관할 구청에서 통신판매업 신고를 한 후

③ 스마트스토어에서 '사업자 회원'으로 가입하여 시작하는 것이 좋다.

물론 개인 회원으로 어느 정도 판매를 해 보다가 수익성에 대한 확신이 들 때 ①~③의 절차를 밟아도 늦지는 않다.

이 세상에 피할 수 없는 것은 '죽음과 세금' 밖에 없다는 말이 있다. 세금을 고려하지 않고, 또는 세금을 완전히 무시하고 온라인에서 장사한다는 것은 한마디로 위험한 행위다.

<u>8</u> 실행 계획 수립하기

하늘이 돕지 않는 한 대충대충 하는 데도 성공하는 사람이란 없다. 경쟁자들이 대충대충 하지 않기 때문이다. 온라인 쇼핑몰을 통한 창업은 '부업'이 아니라 '자기 사업의 시작'이라고 생각해야 한다. 어떤 자세로 시장에 뛰어들더라도 경쟁 대상은 이미 전력을 다해 전업으로 이 일을 하는 사람들이다. 실제 내용이 부업이라도 '부업'으로 생각하는 그 순간부터 지는 싸움이 되는 것이다.

시작하기로 마음먹었다면 구체적인 실행 계획을 수립해 보자. 아직 한 번도 써 본 적이 없다면 본격적인 실행 계획 작성에 앞서 일정표를 작성해 보자.

'실수하면 언제든 그만두겠다.'는 생각으로는 절대 성공할 수 없다. 실수를 최소화할 수 있도록 많이 준비하고, 충분히 준비되었다고 판단되었을 때 시작해야 한다. 절대로 실패하지 않겠다는 각오로 시작하되 부디 처음에는 '작게' 시작

하라.

　사업 추진 일정 계획은 사업을 진행하기 위한 작은 안내도다. 쇼핑몰 창업 때부터 안정될 때까지 전 과정을 체크하면서 작성한다. 그리고 쇼핑몰을 운영하면서 미처 발견하지 못한 부분은 수정 및 추가하여 하나씩 완성도를 높여 가야 한다. 이렇게 작성한 로드맵은 다음 연도의 사업 계획을 수립하거나 쇼핑몰의 판매 제품을 늘릴 때 시행착오를 줄일 수 있다.

추진 업무 내용(월)	1	2	3	4	5	6	7	8	9	10	11	12
사업자등록증 및 통판업 신고	▨	▨										
매입처 발굴	▨	▨	▨									
블로그 개설 및 운영		▨	▨	▨	▨	▨	▨	▨	▨	▨	▨	▨
쇼핑몰 개설 및 운영			▨	▨	▨	▨	▨	▨	▨	▨	▨	▨
SNS 채널 개설 및 운영			▨	▨	▨	▨	▨	▨	▨	▨	▨	▨
마케팅 활동				▨	▨	▨	▨	▨	▨	▨	▨	▨
이벤트 진행					▨	▨	▨	▨	▨	▨	▨	▨
광고 집행						▨	▨	▨	▨	▨	▨	▨

사업 추진 일정 계획의 예

"유행을 만들면 그게 성공한 마케팅이 된다!"

YJ컬렉션 홍예지 대표
https://smartstore.naver.com/droma

홍예지 대표가 네이버 스마트스토어를 오픈한 것은 3년 전이다. 학창 시절부터 사업을 하고 싶었던 홍 대표는 졸업하자마자 홍대 앞에서 옷 장사를 시작했다. 동대문에서 아웃도어 의류를 판매하면서 승승 장구했으나 번 돈을 신규 여성 온라인 쇼핑몰에 투입하면서 사업이 어려워졌다. 폐업을 하고 3년간 절치부심하던 끝에 블로그를 통한 중국 수입 가방 공동구매 사업으로 재개했다. 그렇게 승승장구 하던 홍 대표는 온라인에서 1위를 하기 위해서 좀 더 다른 방법이 없을까 고민하게 되었다.

"제가 5,000원에 받아와서 5,900원에 파는 장사를 하는데 누가 비슷한 제품을 2,900원에 수입하더라고요. 나만의 제품이 없으면 일시적으로는 성공하더라도 지속하기 어렵겠다는 생각을 했죠."

그래서 고민 끝에 나만의 제품을 만들었지만, 매출로 연결이 된 것은 아니었다.

"온라인은 매출을 끌어들이는 방향이 다양해서 일일이 수작업을 해야 했어요. 좀 더 편한 방법이 없을까 고민하던 중에 셀러마케팅캠퍼스를 찾게 되었죠."

홍 대표는 셀러마케팅캠퍼스에서 교육을 받은 후 가장 고마운 것으로 시간을 절약할 수 있었다는 점을 꼽았다. 직원 1명의 인건비가 절감되어 다른 일도 더 확장할 수 있었다는 것이다. 매출 2배 증가 및 인건비 절감을 통한 마진율 상승까지 두 마리 토끼를 함께 얻게 된 것이다. 자신만의 브랜드로 가방을 만들고 있는 그는 해외 진출도 준비 중이다. 가방에 남다른 애착이 있는 그에게 사업을 성공시킨 비결을 물었다.

"제조업자나 디자이너들은 자기 생각으로 제품을 만들려는 경향이 있어요. 그러나 제 생각은 다릅니다. 고객이 원하는 흐름을 잡아낼 줄 알아야 성공하는 거죠. 유행을 만들면 그게 성공한 마케팅이 된다고 생각해요."

사업의 성공을 위해서는 스스로에 대한 믿음이 있어야 한다고 강조하는 홍 대표는 누구보다도 셀러마케팅캠퍼스에서 열심히 활동하는 회원이다. 셀러마케팅캠퍼스에서 비슷한 고민을 하는 CEO분들과 이야기를 나누는 과정에서 얻는 인사이트가 좋기 때문이다. 그러나 초보 CEO도 많다. 베테랑 사업가인 홍 대표가 새로 쇼핑몰 사업을 시작하는 사람들에게 해줄 말을 물었다.

"주변에 보면 쉽게 포기하는 사람이 많아요. 다들 스마트스토어 하면 돈 번다고 하니까 쉽게 뛰어들어서 생기는 현상이라고 봐요. 어떤 아이템이든 2년만 투자하면 성공합니다."

. . .

홍 대표를 보면 일을 즐기고 사람들을 놀라게 하는 데에 탁월한 재주가 있다. 그런 그에게도 위기가 찾아왔다. 홍 대표가 셀러마케팅캠퍼스를 찾았을 때 경쟁자의 난립으로 사업이 하락세로 접어드는 시기였다. 어려운 상황이었지만 인터넷에 대한 이해가 빠르고 컴퓨터에 능해서 셀러마케팅캠퍼스의 교육을 누구보다 잘 받아들였다. 홍 대표는 셀러마케팅캠퍼스의 교육을 통해서 누구보다도 성과를 내고 있다. 자신만의 브랜드를 런칭해서 성공시키고 있는 홍 대표는 CEO 회원제 모임인 셀러마케팅캠퍼스에서도 상위 그룹에 속한다. 셀러마케팅캠퍼스의 교육이 아무리 좋아도 활용하는 사람에 따라 그 효과는 천차만별이라는 반증이다. 그러니 지금 약간 힘들더라도 절대 포기하지 말라!

Foreign Copyright:
Joonwon Lee
Address: 10, Simhaksan-ro, Seopae-dong, Paju-si, Kyunggi-do,
        Korea
Telephone: 82-2-3142-4151
E-mail: jwlee@cyber.co.kr

접속의 시대, 검색에서 쇼핑까지
매출로 이끄는 쇼핑몰 성공 전략서

최강의 쇼핑몰 네이버 스마트스토어를 넘어

2019. 9. 17. 1판 1쇄 발행
2019. 10. 10. 1판 2쇄 발행

지은이 | 박노성 · 정윤환 · 조영준
펴낸이 | 최한숙
펴낸곳 | BM 성안북스

주 소 | 04032 서울시 마포구 양화로 127 첨단빌딩 3층(출판기획 R&D 센터)
      | 10881 경기도 파주시 문발로 112 출판문화정보산업단지(제작 및 물류)
전 화 | 02) 3142-0036
      | 031) 950-6386
팩 스 | 031) 950-6388
등 록 | 1978.9.18 제406-1978-000001호
출판사 홈페이지 | www.cyber.co.kr
이메일 문의 | heeheeda@naver.com
ISBN | 978-89-7067-357-8 (13320)
정가 | 22,000원

이 책을 만든 사람들
본부장 | 전희경
교정 | 북코디
편집 · 표지 디자인 | 디박스
홍보 | 김계향
마케팅 | 구본철, 차정욱, 나진호, 이동후, 강호묵
제작 | 김유석

■도서 A/S 안내

성안북스에서 발행하는 모든 도서는 저자와 출판사, 그리고 독자가 함께 만들어 나갑니다.
좋은 책을 펴내기 위해 많은 노력을 기울이고 있습니다. 혹시라도 내용상의 오류나 오탈자 등이
발견되면 **"좋은 책은 나라의 보배"**로서 우리 모두가 함께 만들어 간다는 마음으로 연락주시기
바랍니다. 수정 보완하여 더 나은 책이 되도록 최선을 다하겠습니다.
성안북스는 늘 독자 여러분들의 소중한 의견을 기다리고 있습니다. 좋은 의견을 보내주시는 분께는
성안당 쇼핑몰의 포인트(3,000포인트)를 적립해 드립니다.
잘못 만들어진 책이나 부록 등이 파손된 경우에는 교환해 드립니다.